本书出版得到湖南师范大学教育部人文社会科学重点研究基地中华伦理文明研究中心、中国特色社会主义道德文化省部共建协同创新中心、哲学系学科建设经费资助。

因果关系概率分析研究

——因果概率理论的"NPRC"问题研究

李波 著

中国社会科学出版社

图书在版编目(CIP)数据

因果关系概率分析研究：因果概率理论的"NPRC"问题研究/李波著. -- 北京：中国社会科学出版社，2024.9. -- ISBN 978-7-5227-3860-4

Ⅰ.B025.5

中国国家版本馆CIP数据核字第202498J5V9号

出 版 人	赵剑英
责任编辑	郝玉明
责任校对	谢　静
责任印制	李寡寡
出　　版	中国社会科学出版社
社　　址	北京鼓楼西大街甲158号
邮　　编	100720
网　　址	http://www.csspw.cn
发 行 部	010-84083685
门 市 部	010-84029450
经　　销	新华书店及其他书店
印　　刷	北京君升印刷有限公司
装　　订	廊坊市广阳区广增装订厂
版　　次	2024年9月第1版
印　　次	2024年9月第1次印刷
开　　本	710×1000　1/16
印　　张	15.25
字　　数	220千字
定　　价	79.00元

凡购买中国社会科学出版社图书，如有质量问题请与本社营销中心联系调换
电话：010-84083683
版权所有　侵权必究

前　　言

　　因果关系概念是科学哲学的核心论题之一，一直受到从古希腊时代到当代的杰出哲学家的关注。然而，在20世纪初至30年代，由于量子力学理论和量子电动力学理论的兴起和发展，它们所主张的一些基本规律陈述从根本上来说是概率的，根据这些理论的早期哥本哈根解释，即每一个量子事件都是人为操作或其他干预的结果，并没有无主体约束的因果链条，量子事件被认为是实验者凭借主观的想象而臆造出来的。这使得因果性问题被驱除出物理学领域。这一时期盛行的逻辑实证主义思潮，使得关于因果的哲学问题的讨论也被忽视了。实际上，逻辑实证主义和量子力学理论这两种思想革命是相互关联的，量子力学理论依据逻辑实证主义来解释，而逻辑实证主义则继承了休谟的经验主义传统，否认存在着客观的因果关联。这导致因果性问题在科学和哲学领域都遭受冷遇。[1]

　　20世纪中叶以后，关于因果性问题的讨论在技术工程、医学和法律等实践领域中逐渐活跃起来。20世纪末以来，关于因果性问题的哲学探讨变得异常活跃，因果性已成为语义学、心灵哲学、认识论以及科学哲学等研究领域的核心话题。唐奈兰（K. Donnellan）、克里普克（S. A. Kripke）和普特南（H. W. Putnam）的工作使因果联系成为说明指称与意谓的不可或缺的部分，这反过来又推动了德雷斯克（F. I. Dretske）、福多（J. Fodor）

---

[1] 参见［加拿大］M. 邦格《因果性问题的复兴》，刘蜀西摘译，敬业校，《哲学译丛》1988年第6期。

等人关于信息和内容的因果理论的产生；葛梯尔（E. Gettier）问题的研究则导致了戈德曼（A. Goldman）和普兰廷加（A. Plantinga）等人的因果知识理论的复兴。尤其值得关注的是，概率理论、数理统计、非单调逻辑、人工智能等形式科学的发展，为因果性进行精密的形而上研究提供了形式化手段。[①]

休谟关于"概率原因"的解释为因果和概率相结合提供了原初的观念支持。以休谟和密尔为主要代表的因果恒常性理论，主张原因恒常地被它们的结果伴随，根据这种恒常性连接的模式来解释因果。刘易斯（D. Lewis）、萨尔蒙（W. C. Salmon）和希契科克（C. Hitchcock）等学者指出这种理论遭遇诸多问题，如不完整的恒常性、不相干性、非对称性和虚假规律性等。20 世纪中叶以后，由于量子力学逐步取得成功，产生了广泛而又深远的影响，人们通常持有的因果决定论或机械观逐步转向接受非决定论因果观，正是这样一些背景情形相互作用，激发了学者们从概率视角来解释和分析因果。

20 世纪 60 年代以后，一些学者尝试从概率论视角来分析和解释因果关系，早期因果关系概率分析理论取得很大发展，影响日益广泛。然而，随着该理论的深入、系统发展，便不断遭遇质疑，面临发展困境。如赖兴巴赫对居间因果的概率定义遭遇罗森的小鸟球反例，他关于共因的刻画也遭遇布朗上班反例；萨普斯对虚假原因和互助原因的概率刻画遭遇窗户破碎反例。这使得一些学者认为，因果概率理论之所以不断遭遇质疑，很大程度上在于这种理论的直观前提本身的合理性遭受质疑。因果概率理论通常都预设了这样一种直观前提，即原因总会增加其结果的概率。换句话说，如果 C 是 E 的原因，那么 C 增加 E 的概率。诸多学者给出了很多典型的反例来论证，C 确实是 E 的原因，然而 C 并没有增加 E 的概率。由此，引出本研究主要探讨的"非概率增加因果（Non-Probability-Raising Causation）"问题，即"NPRC"问题。这是因果概

---

① 参见顿新国《因果理论的概率论进路及其问题》，《哲学研究》2012 年第 7 期。

率理论进一步发展的基础性问题,正基于此,本研究将围绕这一基础性问题展开分析和探讨,对该问题进行重新界定和澄清,并对现有解决方案进行分析和修正,以实现为因果概率理论直观前提的合理性提供辩护。

研究发现,关于"NPRC"问题的研究取得了很多成果,学者们提出了很多富有启发的方案,但关于该问题的诸多方案仍然存在很多困惑,有待进一步澄清和解决。如果"NPRC"问题没有得到合理的解决,将会使得因果概率理论的直观前提遭受巨大威胁,也将会严重阻碍因果概率理论的发展。正是基于这样的问题背景,有必要对"NPRC"问题进行深入、系统的分析和探讨。

本研究通过深入分析学者们对于因果概率理论的直观前提的质疑,以及剖析与"NPRC"问题相关的一些典型反例,指出导致该问题发生的几种作用情形,其主要包括居间变量作用情形、共因作用情形、负作用情形和相互作用情形,以及由充分原因和必要原因所引起的问题情形。关于"NPRC"问题的不同作用情形可以从殊型因果(token-level causation)和类型因果层面(type-level causation)来探讨。殊型因果是指,实际发生的,涉及特定个体、时间和地点的两个具体事件之间的关系,如迈克经常抽烟导致他患上了肺癌。而类型因果是涉及抽象的属性或类型事件之间的关联,如吸烟引起肺癌。从殊型因果层面来探讨"NPRC"问题,简写为"Token-NPRC"问题;从类型因果层面来探讨"NPRC"问题,简写为"Type-NPRC"问题。本研究从殊型因果和类型因果层面上来探讨"NPRC"问题的不同作用情形,力图在现有方案的基础上为解决该问题提供相应的新修正方案。

第一章主要阐述了"NPRC"问题的提出及其背景,通过典型案例对该问题进行了考察和分析,明确地界定了与该问题相关的条件因素,指出深入探讨该问题所具有的理论意义和现实意义。从殊型因果和类型因果层面对"NPRC"问题的研究现状进行了梳理、分析和评述,指出了现有方案的优势和存在的困难,明确指出了有待解决的问题,并阐述了本研究使用的研究方法及其展开的逻辑结构。

第二、三章对"NPRC"问题及其现有方案进行了批判性考察和分析。一些学者从殊型因果层面上为该问题提供诸多解决方案，主要有刘易斯和孟席斯主张的反事实概率依存的思路；格林提出的有向结构图分析思路；道尔和谢弗采取的概率与过程相结合的思路。本章节对这三种主要解决思路进行了详细的分析和讨论，指出它们在不同方面存在难以克服的困难，并指出它们难以处理的问题情形和忽视的因果问题。面对这样一些困境，卡特赖特、埃尔斯、奥特和斯基尔姆等学者从类型因果层面上来处理"NPRC"问题，然而，他们的理论也面临自身难以克服的困难，对"NPRC"问题的一些情形不能提供合理的解释和解决方案。

第四章力图在格林方案的基础上，为解决"Token-NPRC"问题提供一种新的修正方案。首先，通过综合考察和评析相关因果理论的合理因素，为新的修正方案提供一些新见解和新思路。其次，通过对格林的方案逐步展开分析和讨论，指出他的方案能够处理居间变量作用情形和负作用情形，并详细和充分论证了格林的方案对"Token-NPRC"问题的共因作用情形和相互作用情形，以及充分原因引起的问题情形难以给出恰当的处理。鉴于此，本章将其他理论的优势因素与格林的方案综合起来，建构出解决"Token-NPRC"问题的一种新修正方案。最后，为了对这种新修正方案的合理性进行有效辩护，通过运用其对"Token-NPRC"问题的负作用情形、相互作用情形和"概率增加非因果"问题，以及充分原因所引起的问题情形进一步给出恰当的处理和解释。

第五章力图在卡特赖特方案的基础上，为解决"Type-NPRC"问题提供一种新的修正方案。本章深入分析了卡特赖特CC原则自身存在的问题，指出对卡特赖特的方案稍加调整，便能够处理"Type-NPRC"问题的居间变量作用情形和共因作用情形，并充分论证了CC原则难以处理这种问题的负作用情形和相互作用情形，以及由充分原因和必要原因所引起的问题情形。鉴于此，本章通过借鉴其他方案的优势，逐步修改CC原则所面临的问题，建构出一种新的修正方案，即CC∗∗方案。最后，为了进一步为新方案提供更合理的辩护，通过运用 CC ∗∗ 方案对"Type-NPRC"问题的负作用情形和相互作用的情形，充分原因和必要原因所引起的问题给出恰当的处理，以及对新方案可能构成危害的主张作出回应。

目录 CONTENTS

第一章 研究问题的提出及其背景 ………………………………… 1
第一节 问题的提出及相关界定 ………………………………… 1
第二节 "NPRC"问题研究现状 ………………………………… 18
第三节 研究方法和思路的简要说明 …………………………… 24

第二章 因果概率理论"NPRC"问题的演进 …………………… 29
第一节 赖兴巴赫因果关系的概率分析 ………………………… 30
第二节 萨普斯的因果概率理论 ………………………………… 44
第三节 卡特赖特关于"Type-NPRC"问题的解决思路 ……… 60

第三章 "NPRC"问题及对现有方案的批判 …………………… 70
第一节 "Token-NPRC"问题的现有方案 …………………… 70
第二节 "Type-NPRC"问题的现有解决方案 ………………… 84

第四章 "Token-NPRC"问题解决的一种新修正方案 ………… 97
第一节 综合考察相关因果理论的合理之处 …………………… 97
第二节 "Token-NPRC"问题解决的一种新路径 …………… 106
第三节 新方案的合理性辩护 …………………………………… 141

第五章 "Type-NPRC"问题解决的一种新修正方案 …………… 148
第一节 考察"Type-NPRC"问题的不同情形 …………… 148
第二节 对卡特赖特 CC 原则的适当修正 ………………… 159
第三节 新方案的合理性辩护 ……………………………… 171

结　语 …………………………………………………………… 182

参考文献 ………………………………………………………… 187

附　录 …………………………………………………………… 195

后　记 …………………………………………………………… 234

第一章 研究问题的提出及其背景

20世纪60年代以后,早期因果概率理论不断得到发展。然而,这些发展起来的理论又纷纷遭遇困境和质疑。诸多学者指出,之所以出现种种困难,关键在于因果概率理论的直观前提本身——如果C是E的原因,那么C增加E的概率——的合理性遭受质疑。本章主要探讨的"NPRC(非概率增加因果)"问题提出的背景和条件,这一问题,即尽管C确实是E的原因,然而C并没有增加E的概率,显然与因果概率理论的直观前提相悖。这是因果概率理论的支持者和反对者集中关注的基础性问题,也是因果概率理论进一步发展的根基性问题。正基于此,本章将主要阐述"NPRC"问题提出的缘由,通过典型案例对该问题进行了考察和分析,明确地界定了与该问题相关的条件因素,指出深入探讨该问题所具有的理论意义和现实意义。从殊型因果和类型因果层面对"NPRC"问题的研究现状进行了分析与评述,指出了现有方案的优势和存在的困难,明确指出了有待解决的问题,并阐述了本研究使用的研究方法及其展开的逻辑结构。

第一节 问题的提出及相关界定

一 "NPRC"问题的提出

"C引起E"是日常惯用的因果表达形式,众所周知,对于这一形式的解释一直以来争论不休。20世纪30年代伊始，随着量子力学理论逐步取得成功并产生广泛而深远的影响，以及传统的恒常性因果理论面临种种困难，促使诸多学者尝试从概率论视域来分析和解释因果关系，如古德（I. J. Good）主张从性向（propensity）概率来分析因果，萨普斯（P. Suppes）和赖兴巴赫（H. Reichenbach）等也对因果关系进行不同形式的概率分析，逐步形成早期的因果概率理论，并得到学界广泛关注。然而，这种理论之所以可能的直观依据是什么？很显然，它通常是基于这样一种直观前提，即就相关的意义而言，原因总会增加其结果发生的概率。这种直观前提可通过条件概率的不等式进行刻画。假定任意两个有差别的实际事件 c 和 e，c 在 t_C 发生，e 在 t_E 发生，C 和 E 为二元变量（发生赋值为1，未发生赋值为0）。

根据上述直观前提的要求，c 是 e 的原因，当且仅当，

$$Pt_E(E=1 \mid C=1) > Pt_E(E=1 \mid C=0), \quad (t_C < t_E) \qquad (1.1)$$

(1.1) 式可解释为：c 发生引起 e 发生的概率要大于 c 未发生的情形。

在这种直观前提的基础上，古德对因果性进行性向概率分析；赖兴巴赫对居间因果（causal betweenness）、共因和因果相干性等概念进行频率主义的概率分析；萨普斯对初表原因、虚假原因、直接原因和互助原因等概念进行统计主义的概率分析。学者们从不同的概率解释视角出发，发展出不同的因果概率理论。然而，赖兴巴赫对居间因果的概率定义遭遇罗森（D. A. Rosen）的小鸟球反例[1]，他关于共因的刻画也遭遇克拉斯诺（E. Crasnow）的布朗上班反例[2]。萨普斯对虚假原因和互助原因的概率刻画遭遇奥特（R. E. Otte）提出的窗户破碎反例。[3]

早期概率因果理论纷纷遭遇反例和质疑，其深层原因究竟何在？赫斯洛夫（G. Hesslow）、萨尔蒙、埃金顿（D. Edgington）和希契科克等

---

[1] 参见 Patrick Suppes, *A probabilistic theory of causality*, Amsterdam: North-Holland Publishing Company Amsterdam, 1970, pp. 41–42。
[2] 参见顿新国《因果理论的概率论进路及其问题》，《哲学研究》2012年第7期。
[3] 参见 Richard Edward Otte, *Probability and causality*, The University of Arizona, PH. D., 1982, p. 69。

都不同程度地指出，原因很大程度上在于这种理论的直观前提本身的合理性遭受质疑。[1]"C 引起 E"，这是通常的因果表达式。早期因果概率理论预设的直观前提是原因总会增加其结果的概率，可将其转化为：如果 C 是 E 的原因，那么 C 增加 E 的概率。学者们给出很多典型的反例表明，C 是 E 的原因，然而 C 发生并没有增加 E 的概率。由此，引出本研究探讨的主要问题，C 是 E 的原因，然而 C 并没有增加 E 的概率，即"NPRC"问题。

本研究将从殊型因果（token-level causation）和类型因果层面（type-level causation）来探讨"NPRC"问题。关于因果断言，一般可分为殊型因果和类型因果断言，前者是指"实际发生的、具体的两个殊型事件之间的关系，而类型因果与那些抽象的'属性'、'类型'或者'要素'的实体相关"[2]。也就是说，前者是关系项涉及特定的个体、时间和地点，如：张三教授在大学任教期间抽烟，引起他现在患上肺癌。而后者是不涉及特定个体、时间和地点的一般断言，如：吸烟引起肺癌，系好安全带挽救生命。本研究将从殊型因果层面来探讨"NPRC"问题，即简写为"Token-NPRC"问题，并从类型因果层面来探讨"NPRC"问题，即简写为"Type-NPRC"问题。

现在，下文将通过一些典型的案例来阐明"Token-NPRC"问题。医学研究表明，服用避孕药可能引起血栓，但相对而言，怀孕本身引起患上血栓的可能性更大。现在，假设杰姆发生性行为之后，目前还没有条件抚养孩子，于是打算通过服用避孕药（Bt1），以防止她怀孕（Pt2）。一段时间过后，她没有怀孕却非常罕见地患上了血栓（Xt3）。[3] 我们并不知道这种两种情形 $P(Xt3/\neg Bt1)$ 和 $P(Xt3/Bt1)$ 发生的具体概率值。我们来分析这两种概率值的可能大小。

---

[1] 参见 Dorothy Edgington, "Mellor on chance and causation", *The British journal for the philosophy of science*, Vol. 48, 1997, pp. 416-419。

[2] Ellery Eells, *Probabilistic causality*, Cambridge: Cambridge University Press, 1991, p. 278.

[3] 参见 Germund Hesslow, "Two Notes on the Probabilistic Approach to Causality", *Philosophy of Science*, Vol. 43, 1976, pp. 290-291。

(1) 对于已经发生性行为的杰姆来说，如果她没有服用避孕药（¬Bt1），那么她很有可能怀孕，可得到：她可能患上血栓的概率值为：

$$P(Xt3/\neg Bt1 \wedge Pt2)$$

(2) 对于已经发生性行为的杰姆来说，如果她服用避孕药（Bt1），那么她很可能不会怀孕，可得到：她可能患上血栓的概率值为：

$$P(Xt3/Bt1 \wedge \neg Pt2)$$

(3) 对于已经发生性行为的杰姆来说，她服用避孕药（Bt1），然而，由于特殊因素没有防止怀孕，可得到：她可能患上血栓的概率值为：

$$P(Xt3/Bt1 \wedge Pt2)$$

(1) 与 (3) 之间的关系是没问题的，即 $P(Xt3/Bt1 \wedge Pt2) > P(Xt3/\neg Bt1 \wedge Pt2)$。(2) 与 (3) 之间的关系也是可以的，即 $P(Xt3/Bt1 \wedge Pt2) > P(Xt3/Bt1 \wedge \neg Pt2)$，然而，(1) 与 (2) 之间的关系似乎出现问题了：$P(Xt3/Bt1 \wedge \neg Pt2) < P(Xt3/\neg Bt1 \wedge Pt2)$。不难发现，服用避孕药反而降低了血栓发生的概率。理由是，如果杰姆服用了避孕药，那么她很有可能不会怀孕。然而，如果她没有服用避孕药，那么她很有可能怀孕。医学研究表明，怀孕本身比服用避孕药在更大概率上引起血栓，故而出现"Token-NPRC"问题情形，即服用避孕药可以是患上血栓的一个原因，但却没有增加血栓发生的概率。

下面将通过格林提供的桥垮塌案例[①]，对上述情形展开分析和探讨，论述中将会根据讨论的需要对他的案例进行适度调整和补充些细节。贝利和苏西正在考虑是否跨过河流上的摇晃不结实的桥，贝利采取下面的策略：他将等待并观察苏西作出什么样的决策，如果苏西决定不过桥，贝利将过桥；另一种情况是，如果苏西决定过桥，贝利将抛硬币来决定，只有当硬币人头朝上时，他才决定过该桥。

贝利比苏西重。如果仅苏西一个人过桥，那么将有中等机会导致桥垮塌。如果仅贝利一个人过桥，那么将会有很高的机会导致桥垮塌。如

---

① 参见 Luke Glynn, "A probabilistic analysis of causation", *The British Journal for the Philosophy of Science*, Vol. 62, 2011, pp. 349-351。

果他们两个人一起过桥，那么将有非常高的机会导致桥垮塌。事实上，苏西决定过桥（S），贝利抛硬币，硬币人头朝上，贝利跟随苏西过桥（L），桥垮塌了（B）。从这个事实情形可以看到，苏西过桥是桥垮塌的（部分的）原因。上述情形能够通过不等式进行刻画：

$$P(B/S) \leqslant P(B/\neg S) \qquad (1.2)$$

综合上述的案例情形和不等式分析，不难发现，尽管苏西过桥是桥垮塌的原因，但苏西过桥并没有增加桥垮塌发生的概率。很显然，这是由于苏西过桥对于贝利过桥呈现出负概率相关（一种更加有效的潜在原因）。也就是说，如果苏西决定过桥 $P(S)=1$，那么贝利过桥的概率 $P(L)=0.5$；如果苏西决定不过桥 $P(S)=0$，那么贝利过桥的概率 $P(L)=1$，又由于贝利比苏西重，贝利一个人过桥将会有很高概率导致桥垮塌。这样，才导致出现 "Token-NPRC" 问题情形。

下面通过哈姆弗雷斯提出的药物案例对上述问题情形展开分析和论述。[①] 迈克患上严重疾病，医生经过各种检查和会诊之后，知道某种药物能治疗迈克的病，但这种药物极其昂贵且有副作用。医生提供治疗这种病的三种可能性方案：给迈克开出高剂量、低剂量和根本没有用药。服用高剂量药物（G），迈克康复（K）的概率是 0.9。服用低剂量药物（D），迈克康复的概率是 0.4。根本没有服用该药物（W），迈克康复的概率是 0.1。假设医生处理每一个治疗过程的机会是均等的，那么医生处理其中某一个治疗过程的概率为 1/3。事实上，医生开出的是低剂量（低剂量=1），病人康复了。可通过下面的不等式来描述：

$$P(K/D) = 0.4 < P(K/\neg D) = 0.5 \qquad (1.3)$$

医生没有开出低剂量药物，那么他们还可能选择开出高剂量 $P(K/G)=0.9$；或根本不开出该药物 $P(K/W)=0.1$。因此，综合平均起来，$P(K/\neg D)=0.5$。从该式我们可以看到，医生开出低剂量药物降低了迈克康复的概率。然而，日常经验中，我们往往会将医生开出低剂量药物

[①] 参见 Paul Humphreys, *The Chances of Explanation: Causal Explanation in the Social, Medical, and Physical Sciences*, Princeton: Princeton University Press, 1989, pp.41–42。

看作迈克康复的原因。

此外,另一种问题情形也值得关注。由于学者们对因果概率理论的直观前提的合理性的质疑,引起"Token-NPRC"问题。然而,在此基础上将会出现相关联问题,即非因果概率增加(Non-Causation Probability-Raising)问题,下面,我将通过考察一些典型案例来分析这种问题情形。

首先通过板球案例对上述问题情形展开分析与探讨。① 汤姆和杰克正在打板球,汤姆朝向窗户的方向击打球(C),杰克抓住了球,球没有击中窗户(B)。因此,避免了球损坏窗户。碰巧地,片刻之后,杰姆抛出的石头击中窗户,窗户破碎(E)。直观上,汤姆朝向窗户击打球确实增加了窗户破碎的概率,然而,事实上,窗户也的确破碎了。这种情形可以用条件概率来刻画:

$$P(E|C)>P(E|\neg C) \tag{1.4}$$

从该式可以看到,汤姆朝向窗户击打球导致窗户破碎的概率比汤姆朝向窗户击打球没有发生的情形要大。但事实上,汤姆朝向窗户击打球并不是窗户破碎的原因,问题的关键在于从击打球到窗户破碎的因果链条被"球未击中窗户(B)"隔幕(赖兴巴赫的术语)。

但是,在笔者看来,这个反例的恰当性有待商榷,我们不难发现,汤姆朝向窗户击打球增加"窗户破碎(E)"的概率,很显然是不能等同于由于杰姆扔出的石头击中窗户引起的"窗户破碎(E')"。因为,尽管 E 和 E' 在时间上、空间上和方式上相类似,但很显然它们是在不同的因果链条上发生的。

下面通过希契科克提供的癌症案例对上述问题情形进一步展开分析和探讨。② 巴尼经常吸烟,由于工作需要,他很多时间是在太阳底下度过的,这样两种行为是不相关联的。也就是说,巴尼为了抽烟,并不会

---

① 参见 Luke Glynn, "A probabilistic analysis of causation", *The British Journal for the Philosophy of Science*, Vol. 62, 2011, pp. 366-367。

② 参见 Christopher Hitchcock, "Do All and Only Causes Raise the Probabilities of Effects?", in John Collins, Ned Hall, and L. A. Paul Ed., Cambridge MA: MIT Press, 2004, pp. 411-413。

被强迫到阳光充沛的室外。巴尼吸烟增加他患上肺癌的概率。由于增加了他患上肺癌的概率，那么巴尼经常吸烟（S）也将会增加他患上癌症（C）的总体概率。同时，巴尼长时间地暴露在强烈的阳光直射下增加他患上皮肤癌的概率，事实上的情形是，巴尼患上了皮肤癌。

$$P(C/S)>P(C|\neg S) \tag{1.5}$$

从该式我们可以看到，巴尼经常吸烟增加他患上癌症的概率，但从事实的情形来看，巴尼患上的是皮肤癌。也就说，巴尼经常吸烟增加他患上癌症的概率，然而，巴尼吸烟并没有引起他患上这种癌症（皮肤癌）。

值得注意的是，这个案例从结构上不同于板球案例。我们明确规定从巴尼吸烟到他患上（肺）癌症的因果链条在任何阶段都没有被截断（除了最后阶段，由于未患上肺癌）。问题的关键在于，吸烟增加巴尼患上癌症的概率。但是，它之所以没有引起他患上癌症，是因为他所患上的癌症并不是由于他吸烟所引起的那种癌症。这里有两种因果链条混合在一起，一条是巴尼经常暴露在强烈的阳光下，阳光长期直射皮肤发生作用，诱发皮肤癌；另一条是巴尼经常吸烟，焦烟中所包括的有害物质在肺部发生作用，诱发肺癌。

下面通过谢弗提供的原子衰变案例对上述问题情形进一步展开分析和讨论。[①] 原子 U-238 和 Ra-226 在 t_0 时刻被放入箱子里。在 t_1 时刻，箱子里装有 Th-234 原子、一个 alpha 粒子和 Ra-226 原子。相关的物理规律是：（1）U-238 原子在每单位间隙内有某种概率产生 Th-234 和一个 alpha 粒子；（2）Ra-226 原子在每单位间隙内有某种概率产生 Rn-222 和一个 alpha 粒子；（3）这些原子衰变的概率是相互独立的。现在，Ra-226 的出现并不是这里 alpha 粒子的原因，而是 U-238 独立地产生的 alpha 粒子，但是从这个物理规律来看，Ra-226 的出现是确实增加了 alpha 粒子出现的概率。可以通过概率关系式来描述上述情形（A 表示 alpha 粒子在 t_1 出现；U 表示原子 U-238 在 t_0 时刻；R 表示原子 Ra-

---

① 参见 Jonathan Schaffer, "Overlappings: Probability-Raising Without Causation", *Australasian Journal of Philosophy*, Vol.78, 2000, p.41。

226在t_0时刻出现)：

$$Pt_1(A/U \wedge R) > Pt_1(A/U \wedge \neg R) \qquad (1.6)$$

从上式我们可以看到，相比较于原子Ra-226在t_0时刻没有出现的情形，原子Ra-226在t_0时刻出现增加了alpha粒子在t_1时刻出现的概率。但从上述的事实情形来看，原子Ra-226在t_0时刻出现并不是α粒子在t_1时刻出现的原因。这是因为U-238原子独立地放射出Th-234原子和α粒子，而Ra-226原子并没有发生衰变。由此可得出：原子Ra-226在t_0时刻出现增加alpha粒子在t_1时刻出现的概率，但它的出现并没有引起α粒子在t_1时刻出现。

从上述反例的分析来看，第一类反例表明：医学研究表明服用避孕药与患上血栓有因果关系，然而，服用避孕药并没有增加服用者患上血栓的概率（由于服用避孕药将会防止更大可能引起血栓的怀孕）。苏西过桥是引起桥垮塌的原因，然而苏西过桥并没有增加桥垮塌的概率（由于苏西过桥对于贝利过桥——一种更加有效的潜在原因——呈现出负概率相关）。医生给病人开出低剂量药物是病人康复的一种原因，然而医生给病人开出低剂量药物并没有增加病人康复的概率。这些案例最终揭示概率增加对于刻画因果来说并不是必要的。

第二类反例表明：汤姆朝向窗户击打球将会增加窗户破碎的概率，然而事实上，汤姆朝向窗户击打球并不是窗户破碎的原因。巴尼吸烟增加他患上癌症的概率，然而实际情形是，巴尼吸烟与他患上的癌症（由于巴尼长时间暴露在强烈阳光的直射下引起的皮肤癌）并没有因果关系。原子Ra-226在t_0时刻出现增加alpha粒子在t_1时刻出现的概率，但实际上，原子Ra-226在t_0时刻出现并不是α粒子在t_1时刻出现的原因（因为U-238原子独立地放射出Th-234原子和α粒子，而Ra-226原子并没有发生衰变）。这些案例揭示了概率增加对于刻画因果来说并不是充分的。综上所述，这些反例对因果概率理论的直观前提提出了严重挑战，使得概率增加刻画因果遭遇既非必要也非充分的困境。

现在，就"Type-NPRC"问题进行考察和分析。赖兴巴赫关于居间因果的概率刻画，遭遇罗森提出的小鸟球反例。萨普斯吸取赖兴巴赫的很多合理的概念——如隔幕、因果正相干等——发展出自己的因果概率理论。他的理论主要面临的批判在于如何识别真假原因，在遭到各种反例的挑战下，他自己和他理论的支持者都很难给出合理的应对。由此，招致一些学者质疑萨普斯因果概率理论的直观前提（原因增加结果发生的概率）。正是对这一直观前提的质疑，引出"Token-NPRC"问题。很多学者力图为这种直观前提提供辩护方案，但也都困难重重。面对这样一种困境，诸多学者指出，囿于从殊型因果层面来处理"NPRC"问题，肯定存在难以避免的各种问题。正是基于这个背景，卡特赖特力图从类型因果的层面来处理"NPRC"问题。

卡特赖特通过对一些典型案例的考察和剖析，揭示出在类型因果层面上"NPRC"问题产生的原因。为了更加清楚地理解"Type-NPRC"问题，我通过考察赫斯洛夫的案例来阐明。在他的案例中（"→"表示具有类型因果关系），吸烟引起心脏病（S→H），锻炼身体防治心脏病（X→⌐H）。一般的情形是：

$$P(H/S) > P(H) \qquad (1.7)$$

然而，如果吸烟与锻炼身体高度相关，如果锻炼身体相较于吸烟引起心脏疾病能够更加有效地防治心脏病，那么，这将会与一般情形相矛盾：

$$P(H/S) < P(H) \qquad (1.8)$$

之所以出现这样矛盾的情形，是由于吸烟与锻炼身体高度相关[①]。也就是说，大多数吸烟的人也锻炼身体，而锻炼身体更加有效地防止心脏疾病。在这样的情形下，我们不难发现，尽管吸烟引起心脏疾病，但是实际上，吸烟反而降低了心脏疾病的概率。吸烟与心脏病有因果关系，然而吸烟却没有增加心脏病发生的概率，即"Type-NPRC"问题出现。

其实，从上述的案例进一步推论就会发现，如果我们考察的原因

---

① 参见 Nancy Cartwright, "Causal Laws and Effective Strategies", *Noûs*, Vol. 13, 1979, pp. 420-421。

与第三个有足够力量防止结果发生的因素高度相关，那么这种反例情形任何时候都会发生。卡特赖特指出，如果这种反例情形是真的，那么要求原因增加它们的结果的概率将是不确定的和不可靠的。因此，在卡特赖特看来，关于原因增加它们的结果的概率似乎是一种随意的断言。

面对这样一种相悖的困境，卡特赖特如何提出自己的解决方案？他详尽地分析和考察了诸多的典型反例。最终发现，这些反例之所以能够被建构出来，都是由于考察的原因与其他原因因素之间的高度相关，正是这种高度相关性导致原因没有增加结果的概率。[①] 在这里，笔者对卡特赖特的断言作一个简单转述：如果考察的原因与其他原因因素之间呈现高度相关，那么原因将不会增加它们结果的概率。可以作一个否定后件式推理，如果原因将会增加它们结果的概率，那么考察的原因与其他原因因素之间将不会出现高度相关。在笔者看来，卡特赖特正是基于这样一种思考，现在浮现在他脑海里的问题是：如何合理地消除这种相关性？

一般而言，应该是吸烟引起心脏疾病（S→H），因此，我们可以大致推出，就吸烟情形而言，心脏疾病发生的概率比没有吸烟的情形要大。可以利用条件概率不等式将这种情形表示成：$P(H/S) > P(H/\neg S)$。然而，这种推论有时候会出现令人困惑的情形。因为即使吸烟引起心脏病是真的，原因也不一定增加其结果的概率，如果吸烟与一个足够强的防止性原因因素相互关联，比如说锻炼（"锻炼防止心脏疾病"表达成 $X \to \neg H$），那么上述令人困惑的情形就会出现。相比较于吸烟引起心脏疾病，锻炼身体能更加有效地防止心脏疾病。在任何一个总体中，如果吸烟和锻炼是高度相关的，那么 $P(H/S) = P(H)$，甚至 $P(H/S) < P(H)$，这些情形都有可能出现。因为那些吸烟者的子总体中也包括很多锻炼者，当这两种情形结合的时候，锻炼身体往往倾向于更加强有效地防止

---

① 参见 Nancy Cartwright, "Causal Laws and Effective Strategies", *Noûs*, Vol. 13, 1979, p. 425。

心脏疾病，相比较于吸烟引起心脏疾病，这才是令人困惑的情形出现的关键原因所在。卡特赖特针对这种问题，提出了自己的 CC 原则。然而，奥特、斯基尔姆和埃尔斯等学者从不同的视角对 CC 原则提出批评，卡特赖特自己也承认她提出的方案存在很大的局限性。

综上所述，上文清晰地论述了"Token-NPRC"和"Type-NPRC"问题产生的缘由，并通过一些典型的案例对它们进行了详细的阐释。由于学者们对于因果概率理论的直观前提本身的合理性的质疑，引出"NPRC"问题。学者们从不同的理论立场和分析方式出发，为该问题提出各自的解决方案。尽管发展出很多富有启发的方案，但仍然存在一些难以克服的困难和有待澄清的矛盾。尤其需要指出的是，"NPRC"问题引起了因果概率理论的支持者和反对者的广泛关注，是他们争论的核心问题，也是因果概率理论进一步发展的根基性问题。如果这个问题没有得到合理的解决和解释，不仅因果概率理论的直观前提的合理性遭受质疑，而且严重阻碍因果概率理论的进一步发展。因此，有必要进一步深入探讨"NPRC"问题，本研究力图从殊型和类型因果层面上为"NPRC"问题提出一些新见解，并在前人方案的基础之上作出一些新修正，从而实现为因果概率理论的直观前提的合理性提供辩护。

贝叶斯网是近 20 年来得到充分发展的因果推理模型。它主要是由美国卡内基梅隆大学的格利默（C. Glymour）、斯皮尔斯（P. Spirte）、沙因斯（R. Scheines）和凯利（K. Kelly）以及加州大学洛杉矶分校的珀尔（J. Pearl）领导的小组共同开发和倡导的。这一模型并不仅限于社会科学，它在医学、生态学、认知心理学等方面都有着广泛的应用。格利默等人还以该模型为基础开发了计算机软件 TETRAD，为因果推理提供了强有力的技术基础。我们知道，贝叶斯网的基础观念来源于因果性的概率论理论。[1] 因此，对因果概率理论的"NPRC"问题进行深入研究，提出新见解和新的修正方案，将为贝叶斯网在理论和实践方面的

---

[1] 参见徐竹、吴彤《科学哲学中的社会科学因果性争论述评》，《哲学动态》2008 年第 11 期。

发展提供强有力的理论支持。

从殊型因果层面上来探讨"NPRC"问题，在一些社会活动中有其应用价值，如保险行业和案件审理中所涉及的实际发生的因果情形案例，因此对该问题的探讨有助于澄清保险业中的责任界定和案件审理中的责任断定等。以保险业为例，我们知道，保险是指投保人根据合同约定，向保险人支付保险费，保险人对于合同约定的可能发生的事故因其发生而造成的财产损失承担赔偿保险金责任，或者当被保险人死亡、伤残和达到合同约定的年龄、期限时承担给付保险金责任的行为。在履行保险赔偿的很多实际情形中，不可避免了涉及殊型因果层面的责任界定和赔偿额度范围。关于从类型因果层面上来探讨"NPRC"问题，有助于理解和把握统计意义上的因果性，有益于甄别日常生活中出现的一般因果关联性，也有益于在科学实验活动中对复杂现象中的因果关系的理解和把握。

二 相关界定

因果关系是形而上学主要的论题之一，也可称作"因果性"。在休谟之前，人们通常持有的是一种广泛而深刻的机械因果观或因果决定论，认为每一事件或事态都有一个原因，关于世界的每一个命题都可借助与其他命题中已知项之间的因果关系，而从它们那里推导出来。如果我们知道足够多的相关事实，我们可以推论出任何其他关于世界的事实。这种传统观点认为，因果关系是一个实际的特性，这个特性涉及实在事件的客观的相互依赖性。由于必然联系是因果关系的对象或事件之间客观地保持着的一种关系，因而因果关系是一个本体论范畴。然而，根据英国经验论者的观点，因果关系只是一个认识论范畴。洛克把它当作感觉和被感觉的对象之间的一种联系，而休谟认为它纯粹是观念之间的关联，它只不过是将我们的心理习惯强加给世界而已。[1]

---

[1] 参见［英］尼古拉斯·布宁、余纪元《西方哲学英汉对照辞典》，人民出版社2001年版，第149—150页。

休谟论证说，传统的因果关系概念是错误的。传统认为，只有经验能告诉我们自然的条理性，但我们并未经验到必然联系的事例，所以，"必然联系"这个用语是没有意义的。我们可以证实，我们的印象在空间上的接近性和时间上的在先性，但是不能证实必然联系。我们关于因果关系观念的真实基础是观察到的规则性。a 类型的事件总是被 b 类型的事件跟随，于是，当一个新的 a 类型事件出现，我们就由于习惯预断一个 b 类型事件将跟随。这不是逻辑的、可证的或自明的联系，而是与我们的习惯态度和我们心中所发生的事情相关的。因此，休谟声称，因果关系的预测只能以归纳为根据，而没有必然的或确实的根据。休谟的理论是建立在他的观念联结原则基础上的，并已经成为许多争论的焦点。

康德试图把因果关系确定为一个范畴，或确定为经验可能性的一个条件，从而提出了一个能与休谟的解释相匹敌的主要观点。那么原因和结果的独具特点是什么呢？对此，人们已作了各种各样的探讨。在这些探讨中，最有影响的包括"规则性理论"、"反事实理论"和"操作分析理论"。"规则性理论"主张因果关系是一种规则性的事例；"反事实理论"主张原因之为原因，是因为没有它的出现，结果就不会出现；"操作分析理论"主张原因之为原因，是因为通过对原因的操作，我们可以造出其他某种东西。①

然而，由于世界不可避免地具有概率特征，使得反事实句提供真值条件就成为困难的事情，这样一来，将传统的因果观应用于具有概率特征的语境中时，通常会受到限制。概率解释经常是通过诉诸一些例子来激发的，如吸烟增加患上肺癌的概率，因而它是病因之一。促成接受因果的概率解释的一个更加有力的理由是，在正确处理特定的案例中，必然性解释显得无能为力。不仅是吸烟，工业污染也同样会增加致癌的机会，在这种情况下，吸烟和工业污染对于患上肺癌这一结果

---

① 参见［英］尼古拉斯·布宁、余纪元《西方哲学英汉对照辞典》，人民出版社 2001 年版，第 150 页。

并不都是必然的。当然，人们可以去论证它们都是病因之一。目前可以肯定的是，对于概率因果关系的表达形式，并没有形成共同一致的看法，但有一种标准的方式可以用来进行断定，A 引起了 B，当且仅当 A 在一个宽泛的语境中，恒定不变地提高了 B 的概率。也就是说，$P(B/A \wedge Z) > P(B/\neg A \wedge Z)$，这里 Z 的确切特征要依赖于这种解释：在最低限度上，Z 应当包含了任何的共因原因以及与 B 相关的其他背景原因。通过对这些因素的限制，B 和 A 就显示出在概率上的相互独立性。[①]

需要指出的是，在因果概率理论中所使用因果关系的概念并没有达成广泛一致的看法。有些因果概率理论的学者使用的是日常语言中的因果概念，有学者考察的是物理学中严格的因果概念，有学者从反事实概率依存的视角分析因果，也有学者采取的是社会科学中的因果性概念等。学者们依据不同的理论需要，各自采取不同的因果概念。同样，我也将依据本研究讨论的需要，采取一种语境宽泛的"经验科学"层面上的因果概念。这种语境宽泛的经验科学主要是指社会科学和广泛意义上的自然科学的统称。与日常生活和常识中的因果概念有很大差别。"C 引起 E"，就这种"经验科学"层面而言，C 和 E 之间的因果关联在很大程度上可以得到相应理论的支持，也可以得到科学实践的确证。它们之间的因果关联很大可能会重复出现，以及具有较为准确的预测力和恰当的解释力。然而，日常生活和常识中所使用的因果概念，有时候是虚假因果关系，或是将事件的相关性看作因果性，或是概念的混淆引起的因果假象等。此外，还需要指出的是，因果情形错综复杂，笔者将依据概率对因果的基本特征进行刻画，主要考察的是一因一果或多因一果的结构情形，而关于一因多果和多因多果等结构情形，因果概率理论难以给出恰当的分析和处理。

我们知道，在英文中与"因果关系"相对应的有两个语词：Causation 和 Causality。一般情况下这两者可以互换，但深究起来仍然是有差

[①] 参见［英］W·H·牛顿-史密斯《科学哲学指南》，成素梅、殷杰译，上海科技教育出版社 2006 年版，第 43—44 页。

别的,"Causation"强调原因引起结果的这种关系,而"Causality"强调原因具有引起结果的性质。因此,笔者赞同张志林的主张,将"Causality"翻译为"因果性",将"Causation"翻译为"因果关系"。[①] 本研究探讨的主要是因果关系,即 R(C,E)。这种因果关系项 C 和 E 具体指什么?有学者认为,只有物理客体才是真正的因果关系项,因为每个物理客体所具有的因果力(causal power)是因果关系得以成立的根据,如石头砸碎玻璃窗。因而,"C"和"E"是指个别事物或个体,这种立场的代表人物有菲斯克(M. Fisk)、哈瑞(R. Harré)、迈登(E. H. Madden)和齐索姆(R. Chisholm)等。也有学者认为,C 和 E 是事物具有的某些性质(properties),在他们看来,石头砸碎玻璃窗,是由于石头具有坚硬的性质才导致砸碎玻璃窗,这种坚硬的性质才是砸碎玻璃窗的真正原因。支持这种观点的学者有德莱茨克(F. Dretske)、图利(M. Tooley)和阿姆斯特朗(D. M. Armstrong)等。马奇(J. L. Mackie)、萨普斯和邦格(M. A. Bunge)等学者主张,将 C 和 E 界定为事件,事件是由个别事物或个体及其相关性质的构成复合物。一般而言,事件是由主谓合成,它既包括个别事物或个体,也包括相关属性,这样它具有上述两个立场的优势。因此,我也十分认可将 C 和 E 看作事件。

上文对因果关系项作了分析和界定。现在,下文将考察一般因果关系具备哪些基本特征。[②]

(1)因果关系具有非自反性。令集合 D 是关系 R 的论域,则称集合 $\{<E_1, E_2> | E_1 \in D \wedge E_2 \in D\}$ 为 D 的卡氏积,记为 D×D,则有 $R(E_1, E_2) \subset D \times D$。如果对于任何关系项 Ex,都有 R(Ex, Ex)成立,那么 R 关系是自反的。然而,因果关系 R 的关系项,必然是 $E_1 \neq E_2$,因此 R(C,E)一定是非自反的。(排除自因和第一因)

(2)因果关系具有非对称性。假设条件同上,对任意的 E_1、$E_2 \in$ D,如果有 $\forall E_1 \forall E_2 (R(E_1, E_2) \to R(E_2, E_1))$,则关系 R 具有对

---

① 参见张志林《因果观念与休谟问题》,湖南教育出版社 1998 年版,第 38 页。
② 参见张志林《因果观念与休谟问题》,湖南教育出版社 1998 年版,第 42—46 页。

称性，而因果关系是非对称的。

（3）因果关系的时空限制条件。$\triangle s \leqslant C \times \triangle t$（$\triangle s$ 和 $\triangle t$ 原因事件与结果事件间隔空间和间隔时间，C 表示真空中的光速）。如果有，R（E_{t_1}，E_{t_2}）则 $t_1 < t_2$，$\triangle s \leqslant C \times (t_2 - t_1)$。这种条件限制既清晰地界定原因事件一定在结果事件之前发生，也明确地排除同时因果关系和逆向因果的可能性。

本研究主要是从概率视角来分析因果关系。我们知道，关于概率的解释一直以来争论不休，鉴于此，有必要在这里对概率解释给出相应的分析和界定。20 世纪以来，学者们对于经典的数学概率演算逐渐形成了五种解释，主要包括逻辑解释、主观解释、频率解释、性向解释和主体间性解释。[①] 下面对它们进行一些简要的阐述。

（1）逻辑解释（logical interpretation）。这种解释的代表人物包括约翰逊（W. E. Johnson）、杰弗里斯（H. Jeffteys）和凯恩斯（J. M. Keynes）等，他们将概率等同于合理的置信度（degree of rational belief）。他们的基本思想就是，概率是证据与结论之间的一种逻辑关系，具体来说，令我们的前提由任意的一个命题集合 h 所构成，我们的结论由任意的一个命题集合 a 所构成，那么，如果关于 h 的知识能为我们对于 a 的一个程度为 P 的合理信念提供辩护，我们就说 a 与 h 之间有一种程度为 P 的概率关系。逻辑概率解释主要依赖于这样两个假设：其一，如果 h 在 P 的程度上部分地推衍 a，那么相对于 h，在 P 的程度上相信 a，就是合理的；其二，对于相同的证据，所有有理性的人都会对某一假说或预测持有相同的置信度。

（2）主观解释（subjective interpretation）。这种解释的支持者主要有德·菲耐蒂（B. de Finetti）、拉姆齐（F. P. Ramsey）等，他们主张将概率等同于某一个人的置信度，其基本观念是，概率是对特定的人的置信度的测度。他们提出以一个人在打赌时提出的赌商（betting quotient）

---

① 参见［英］吉利斯《概率的哲学理论》，张健丰、陈晓平译，中山大学出版社 2012 年版，第 1—3 页。

来测度这个人的置信度。首先，得设定一个打赌情境，A 女士（一位心理学家）想要测度 B 先生对某一事件 E 的置信度，她要让 B 先生同意在双方都认可的一定条件下与她就 E 进行打赌，B 先生愿意压在 E 上的赌注与赌注总额的比例（他对 E 的赌商）可以视作他对 E 的置信度的一个测度。

（3）频率解释（frequency interpretation）。这种解释把某一结果的概率定义为该结果出现在相似事件的长序列中的极限频率，这是我们日常经验中所熟知的概率解释。

（4）性向解释（propensity interpretation）。这种解释把概率看作可重复条件集（a set of repeatable conditions）所固有的一种倾向。如某一特定结果的概率是 P，也就是说，那些可重复的条件具有这样一种倾向：如果它们大数次地重复出现，它们会使得该结果的频率趋近于 P。波普尔提出的性向解释面临单个事件的客观概率问题，米勒（D. Miller）、波普尔（K. R. Popper）、费特塞（J. H. Fetzer）都试图解决此问题，吉利斯（D. Gillies）提出长趋势性向解释对此问题给出了较为合理的解决。

（5）主体间性解释（intersubjective interpretation）。这种解释主要是由吉利斯提出的[①]，它将主观解释从个人信念推广到群体信念。吉利斯认为，应该把 B 先生替换为一个由多人构成的集合 B（B1，B2，…，Bn）。由于引入主体间的概率，如果某个社会群体 B 的成员商定了一个共同的赌商，那么这对整个 B 来说是有利的。如果一个群体事实上确实商定了一个共同的赌商，这个赌商就被称为该社会群体的主体间概率。下面给出的两个条件对于某一社会群体确立一个主体间概率是至关重要的，条件一（共同的意趣）：群体的成员必须被一个共同目标联结起来，无论这个共同目标是会导致群体内部的齐心协力还是相互竞争都不是最重要的。重要的一点是，成员们有共同采取行动和达成一致意见的意趣，在这种情况下，关爱或恐惧都会创建类似的纽带。条件二

[①] 参见 Donald Gillies，*Philosophical Theories of Probability*，London：Routledge 11 New Fetter lane，2000，pp. 172-173。

（信息的流动）：成员之间必须要有信息的流动和想法的交换，无论这种交流是由中枢机构安排的还是分散进行的，是直接的（在任何两个成员之间）还是间接的（通过第三方的介入），这些都无关紧要①。

综合上述的讨论，我们不难发现，不同的概率解释各有其优势和适应范围，笔者与一些学者持有相同的观点，即支持概率解释的多元论立场。一种解释在一种特定的情况或范围内是有效的，而另一种解释在另一种情况或范围内是有效的。目前产生广泛影响和获得众多支持的三种概率解释是主观解释、主体交互解释和性向解释，前两种解释主要侧重概率的主观解释，而后一种强调概率的客观解释，本研究所探讨的因果关系是在日常经验和科学中实际发生或能够重复的一种客观关系。因此，关于因果的概率理论中的"概率"，笔者将支持它的性向解释，这种解释更符合因果关系的客观性特征。

第二节 "NPRC"问题研究现状

在这一部分，通过对前人的相关研究进行评析，以实现对"NPRC"问题的必要性和重要性进行合理论证。下文将客观地分析前人关于该问题的论述和解决方案，指出它们作出的贡献和存在的困难，并进一步指出关于"NPRC"问题存在哪些有待解决的困难。

一 "Token-NPRC"问题研究现状

因果概率理论的直观前提本身的合理性遭受严重质疑，引起广泛关注。刘易斯和孟席斯（Peter Menzies）等学者主张通过事件之间的反事实概率依存关系来分析因果，为这种理论的直观前提的合理性提供辩护。格林（L. Glynn）、埃尔斯（E. Eells）和科瓦特（I. Kvart）等学者

---

① 参见 [英] 吉利斯《概率的哲学理论》，张健丰、陈晓平译，中山大学出版社2012年版，第2—3页。

通过不同的分析形式为因果概率理论的直观前提提供支持。① 然而，萨尔蒙、埃金顿和费尔（D. Fair）等学者拒斥概率分析因果的还原路径，他们主张原因与结果之间存在着不可还原的连续过程。在他们看来，因果性本质上是连续过程的一种属性。② 邦格（M. A. Bunge）、张华夏和张志林等也同样不认可因果的概率解释，他们主张从原因与结果事件所涉及的客体对象之间的相互作用来界定因果。③ 近来，谢弗（J. Schaffer）和道尔（P. Dowe）等学者主张将因果的过程与概率视角进行综合，强调因果的过程属性也应该在因果的概率分析理论中得到刻画，这样才能更恰当地处理因果概率理论的直观前提所面临的反例与质疑。

笔者将考察关于"Token-NPRC"问题的解决方案和解决思路。受到诸多学者支持的方案是，通过确定某些背景条件来估算 c 和 e 之间的概率关系。假设变量 $H_1 \cdots H_n$（二元或连续变量）代表与 e 相关的其他背景条件。由 $H_1 \cdots H_n$ 组成一个集合 H，将 H 中的每个元素赋值为 $v_1 \cdots v_n$，再将所有这些实际赋值的元素组成一个集合 V。这样，如果 c 是 e 的原因，当且仅当，一旦与 e 相关的其他原因背景条件的赋值被确定，c 的发生将增加 e 发生的概率④，即：

$$P_{tE}(E=1 \mid C=1 \wedge V) > P_{tE}(E=1 \mid C=0 \wedge V) \qquad (1.9)$$

尽管它有背景条件的明确限制，但仍有遭受质疑的模糊之处。（1）与 e 相关的其他原因背景条件本身是模糊难以界定的，哪些背景条件才能被纳入集合 H 中是不清楚的。该式难以处理与 c 和 e 都相关的背景条件。如闪电和打雷的共因问题，如果将该共因作为背景条件，那么会导致 c（闪电）和 e（打雷）之间的虚假因果。（2）该式也没有涉及那些防止 e 发生的背景条件（f_i）如何处理，如上述的血栓症案例，服用避

---

① 参见李波《原因可以增加其结果发生的概率？——概率刻画因果面临的问题及其思考》，《科学技术哲学研究》2016 年第 5 期。
② 参见［美］罗伯特·C. 孔斯《重塑实在论：关于因果、目的和心智的精密理论》，顿新国、张建军译，南京大学出版社 2014 年版，第 30—31 页。
③ 参见张志林《因果观念与休谟问题》，湖南教育出版社 1998 年版，第 37—69 页。
④ 参见李波《因果关系概率分析的一种新趋势》，《自然辩证法通讯》2018 年第 2 期。

孕药是患上血栓症的原因，然而，防止怀孕（f_i）将会使得服用避孕药（c）没有增加患上血栓症（e）发生的概率。（3）集合 H 中的变量 H_i 与 c 和 e 三者之间的时间关系，在该式中也没有得到刻画。如果 H_i 发生在 t_c 时刻之后，共因可作为背景条件将导致虚假因果；如果 H_i 发生在 t_E 时刻之后，可能出现因果倒置的虚假关系；如果 H_i 发生在 t_c 和 t_e 之间，也可能会出现因果非概率增加的情形（如血栓症案例）。

一些学者试图利用因果链条理论来消解此类反例。古德和孟席斯等学者提出事件之间的概率依赖关系来分析因果，而不是根据概率增加来分析。他们普遍主张：如果存在这样一种序列<c, d_1, d_2…, e>，该序列中的每一个事件都增加与之最接近的后继者的概率，那么 c 是 e 的原因。[①] 这在某种程度上对于非概率增加因果的血栓症案例给出了一种恰当的处理。尽管服用避孕药（c）并没有直接地增加患上血栓症（e）的概率，但是，c 和 e 肯定是通过生物化学过程中的某种居间物连接起来的。这样 c 增加居间物发生的概率，居间物增加 e 发生的概率，从而得到 c 是 e 的原因。这就可以容许 c 发生没有增加 e 发生的概率。就概率增加非因果的问题而言，孟席斯等认为这类问题的出现都是由于因果链条的中断所引起的。就上述案例可知，朝窗户击打球增加其破碎的概率，但前者并不是后者的原因，因为由于"迈克抓住了球"使得从击打球到窗户破碎的因果链条中断。因此，孟席斯主张在时空上存在连续的链条将原因和结果连接起来，这样就成功地排除了那些由于链条中断所引起的概率增加非因果的案例情形。

这种解决思路尽管有合理之处，但也有其局限性。（1）预设原因和结果之间总存在某种序列是不合理的。谢弗指出原子衰变就没有涉及任何居间物，其衰变不受任何条件的影响，是物质本身特有的性质。（2）萨尔蒙给出了一个"直接的"非概率增加因果的能级跃迁案例，简单地说，占据第二能量级的原子和占据第一能量级的原子之间并没有

[①] 参见 Peter Menzies, "Probabilistic Causation and Causal Processes: A Critique of Lewis", *Philosophy of Science*, Vol. 56, 1989, pp. 642-663。

居间过程，也就是说，我们不可能"追踪"从一个能级跃迁到另一个能级过程中的原子，因此，实际上，甚至原则上，就没有任何办法在因果过程中插入居间"环节"。(3) 它并不能帮助我们处理那些并没有涉及链条中断的类似原子衰变的案例情形。

诸多学者从不同视角或分析方式出发对"Token-NPRC"问题进行了探讨，也在不同程度上给出了相应的解决方案和思路。刘易斯和孟席斯等学者主张通过反事实概率依存来建构解决该问题的方案；格林力图通过对典型反例进行有向结构图分析，并提出自己的解决方案；道尔和谢弗等学者主张将概率与过程综合起来分析因果。这些方案各具优势，然而，它们各自也面临自身难以处理的问题或反例。值得注意的是，格林在2011年提出的新方案得到诸多学者的支持，他的这种新方案经过适度修正虽能处理"Token-NPRC"问题的负作用情形、居间变量作用情形和共因作用情形，但对该问题的相互作用情形和充分原因引起的问题情形还是难以给出恰当的处理。鉴于此，有必要深入地分析和讨论格林的方案。然而，由于上述几种方案为笔者提出新见解和新修正方案提供了方法、思路和理论的支持。因而，需要对它们进行详尽的分析和讨论，指出它们各自的优势和局限性。鉴于此，这部分内容将在第二章展开。

二 "Type-NPRC"问题研究现状

从赖兴巴赫和萨普斯提出的因果概率理论可以看到，赖兴巴赫关于居间因果的概率刻画，遭遇罗森提出的小鸟球反例，而这个案例正是诉之于"Token-NPRC"问题，才建构出这样一种典型的反例。萨普斯吸取赖兴巴赫的很多概念——如隔幕、因果正相干等——发展出自己的因果概率理论。他的理论主要面临的批判在于如何识别真假原因，在遭到各种反例的挑战下，他自己和他理论的辩护者都很难给出合理的应对。由此，招致一些学者质疑萨普斯的因果概率理论的直观前提（原因总是增加结果的概率），正因为如此，引出本研究主要探讨的"Token-NPRC"问题。很多学者也力图为这种直观前提提供辩护方案，但也都困难重重。

面对这样一种困境，有诸多学者指出，仅仅从殊型因果层面来处理"NPRC"问题，肯定难以避免各种问题。正是基于这样的背景，卡特赖特力图从类型因果的层面来处理"NPRC"问题。

为了更加清楚地理解和把握卡特赖特关于"Type-NPRC"问题的解决思路，首先，可以通过考察赫斯洛夫案例开始我们的讨论。在他的案例中（→：表示类型因果关联），吸烟导致心脏病（S→H），锻炼身体防治心脏病（X→⌐H）。一般情形是：P（H/S）>P（H）。然而，如果吸烟与锻炼身体高度相关，如果锻炼身体相较于吸烟引起心脏疾病能够更加有效地防治心脏病，那么这将会出现与一般情形相矛盾，即P（H/S）<P（H）。之所以出现这种矛盾的情形，是由于吸烟与锻炼身体高度相关。也就是说，大多数吸烟的人也锻炼身体，而锻炼身体能够更加有效地防治心脏病。在这样的情形下，我们不难发现，尽管吸烟引起心脏病，但是实际上，吸烟反而降低了患心脏病的概率。这样，导致"Type-NPRC"问题出现，即吸烟与心脏病有因果关系，然而吸烟却没有增加心脏病发生概率。

其实，从上述案例进一步推论就会发现，如果我们考察的原因与第三个有足够力量防止结果发生的因素高度相关，那么这种反例情形任何时候都会发生。卡特赖特指出，如果这种反例情形是真的，那么要求原因增加它们的结果的概率将是不确定的和不可靠的。我们可以通过发现满足上述条件的第三个原因因素，就能导致原因降低其结果发生的概率，得出与因果概率理论的直观前提相悖的结论。因此，在卡特赖特看来，关于原因增加它们的结果的概率似乎是一种随意的断言。

面对这样一种相悖的困境，卡特赖特如何提出自己的解决方案？他详尽分析和考察诸多这样情形的反例。最终发现，这些反例之所以能够被建构出来，都是由于依赖考察的原因与其他原因因素之间的高度相关，正是这种高度相关导致原因没有增加结果的概率。在这里，笔者对卡特赖特的断言作一个简单转述：如果考察的原因与其他原因因素之间呈现高度相关性，那么原因将不会增加它们结果的概率；可作出否定后件式推理，如果原因将会增加它们结果的概率，那么考察的原因与其他原因因素之间将不会出现高度相关。卡特赖特为了克服这种由于"第三个原因因素介入"产生的困难，提出了 CC 原则[①]：

CC：C→E 当且仅当，$P(E/C \wedge K_j) > P(E/K_j)$，$K_j = \wedge \pm C_i$，$C_i \in \{C_i\}$，在这里，$\{C_i\}$ 满足下列条件：

(1) $C_i \in \{C_i\} \Rightarrow C_i \to \pm E$

(2) $C \notin \{C_i\}$

(3) $\forall D(D \to \pm E \Rightarrow D = C \text{ or } D \in \{C_i\})$

(4) $C_i \in \{C_i\} \Rightarrow \neg (C \to C_i)$

本研究在卡特赖特提出的 CC 原则基础之上，提出一种解决"Type-NPRC"问题的新修正方案，因而，关于 CC 原则将会在第二、五章进行详尽的分析和讨论。在这里，笔者将扼要地指出 CC 原则面临的问题和有待改进的方面，即这些条件之间存在着不一致的问题，以及这种 CC 原则能够解决"Type-NPRC"问题的哪些情形，又有哪些情形是它难以处理的。

第一，就 CC 原则的条件（4）而言，将由 C 自身所引发的任何事件都必须排除在实验情形之外，它主要是为防止 C 到 E 之间的因果链条上的任何一个事件将 C 和 E 隔幕。然而，一方面这种规定太强。对于条件（4）而言，除了由 C 所引起任何因素，即使在那种特殊的情形，即当这个因素的发生由于其他的理由引起的。另一方面，条件（4）会与条件（3）相冲突（下文有详细讨论）。尽管卡特赖特承认条件（4）面临问题，但她仍然认为，条件（4）是她所想到的，对于处理上文提及的"隔幕"问题的一种最佳的方法。为了避免条件（4）遭遇的种种困难，需要在新的修正方案中引入时间限制因素，使得条件

[①] 参见 Nancy Cartwright, "Causal Laws and Effective Strategies", *Noûs*, Vol. 13, 1979, pp. 423-424。

(4) 所面临的问题变得更加容易处理。

第二，在卡特赖特对"Type-NPRC"问题的探讨基础上，将进一步探索该问题产生的原因。通过观察和分析与"Type-NPRC"问题相关联的一些典型案例，不难发现，原因未能增加其结果概率的情形之所以出现，存在以下几种原因。(1) 考察的原因与其他的原因因素相关联，导致"Type-NPRC"问题的几种情形出现，其主要包括负作用情形、居间变量作用情形和共因作用情形。(2) 考察的原因与其他事件发生相互作用，导致"Type-NPRC"问题的相互作用情形出现。两个因素是可以相互作用的，如果这两个因素已发生相互作用，它们就像一个单一原因因素起作用，它们相互作用的结果不同于两个因素其中一个原因因素所单独起作用引起的结果。举例来说，摄入一种毒酸（a poisonous acid）很可能引起死亡；摄入一种毒碱（a poisonous alkali）也很可能引起死亡，但是，同时摄入这两种毒很可能不会引起死亡。(3) 如果某方案的背景条件中包括与 E 相关联的充分原因或必要原因，也将会导致"Type-NPRC"问题出现。上述几种问题情形将会在第四章有详细的案例分析和讨论。

需要指出的是，卡特赖特的 CC 原则通过引入时间限制因素，能够恰当处理关于"Type-NPRC"问题的负作用情形、居间变量作用情形和共因作用情形。然而，CC 原则最大的缺点，在于对相互作用的情形，以及充分原因和必要原因所引起的问题情形难以给出恰当的处理。鉴于此，有必要在 CC 原则的基础之上，结合其他方案的优势，针对该方案自身面临的困难，逐步修正 CC 原则。

第三节 研究方法和思路的简要说明

一 文献研究法和案例分析法

文献研究法是通过各种渠道获得与本研究论题相关的国内外文献，认真研读这些文献，全面、正确地理解和把握与本论文相关问题的发展脉络和当前学界研究现状，以及深入地掌握相关文献的研究方法和思路。在此基础之上，进一步对相关文献所涉及的不同理论或方法进行比较分析。

案例分析法是确定研究对象中的某一特定案例，对其进行详细的描述和分析，弄清其细节之间的关联及其核心结构特征的一种研究方法。关于案例的取舍和精选案例的问题值得注意，我们知道，反映抽象理论或相关问题的案例很多，不同文献和学者都会根据自己的观点需要建构不同的案例，这需要发挥研究者的敏锐洞察力和分析能力，抓住那些被不同学者经常讨论的案例，以及洞察到这种案例能够代表一类情形，选取这样一些反映相关问题的典型案例有助于相关论题的清晰阐释。

案例取舍，需要对已收集和编制的案例进行认真分析与比较，在分析与比较过程中应坚持一些原则。一是优先选取最典型的案例。典型案例往往是多种知识的交汇点，典型案例应用到相关问题的分析和讨论中，有助于阐明复杂的问题情形。二是案例应与相应的理论相贴近，表面现象的牵强附会将会引起读者误解，甚至难以理解作者要表达的观点。三是所选取的案例具有科学性和易理解性，如果不具有科学性，那么这种案例讨论再多也不具有说服力；另外，如果选取的案例太科学了，只有受过高度专业训练的学者才能看懂，难以增加该案例的说服力，而且读者也难以深入理解作者想要表达的观点。四是选取的案例具有针对性和代表性，选取的案例要为作者想要表达的观点提供恰当的论据支持，因此要有针对性。这种案例要具有更强的说服力，它能够代表与其结构相类似的一类情形。

案例延伸，依据论证的需要对一些典型案例进行适当调整的一种研究方法。这种方法的应用主要是为了使关于一些观点的讨论和论证更加清晰和易理解。假设面对一个复杂的问题情形，作者对某个典型案例有足够清晰的认识和理解，可以通过对这个典型案例进行适当调整，使得调整后的案例能够清楚明白地澄清和阐明上述的复杂问题情形，这样更易于读者理解和把握作者想要表达的意图。

二 非循环有向结构图分析法

关于"NPRC"问题涉及诸多案例,而且一些案例的结构特征很复杂,这需要我们诉诸一种很直观、很简明的方式来分析不同情形的案例。文中将借鉴格林的非循环有向结构图分析方式,这种直观方式能够更加清晰地分析"NPRC"问题的不同情形。下面将对它进行详细的描述和阐释,这种有向结构图包括有序对<V,E>,V 表示顶点的集合,E 表示边线或路径的集合。需要注意的是,这种结构图是一种"有向(directed)非循环结构图",因而这些成双成对的顶点都是有序的,有序对<V_1,V_2>代表有向路径 $V_1 \rightarrow V_2$。由于有一条路径从顶点 V_1 到 V_2,V_1 被看作 V_2 的父母(始源),V_2 是 V_1 孩子(后继)。在结构图 G 中,有向路径 V_1 到 V_n 是一个以 V_1 为起点、以 V_n 为末点的序列。如此以至于在这个序列中,对于每一条有向路径<V_i,V_j>,V_i 被看作 V_j 的始源,V_j 后继于 V_i,<V_i,V_j> $\in$ E。也就是说,一个顶点 V_i 是任何一个顶点 V_j 的始源,则有一种从 V_i 到 V_j 的有向路径;一个顶点 V_j 是任何一个顶点 V_i 的后继,则有一种从 V_i 到 V_j 的有向路径。

需要注意的是,格林运用的是有向非循环结构图。这种有向结构图是一种不只包含一个顶点的有向路径图。那么,有向非循环结构图是一种不包含有向循环路径的有向结构图。这里的顶点 V 代表变量事件,一般情形都是二值变量(发生或不发生),有时候也代表一种连续量,如气压状况、气压计读数等;E 代表有向路径 $V_1 \rightarrow V_2$。

现在,将通过对上文提及的血栓案例进行有向结构图分析,以便了解这种分析方式的直观性和合理性。医学研究表明,服用避孕药(B)可能引起血栓(X),但相对而言,怀孕(H)本身引起血栓症可能性更大。现在,假设杰姆发生性行为之后,目前还没有条件抚养孩子,于是决定服用避孕药(B),以防止自己怀孕(H)。一段时间过后,她没有怀孕却非常罕见地患上了血栓(X)(见图1-1)。

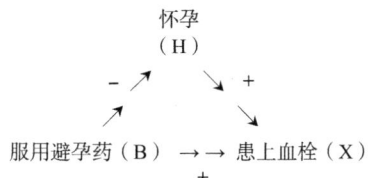

图1-1 血栓案例有向结构图（B=1；H=0；X=1）

这种有向非循环结构图的分析方式，有助于我们深入详细地考察和分析那些案例的结构特征，如血栓案例和桥垮塌案例等。这种有向结构图分析方式之所以值得借鉴，因为通过使用这种有向结构图，使得关于因果链条和案例结构的分析变得更加直观和易理解。此外，文中采用这样一种分析方式的理由有两方面。一方面，有利于深入详细地分析反例的结构模式。通过这种有向结构图对那些反例结构进行分析，最终揭示出导致"NPRC"问题出现的不同作用情形，主要包括负作用情形、居间变量作用、共因作用和相互作用情形，以及充分原因和必要原因所引起的问题情形（下文会有详细分析和讨论）。另一方面，综合考虑因果关系的方向性、非对称性、非自反性、时间性等基本特征，这些特征可以通过有向非循环结构图得到恰当的描述。

三 逻辑结构与展开思路

本研究对因果概率理论的"NPRC"问题进行了分析和探讨，并力图从殊型因果和类型因果层面为"NPRC"问题建构出新的修正方案。基于此，文中通过如下逻辑结构来展开解决"NPRC"问题的思路。

第一，对"NPRC"问题提出的缘由和背景进行了阐述，通过典型案例对该问题进行了考察和分析，明确地界定了与该问题相关的条件因素，指出深入探讨该问题所具有的理论意义和现实意义。从殊型因果和类型因果层面对"NPRC"问题的研究现状进行了评述，指出了现有方案的优势和存在的困难，明确指出了有待解决的问题，并阐述了本研究使用的研究方法及其展开的逻辑结构。

第二，对"NPRC"问题的演进及其现有方案进行了批判性考察和分析。通过对早期因果概率理论和一些典型案例的考察和分析，逐步揭示"NPRC"问题出现的缘由，并对早期因果概率理论的一些重要概念进行了详细阐述。然后，对"Token-NPRC"和"Type-NPRC"问题的现有方案进行批判性考察和分析，指出它们的方案自身在不同方面存在难以克服的困难，并指出它们的方案对"NPRC"问题的特殊情形难以给出恰当的处理和解释。

第三，力图在格林方案基础上，为解决"Token-NPRC"问题提供一种新的修正方案。首先，通过综合考察和评析相关因果理论的合理因素，为新方案提供一些借鉴和启发。其次，对格林的方案逐步展开讨论和分析，指出他的方案能够处理哪些问题情形，并论证格林的方案对"Token-NPRC"问题的负作用情形和相互作用情形，以及充分原因引起的问题情形难以给出恰当的处理。鉴于此，将其他理论的优势因素与格林的方案综合起来，建构出解决"Token-NPRC"问题的一种新修正方案。最后，为了对这种新方案的合理性进行有效辩护，运用它们对"Token-NPRC"问题的不同情形进行处理。

第四，在卡特赖特方案的基础上，为解决"Type-NPRC"问题提供一种新的修正方案，首先，深入分析了卡特赖特CC原则自身存在的不同问题，指出并充分论证CC原则难以处理"Type-NPRC"问题的相互作用情形，以及由充分原因和必要原因所引起的问题情形。在借鉴其他方案的优势基础之上，修正CC原则所面临的困难，建构出关于CC原则的一种新修正方案，即CC∗∗方案。其次，为了进一步为新方案提供辩护，依据CC∗∗新方案对负作用和相互作用的情形，充分原因和必要原因所引起的问题情形给出恰当的处理，以及对新修正方案可能构成危害的主张作出回应。

第二章　因果概率理论"NPRC"问题的演进

本章主要对因果概率理论"NPRC"问题的演进进行探讨。就殊型因果层面而言，主要讨论影响广泛的赖兴巴赫和萨普斯的因果概率论。通过对赖兴巴赫的因果概率理论进行考察和分析，逐步揭示"Token-NPRC"问题的雏形，有诸多学者对萨普斯因果概率理论的"Token-NPRC"难题进行了探讨。就类型因果层面而言，主要考察和分析卡特赖特（Nancy Cartwright）关于"Type-NPRC"问题的解决方案及其面临的问题。

需要指出的是，为了更加充分地支持在第四章和第五章中建构出的新修正方案，本章节将对第一章中涉及的早期因果概率理论进行更详细的分析和讨论。正是基于上述的考虑，下文研究工作主要有以下几个方面。第一，对早期因果概率理论中的一些核心概念进行详细阐述和分析，为下文讨论和建构新修正方案提供概念澄清和理论背景支持，如赖兴巴赫的"隔幕"和"因果相干"等概念，萨普斯的"初表原因"和"居间因果"等概念。因此，在这里有必要对它们进行详细的案例分析和概念界定，有助于准确地理解和把握它们。第二，通过分析和讨论早期因果概率理论为"Token-NPRC"问题提出的方案，指出它们所具有的优势和遭遇的问题，分析它们主要在哪些方面遭遇反例和质疑。这将为新修正方案的建构提供新思路。第三，卡特赖特关于"Type-NPRC"问题的 CC 原则是目前影响最广泛的一种解决方案、备受众多学者支持和认可。鉴于此，本研究将在 CC 原则基础之上进行探讨，提出关于

"Type-NPRC"问题的新修正方案。因而,有必要对卡特赖特的 CC 原则方案进行详细的案例分析和讨论,并指出其存在的问题和有待修正的方面。

第一节 赖兴巴赫因果关系的概率分析

罗素关于原因概念提出了一种引人注目的批判。在他看来,这种日常化的原因概念在很多方面难以取得一致性的理解,基础科学并不需要诉诸因果术语,而是函数等式。马赫(E. Mach)和皮尔逊(K. Pearson)等学者在不同时期也批判因果术语的使用。在这样的背景下,营造出一种谨慎谈论因果问题的语境。然而,赖兴巴赫反对这样的一种情形,他通过认真考察因果关系,并将它们解释为类似物理学的函数等式。他反对关于因果的先验论、传统的因果决定论和恒常性因果理论,支持和主张因果的概率解释。赖兴巴赫在《事物的方向》中给出了关于因果概率分析的第一个现代处理方案。在他 1925 年发表的《世界的因果结构和过去与未来的差异》论文中,阐述了关于因果的概率分析理论。

但值得注意的是,赖兴巴赫关于因果的讨论前后期的思路有较大差异。前期关于因果关系的概率分析可以看作对因果的一种现代讨论,但很明显,他后期的相关分析比前期分析更加合理,他自己也在多处文献中承认这一点。鉴于此,我们的讨论将主要限制在他的后期理论成果。他后期的因果概率理论成果主要聚焦在《时间的方向》一书中,他说:"在我的著作中,我希望去研究原因—结果的关系本身。因果关系不再被看作为仅仅是一种函数关系,因为函数等式在原因—结果上是对称的,而实际因果关系是非对称的。"[①] 赖兴巴赫给出了建构因果网的多种不同的方式,试图诉诸因果网去判定因果方向,然后,依据因果方向来分析时间方向。在这里,首先阐述他关于居间因果、链接叉和因果相

---

① Hans Reichenbach, *The Direction of Time*, Berkeley and Los Angeles: University of California Press, 1956, pp. 25-28.

干的概率定义，指出这些概念的概率分析所面临的问题，并进而揭示"NPRC"问题的雏形出现。

一 居间因果、共因和因果相干

当我们说，事件 B 是因果上居于事件 A 和事件 C 之间，也就是说，在事件 A 和事件 B，事件 B 和事件 C 之间存在着将它们连接起来的因果过程，赖兴巴赫将这种情形称为居间因果（causally between）。依据将这两个事件连接起来的方式不同，区分出因果链条（causal chain）和因果叉（causal fork）。

赖兴巴赫给出了居间因果关系的概率定义：事件 A2 是因果上居于事件 A1 和事件 A3 之间，可通过符号刻画为 btw（A1，A2，A3）。如果这种居间因果关系被确立，则需要满足下列的几种条件[1]：

(1) $1 > P(A3/A2) > P(A3/A1) > P(A3) > 0$
(2) $1 > P(A1/A2) > P(A1/A3) > P(A1)$
(3) $P(A3/A1 \wedge A2) = P(A3/A2)$

首先，考察条件（1）和条件（2）。从这两个式子直观上可以看到（暂不考虑事件因果作用的方向），在一个因果链条上，两个事件越接近，一个事件导致另一个事件的概率就会越高。为了更清楚地理解这种关系的概率定义，我们可以作一个简单的案例假设：如有 A1、A2 和 A3 这样三个事件，它们因果地依次连接，即 A1 引起 A2，A2 引起 A3。现在，我们假设 A1 已经发生，然后，通过已发生事件 A1 来预测事件 A3 将会发生的概率，可以得到 $0 < P(A3/A1) < 1$。但进一步假设，我们也知道 A2 已经发生，则有 $P(A3/A2) > P(A3/A1)$，因为 A2 比 A1 更加接近 A3，或 A2 直接引起 A3。由此，我们关于赖兴巴赫居间因果关系

---

[1] Hans Reichenbach, *The Direction of Time*, Berkeley and Los Angeles: University of California Press, 1956, p.190.

定义，可以得到这样一种直观解释：在因果链条上的两个事件越接近，它的概率就会越高。

关于上述的直观解释，下文将通过案例进一步分析和阐述。假设我们正发射一枚炮弹，希望击中远方的目标。已知炮弹被发射（A1），当然，这增加它击中目标的概率（A3）。然而，当已知炮弹穿越发射台与目标之间的测量站（A2），我们可以更准确地推断，炮弹击中目标的概率将会更高。假设，如果能够进一步确定炮弹轨迹最后期阶段的相关信息，那么我们会更加确信，它将会击中目标。这是因为我们相信，当炮弹越来越接近那个目标，我们掌握关于炮弹击中目标的信息也就越来越多，我们犯错误的可能性也就越小，引起炮弹偏离轨道的可能性也就越小。因此，一般而言，赖兴巴赫关于居间因果的直观解释，可以得到日常经验、科学观察和实验的支持。

其次，赖兴巴赫将条件（3）所刻画的直观称为隔幕关系。如果以事件 A1 和事件 A2 为条件，事件 A3 发生的概率恰好等于仅以事件 A2 为条件事件 A3 发生的概率。因而，一旦我们知道事件 A2 已经发生，关于事件 A1 所具有的信息对于我们预测事件 A3 是否会发生将会不相关。在这样的情形中，我们可以说，事件 A2 将事件 A1 与事件 A3 隔幕开来；事件 A2 包含了事件 A1 具有的所有的信息，或者说事件 A2 包含了事件 A1 所具有的能够预测事件 A3 发生的所有信息。总而言之，在赖兴巴赫看来，如果我们知道事件 A2 已发生，那么，在事件 A2 之前发生的事件对我们预测事件 A3 是否发生，将是不相关的。换句话说，当事件 A1 同另外一个事件 A3 被事件 A2 隔幕开来，那么事件 A1 将不再被看作关于事件 A3 的可预测信息。

赖兴巴赫力图通过对居间因果的刻画，使我们能够去确定因果网的结构。我将通过考察和分析赖兴巴赫关于因果网的论述，进一步阐明他的上述意图。如果能够断定下列情形可以成立：

Btw（A1，A2，A3）

第二章　因果概率理论"NPRC"问题的演进

Btw (A1, A2, A4)
Btw (A4, A2, A3)

那么，依据居间因果的概率定义，便可以断定这四个事件具有什么样的因果结构。因此，我们依据居间因果的概率定义，可以断定这四个事件所具有的是叉状形居间因果结构，如图2-1所刻画的因果叉结构，而不是图2-2所刻画的链条形的居间因果结构。叉状形和链条形居间因果之间的差异非常明显，如下图：

$$A1 \rightarrow A2 \begin{matrix} \nearrow A3 \\ \searrow A4 \end{matrix}$$

图 2-1　因果叉的居间因果

$$A1 \rightarrow A2 \rightarrow A3 \rightarrow A4$$

图 2-2　因果链条的居间因果

连接叉（Conjunctive Forks）

赖兴巴赫认为，当得知一些事件之间呈现出统计相关性，我们可以为这些具有统计相关的事件找到一个共因。换句话说，如果某些事件更加恒常地共同发生，相比较于如果它们是因果上彼此独立的，那么我们可以为它们找到一个共因。当然，除非一个事件是另一个事件的原因。赖兴巴赫也断言，一旦我们获得关于共因的信息，那么共因所引起的其中一个结果的信息与另外一个结果的信息是不相关的。他通过概率形式将上述观念和断言进行了刻画，共因 C 引起结果 A 和 B 的所有情形都满足下列条件[①]：

(4) $P(A \wedge B/C) = P(A/C) \cdot P(B/C)$
(5) $P(A \wedge B/\neg C) = P(A/\neg C) \cdot P(B/\neg C)$

---

① 参见 Hans Reichenbach, *The Direction of Time*, Berkeley and Los Angeles: University of California Press, 1956, p.159。

(6) $P(A/C) > P(A/\overline{C})$

(7) $P(B/C) > P(B/\overline{C})$

赖兴巴赫还证明，从上述前提条件（4）—条件（7），可以推导出下面的不等式：

(8) $P(A \wedge B) > P(A) \cdot P(B)$

(8) 式表明，与 A 和 B 彼此独立发生相比较，它们共同发生的概率更高。

由此，赖兴巴赫主张，满足条件（4）—条件（7）的因果连接情形称为连接叉。与两个或更多的事件彼此独立发生相比较，一旦满足连接叉情形，它们共同发生的概率将会更大。

通过考察萨尔蒙（Wesley Charles Salmon）给出的一个连接叉案例[①]，以便更直观地理解这种连接叉情形。关于疾病的共因情形，假设：

A = 史密斯在某晚上生病
B = 琼斯在某晚上生病
C = 在那个晚上他们参加聚餐，餐桌中有腐坏食物

在这种情形，史密斯和琼斯生病是由于诉求了一个共因，A、B 和 C 都满足条件（4）—条件（7）。

因果相干

赖兴巴赫注意到，因果连续过程和传递标记（Mark）的能力之间紧密关联。在他看来，从根本上说，因果连续过程能够传递一个标记，然而，虚假过程不可能传递标记。也就是说，如果某一过程不是真因果

---

① 参见 Wesley Charles Salmon, "Probabilistic Causality", *Pacific Philosophical Quarterly*, Vol. 61, 1980, p.59。

过程，那么标记将不会被传递，也将不会在这一过程的后面阶段出现。举例来说，考察一个汽车的影子，随着汽车移动，很显然，汽车的影子也跟着移动，然而，汽车影子的移动却是一个虚假的过程，因为在汽车影子上所做的任何标记都不会被传递，这种标记也将不会在影子移动的后阶段出现。因此，它并不是一个真因果过程。这不同于作用于汽车上的标记，因为作用在汽车上的标记将会随着汽车一起运动，也将会在汽车运动的随后的时间中出现。因此，只有真因果过程能够传递标记。赖兴巴赫在这种标记理论的基础之上，将因果相干关系定义为[①]：

如果在事件 A_i 中做上的标记出现在事件 A_k 中，那么 A_i 是因果上相干于 A_k。当我们说，A_i 因果上相干于 A_k，我们表达的是，A_i 是引起 A_k 存在的一个原因。

根据赖兴巴赫提出的关于因果相干关系的界定，不难发现，他力图刻画出这样一种直观，即作用于某一过程的标记能否被传递，可以用来辨别真假因果关系。他在确定因果相干关系之后，进一步考察因果相干与事件之间的概率的关系，他发现这两者之间有某种对应性。于是，他通过给出以下几种假设，对这两种关系之间的对应性进行了分析。[②]

假设 a：如果在事件 A_i 上作用的标记出现在事件 A_k，那么 $P(A_k/A_i) > P(A_k)$。

假设 a 可以解释为：无论什么时候，只要标记被传递，这种概率关系便可以成立，这种假设也可以得到很多经验实例的支持。

[①] 参见 Hans Reichenbach, *The Direction of Time*, Berkeley and Los Angeles: University of California Press, 1956, p.290。

[②] 参见 Hans Reichenbach, *The Direction of Time*, Berkeley and Los Angeles: University of California Press, 1956, pp.201-204。

假设 b：基本设定与假设 a 相同，如果在事件 Ai 上做上标记，那么，P(Ak'/Ai') = P(Ak/Ai)，或者 P(Ak/Ai') = P(Ak/Ai)（A'表示事件 A 也被做上标记）。

假设 b 实质上表达的是，标记过程并没有改变现有的概率。如果 P(Ak'/Ai') = P(Ak/Ai) 成立，我们可以说，这个标记从 Ai 转移到 Ak。赖兴巴赫认为，如果 Ai 时间上先于 Ak，那么 P(Ak/Ai') = P(Ak/Ai) 将成立，因为标记不可能在时间上逆向回溯。如果这个标记在到达 Ak 之前，它就消失了，那么 P(Ak/Ai') = P(Ak/Ai) 也能够成立。一些标记比其他的标记缺乏持久性，即使两个事件因果相干，也没有标记在它们之间传递。也就是说，在赖兴巴赫看来，不管这个标记是否到达后面的事件，因果关系不会由于这标记过程而发生变化。

假设 c：他试图处理标记消失的问题，如果 A2 将 A1 同 A3 隔幕，且 A1 的标记出现在 A3 中，那么它也会出现在 A2 中。

这种假设告诉我们，如果一个因果过程被做上标记，这个标记沿着行进过程，在某个地方消失了，那么这个标记在因果过程的后阶段将不会再出现。假设 c 的直观解释也可以得到很多经验的辩护和支持。

假设 d：赖兴巴赫提出关于假设 c 更加一般的版本：如果集合 $A2^1, A2^2, \cdots, A2^n$ 将 A1 同 A3 隔幕，如果在 A1 中的一个标记出现在 A3 中，那么它也会出现在至少这些事件（$A2^1, A2^2, \cdots, A2^n$）的其中一个事件。

他将假设 c 进行一般化，因为有时候一个更早发生的事件将不会隔幕某事件，几个更早事件连接将会导致隔幕。赖兴巴赫在给出假设 a, b, d 基础上，提出因果相干概率定义：

如果 $P(A3/A1)>P(A3)$，且不存在这样一种比事件 A1 更早或同时发生的集合事件 $\{A2^1, A2^2, \cdots, A2^n\}$，以至于这个集合事件将 A1 同 A3 隔幕开来，那么事件 A1 是因果上相关于后面事件 A3。[①]

二 赖兴巴赫因果理论所面临的问题

众多学者指出赖兴巴赫关于居间因果的定义的不合理性。下文将通过考察和分析罗森给出的小鸟球案例[②]、台球运动案例，指出居间因果概率定义的不合理性。假设乔开始击打球（A1）；球飞行中撞击树枝（A2）；低于标准杆进洞（A3）。可以看到，事件 A2 是因果地居间于事件 A1 和事件 A3。

A1（开始击球）→A2（撞击树枝反弹）→A3（低于标准杆进洞）

从案例的情形来看，朝目标洞飞行的球，突然撞击树枝，正常进洞的可能性极低。因此，依据常识和直观应该可以得到：$P(A3/A1)>P(A3/A2)$。很显然与居间因果的概率定义的条件（1）相悖。

罗森给出的案例是一种极其罕见的情形。接下来，下文将考察奥特给出的一个日常熟悉，也是经常发生的案例情形。在台球的活动中，需要考虑主球（母球或白球）的校位问题。下面有两种情形出现。第一种是，台球运动员原本可以很容易地通过主球直接将 9 号球推入底袋。第二种是，运动员出于考虑击球后主球位置的目的，他选择难度更大的击球方式，即通过主球撞击 2 号球，再利用 2 号球将 9 号球推入底袋。

[①] Hans Reichenbach, *The Direction of Time*, Berkeley and Los Angeles: University of California Press, 1956, p. 204.

[②] 参见 Patrick Suppes, *A Probabilistic Theory of Causality*, Amsterdam: North-Holland Publishing Company Amsterdam, 1970, p. 50。

很显然，第一种情形成功的概率要大于第二种情形。但是，"2号球撞击9号球"是因果居间于"开始击打主球"和"9号球进袋"。

  A1（开始击打主球）→A2（2号球撞击9号球）→A3（9号球入底袋）

由于主球通过撞击2号球，2号球再撞击9号球入底袋，难度更大，要求更加精准的技术和丰富经验。因此，依据案例给出的情形是：$P(A3/A1)>P(A3/A2)$，很显然与赖兴巴赫给出的条件（1）相悖。

  赖兴巴赫关于连接叉的刻画又会面临什么样的问题？首先，考察萨尔蒙给出的反例。布朗通常在9:00到达办公室，自己冲一杯咖啡，在他着手处理工作上的事务之前，都会阅读当天的早报。然而，偶尔出现特殊情况，他8:00到达办公室，他的秘书已经煮好新鲜的咖啡，在完全相同的场合，他的同事也都提前到达办公室，他们很快投入工作。这种巧合——咖啡准备好和同事们也提前到达办公室——需要依据一个共因才能得到解释。布朗通常早上8:30乘公交来上班，但在这个特殊早上，他乘7:30的公交来上班，8:30的时候咖啡已经准备好了，其他同事也已经达到办公室。这样三个事件，事件A（咖啡已经准备好了）、事件B（其他同事已经出现在办公室）和事件C（布朗乘上7:30的公交），的确满足赖兴巴赫关于连接叉的条件要求，即满足条件（4）—条件（7）。然而，很显然，事件C并不是事件A和事件B的共因。这种特殊巧合的确需要一个共因才能给出合理的解释。实际上，事件A、事件B和事件C的发生是在特殊情况发生的前一天，秘书就已经电话通知安排好了。

  事实上，只要能找到一个共因的结果事件，该事件时间上在先发生，且与共因高度相关，那么像这样的反例，在确定相关条件的情形下都能建构出来。从萨尔蒙给出的反例可以看到，事件A、事件B和事件C能够满足连接叉的定义，但事件C并不是事件A和事件B的共因，之所以出现这样的情形，是因为这里有一个事件 D，事件 D 是 C 的必要和充分原因，也是事件 A 和事件 B 的充分和必要的原因。

赖兴巴赫面对诸多的批评，仍坚持自己关于共因的概率定义，但提出一种稍弱的主张，即如果事件 C 是事件 A 和事件 B 的共因，那么这三个事件满足条件（4）—条件（7），或者说事件 C、事件 A 和事件 B 满足条件（4）—条件（7），是事件 C 作为事件 A 和事件 B 的共因的必要条件，而不是充分条件。

针对赖兴巴赫上述的主张，萨尔蒙提出了一种反例。在康普顿散射实验中，如果一个高能光子与一个电子撞击（C），带有更小能量的光子将会以某种概率出现（A），具有动能的电子将以某种概率被撞击出（B）。然而，由于能量的守恒定律，在两种能量之间有一种强烈的一致——它们的总和接近入射光子的能量（E1+E2），或几乎等于入射光子的能量 E。因此，相比较于某一个能量独自发生的概率的乘积，获得具有能量 E1 和具有能量 E2 的电子的概率是更大的。假设，如果能量 E 的光子撞击一个给定的目标，具有能量 E1 的光子将会以某种概率出现，假设在同样的情形下，具有能量 E2 的电子将会以某种概率出现。在这样的情形中，联合结果的概率要大于它们独自概率的乘积。由于每一个结果发生，当且仅当，另外一结果也将发生。萨尔蒙将这样的情形称为作用叉（Interactive Forks），并给出相应的形式定义：

(9) $P(A \wedge B/C) > P(A/C) \cdot P(B/C)$

(10) $P(A \wedge B/\neg C) = P(A/\neg C) \cdot P(B/\neg C)$

(11) $P(A/C) > P(A/\neg C)$

(12) $P(B/C) > P(B/\neg C)$

作用叉的定义与连接叉的定义的差异表现在，条件（4）被条件（9）所替代。作用叉案例表明，事件 C 是事件 A 和事件 B 的共因的所有情形并不都是连接叉，它们中的另外一些情形可能是作用叉。也就是说，事件 A、事件 B 和事件 C 满足了连接叉，并不能成为事件 C 是事件 A 和事件 B 的共因的必要条件。因此，在笔者看来，关于赖兴巴赫连接叉的定义既不能将其作为共因的必要条件，也不能看作充分条件，对待他的这种定义的一种恰当方式，是将其看作涉及共因的某类情形。

现在，考察赖兴巴赫关于因果相干的界定。有学者指出其关于因果相干的定义过于宽泛，并没有为我们判定一个事件是否为原因提供充分的依据。假设一种情形，某人在窗户下打篮球，当他向窗户扔篮球（A1），这增加窗户破碎（A3）的概率，是窗户破碎的概率原因，满足 P(A3/A1)>P(A3)，且这里并没有任何更早发生或同时发生的事件，将 A1 同 A3 隔幕开来，这些都满足定义 3 的条件。然而，在篮球即将撞击窗户之前，另外一个人迅速地抓住了篮球，窗户破碎的结果并没有发生。由此可以看到，A1 与 A3 有因果相干，但 A1 和 A3 并没有因果关系。

假设有这样的一种情形，两个枪手 a 和 b 每一枪同时射击一个气球。

A=枪手 a 开枪射击气球
B=枪手 b 开枪射击气球
C=气球破碎

很明显，依据因果相干的概率定义，A 和 B 都因果相干 C，它们中的每一个都增加气球将会破碎的概率，它们都不会被一个更早的事件隔幕。现在假设，枪手 a 击中气球并破碎，而枪手 b 没有击中气球。在这种情形，枪手 b 向气球开枪并不在气球破碎的因果链条上。因此，事件 B 与事件 C 并没有构成因果关系。这个案例也向我们表明了因果相干的定义太宽泛了，一些被归类为因果相干的事件，实际上并没有因果关系。

三 "NPRC" 问题雏形初现

赖兴巴赫关于居间因果、共因和因果相干的概率定义面临不同的问题和反例。尽管赖兴巴赫关于因果的概率分析遭遇不同的困难，但他通过概率刻画了很多重要的概念（如居间因果、隔幕、刻画共因的连接叉等），为后来的因果概率理论的发展打下了基础。毕竟赖兴巴赫是最早尝试利用概率关系来分析因果关系的，因而，难免遭遇诸多质疑和困难。鉴于此，出于本研究主要论题的考虑，下文将通过对一些典型反例的探讨，逐步揭示"Token-NPRC"问题的雏形，并提出自己的一些思考和新见解，为后文建构出新修正方案提供思路和借鉴。

第一，关于居间因果的概率定义的反例，很大程度上是通过不同原因引起同一结果的概率大小的比较来建构的。实质上，这是关于"非概率增加因果关系"问题的最初表现形式。在小鸟球案例中，球员开始击打主球（A1），球撞击树枝反弹（A2）引起低于标准杆进洞（A3），事件A2和事件A3之间的因果关系可以从物理学上得到明确解释。尽管这两个事件有因果关系，但依据经验常识和直观而言，事件A2只有在极其罕见的情况下，才会引起事件A3发生。因此，在绝大多数情况下，事件A2将会降低事件A3发生的概率，或不会增加事件A3发生概率。台球反例也可以进行类似的分析。从萨普斯对因果相干定义的论述可以看到，一些事件之间有因果关系，却没有被归类为因果相干，依据因果相干定义中的一个必要条件，原因增加结果的概率，即$P(A3/A1)>P(A3)$。由此，就萨普斯的结论可以进一步推论出：两个事件有因果关系，然而，一个事件并没有增加另外一个事件的概率。

综合所述，两个事件有因果关系，但依据常识和直观，一个事件不仅没有增加反而降低另外一个事件的概率，这展现出"NPRC"问题的初始雏形。尽管没有明确提出，也没有进行合理界定，但一些学者自觉或不自觉地依赖"NPRC"问题来建构各自的反例。就讨论的案例情形而言，这里所涉及的都是殊型层面的"NPRC"问题（Token-NPRC问题）。

第二，在揭示"Token-NPRC"问题雏形之后，将进一步考察赖兴巴赫关于因果相干的概率定义。这种定义之所以很容易遭遇困难，关键在于赖兴巴赫关于原因事件和结果事件是已经发生还是潜在发生没有作出明确区分和界定。关于因果链条的同一性也没有展开分析和讨论，正因如此，招致不同的反例。因果相干定义之所以遭遇窗户破碎和气球破裂的反例，关键在于没有明确界定原因和结果是实际发生的事件，并且是在同一个因果链条上实际发生的事件。在窗户破碎反例中，某人向窗户扔篮球是窗户破碎的概率原因。然而，实际上结果（窗户破碎）并没有发生。也就是说，如果事件 A1 增加 A3 的概率，且没有比 A1 更早发生或同时发生的事件将 A1 同 A3 隔幕开来，那么 A1 与 A3 因果相干。然而，事实上 A3 并没有发生，换句话，A1 并没有引起 A3，这两者之间没有因果关系。既然 A1 与 A3 非因果关系，那么 A1 也就不是 A3 的原因。

再考察气球破裂案例。事件 A 和事件 B 都增加事件 C 的概率，且它们都不会被一个更早的事件所隔幕，因此，事件 A 和事件 B 因果相干于事件 C。现在，枪手 a 击中气球并破碎，然而枪手 b 没有击中气球。很显然，枪手 b 向气球开枪并不在气球破碎的因果链条上。也就是说，事件 B 并不在实际发生的因果链条上。

也许有学者坚持认为，事件 A 将是事件 B 的概率原因，即使事件 B 没有发生，在这种意义上来界定，它带来的模糊性和困惑将会更大。我们可以考察吸烟与肺癌之间的因果关系的案例，如张三在青少年时期，一天吸三包香烟，这是他在 60 岁患上肺癌的概率原因。但是，由于汽车事故，张三在 20 岁就死了，吸烟是不是他患上肺癌的概率原因？由此，依据上述立场来看，这种概率因果的断言是难以界定清楚的。也许有学者认为，即使事件 A 没有发生，事件 A 也可以是事件 B 的概率原因。下面将通过具体案例对这种情形进行考察和分析。假设张三在他的一生从来没有抽过一支烟，但是不幸的是，他在 60 岁患上肺癌。他患上肺癌的原因是他在青少年时期一天抽三包香烟，显然这是一种矛盾的说法。

鉴于上述讨论，不难发现，从殊型层面来讨论因果概率理论所面临的问题，应该明确界定所讨论的原因和结果事件都是实际发生的，考察

第二章 因果概率理论"NPRC"问题的演进

的案例情形也是实际发生的,而不是潜在案例的诸多可能情形的分析,这要求在后面建构新修正方案过程中,需要清晰界定殊型因果的内涵和外延。由此可以看到,如果我们明确界定因果事件的属性,那么像窗户破碎反例和台球反例就可以被消解。然而,这种主张很可能招致这样的质疑,即为了成为概率原因,原因和结果必须都实际发生。也就是说,概率原因总是被它的结果所伴随。这又倒向决定论因果观,与因果的概率理论相悖。由此得出这样的推论:如果我们要求概率原因和它的结果都发生,那么所有的概率因果关系的情形都将变成决定论因果关系的情形。

第三,对于上文的质疑的解决,引出文中将要探讨的另外一个论题,即关于殊型事件和类型事件之间的关系容易出现混淆和模糊。从上文给出的反例分析和讨论,以及上文质疑的产生可以发现,学者们对于殊型因果事件与类型因果事件之间的关联和区分并没有达成广泛一致的看法。当我们说,A 是 B 的一个概率原因,在这里 A 和 B 应该都是类型事件。更准确地表达,ai 是 A 类中的一个元素,ai 是 bi 的一个概率原因,bi 是 B 类中的一个元素。如果 ai 是 bi 的一个概率原因,ai 和 bi 必须都发生,这是可能的。但这并不意味着,每一个 aj(A 中的一个原因)被 bj(B 的中一个元素)所跟随;如果是这样,将会要求 A 是 B 的一个决定论的原因。换一种说法,如果一个具体事件是另一个具体事件的概率原因,那么它们两者都必须发生;但是,这并不意味着,与概率原因类似的每一个事件将会被一个类似于概率结果的事件所跟随。因此,不难发现,上述质疑之所以产生,关键在于没有明确区分殊型事件和类型事件。这要求我们在建构新方案时,关于两者需要给出明确的区分和界定。

日常生活中,我们经常会这样说,或听到这样说,吸烟引起肺癌,酒驾事故,安全带挽救生命等,像这样的因果陈述并不是这样的断言,即在时空中发生的具体事件是另外一个在时空中发生的具体事件的概率原因。相反,这种陈述是关于类型事件的陈述,而不是涉及事件本身的陈述。一个类型事件能被称为另一个事件类的原因,这并不涉及殊型事件。也就是说,当断言一个类型事件是另一个类型事件的原因时,我们不可能要求任何具体的事件存在。因为这样的因果断言从根本上来说，并不是关于任何具体的事件。

综上所述，在揭示"NPRC"问题雏形出现之后，继续讨论了赖兴巴赫关于其他因果的概率分析所遭遇的困难。依据上述的探讨，我们可以发现，这些困难之所以产生，很大程度上在于没有明确界定原因事件和结果事件是在同一个链条上实际发生的两个事件，关于原因事件和结果事件没有清晰区分殊型事件和类型事件。值得注意的是，赖兴巴赫提出关于因果相干、居间因果和连接叉的概率分析，很大程度上被吸纳到后来关于概率因果理论的哲学家的理论中。这些概念在本研究建构新修正方案的过程中也会被讨论和借鉴。

第二节　萨普斯的因果概率理论

萨普斯认为，为了能够刻画日常生活和语言中所谈及的因果关系，我们需要一个因果的概率理论。为了满足这种需要，他力图利用概率关系来分析和定义因果关系。他在确立这种观念之后，首先，对初表原因（Prima Facie Cause）进行了概率定义；其次，在此基础上进一步刻画虚假原因、直接原因、互助原因和充分原因等。但众多学者主要关注的是，萨普斯如何辨别真原因与假原因，这也是他的因果概率理论所面临的主要问题。下文将对萨普斯关于原因的概率分析进行阐述和讨论，并指出其遭遇的反例和困难。

一　初表原因、虚假原因和直接原因

（一）初表原因（Prima Facie Cause）

萨普斯首先给出了关于初表原因的概率定义[①]：

[①] 参见 Patrick Suppes, *A probabilistic theory of causality*. Amsterdam：North-Holland Publishing Company Amsterdam, 1970, p. 12。

D1：事件 B_{t1} 是事件 A_{t2} 的初表原因，当且仅当：

(1) $t_1<t_2$

(2) $P(B_{t1})>0$

(3) $P(A_{t2}/B_{t1})>P(A_{t2})$

上述形式可解释为：如果一个事件以另外一个事件为条件，其发生的概率要高于只是该事件本身所发生的概率，那么这两个事件在某种方式上很可能是因果关联的。在萨普斯看来，两事件成为初表原因是它们成为其他原因类型（除了负原因）的一个先决条件。与赖兴巴赫不同的是，他明确假定因果方向总是遵循时间方向；他并不接受逆向因果观念（backward causation）。很显然，两个事件满足 D1，这两个事件很可能表现出某种因果关联。然而，我们并不能由此可以推断，先发生的事件是随后发生事件的原因，因为这两个事件很可能是某共因的结果。于是，萨普斯进一步探讨如何识别真正的原因。

（二）虚假原因（Spurious Causes）

为了解决上文提出的共因问题，萨普斯引入虚假原因概念，并对其进行了概率分析[①]：

D2：事件 B_{t1} 是 A_{t2} 的虚假原因（在这第一种意义上），当且仅当，B_{t1} 是 A_{t2} 的初表原因，且 $t_3<t_1$，事件 C_{t3} 满足下列条件：

(1) $P(B_{t1} \wedge C_{t3})>0$

(2) $P(A_{t2}/B_{t1} \wedge C_{t3})=P(A_{t2}/C_{t3})$

(3) $P(A_{t2}/B_{t1} \wedge C_{t3}) \geqslant P(A_{t2}/B_{t1})$

上述形式的直观解释是，虚假原因并不会改变事件 A_{t2} 发生的概

---

① 参见 Patrick Suppes, *A probabilistic theory of causality*. Amsterdam：North-Holland Publishing Company Amsterdam, 1970, p.23。

率。B_{t1}事件加入事件A_{t2}的原因集合中，对于事件A_{t2}的发生并没有产生真正的因果作用。换句话说，如果一个更早发生的事件C_{t3}满足上面给出的规定条件，则将使得事件B_{t1}成为虚假原因。然而，这种定义很容易遭遇反例，萨普斯自己很快就发现这种刻画形式困难重重。他进而对虚假因果的这种刻画形式进行修正，力图能够刻画出这样一种直观，即如果C是A的真正原因，B是A的虚假原因，那么，不管C是否发生，B发生与A发生应该是不相关的。

萨普斯主张，如果我们要求某一类更早发生的事件存在，而不是某一个更早的事件存在，那么对虚假原因将有更加直观的解释[①]：

D3：事件B_{t1}是A_{t2}的虚假原因（在第二种意义上），当且仅当，B_{t1}是A_{t2}的初表原因，$t_3<t_1$，且有一个划分类（a partition）$Л_{t3}$，使得，对于$Л_{t3}$中的所有的元素C_{t3}都具有下列条件：
(1) $P(B_{t1} \wedge C_{t3}) > 0$
(2) $P(A_{t2}/B_{t1} \wedge C_{t3}) = P(A_{t2}/C_{t3})$

为了讨论方便，下文将"第一种意义上的虚假原因"简写为"SC1（spurious causes）"；"第二种意义上的虚假原因"简写"SC2"。依据D3，如果上述形式被满足，且我们能观察到某一类事件的划分类，那么这种定义就会使得某个事件成为SC2。现在，摆在我们面前的问题是，SC1和SC2之间究竟是什么样的关系？萨普斯自己也意识到对于这个问题必须给出明确的结论。经过一番详细的分析和证明之后，给出的结论是：如果一个事件是SC2，那么它也是SC1；然而，如果一个事件是SC1，那么它不一定是SC2。

下面将通过案例来阐明SC1和SC2的异同，以便加深对它们的直观理解。以我们日常熟悉的情形为例。气压降低（C）不仅引起下雨

[①] 参见 Patrick Suppes, *A probabilistic theory of causality*. Amsterdam：North-Holland Publishing Company Amsterdam, 1970, p.25。

(A)，也引起气压计读数下降（B）。首先，考察气压计读数下降是不是下雨的SC1。假定现在气压正在下降，气压计读数也正在下降，D2的第一个条件被满足；气压下降和气压计读数下降引起下雨的概率，明显相等于气压下降引起下雨的概率，即 $P(A/B \wedge C) = P(A/C)$。因此，D2的第二个条件被满足。由于给定气压下降和气压计读数下降，引起下雨的概率要大于或等于给定气压计读数下降引起下雨的概率，即 $P(A/B \wedge C) \geq P(A/B)$。因此，D2的第三个条件被满足。由此，依据D2来看，B是A的一个SC1，即气压计读数下降是下雨的一个虚假原因（D2所定义的第一种意义上的虚假原因）。

那么，气压计读数下降是不是下雨的第二种意义上的虚假原因？从案例的情形来看，依据D3，我们可以获得这样一个Π划分类 {气压下降，非气压下降}，即 {C, ⌐C)}，则有：

(1) $P(B \wedge C) > 0$
(2) $P(A/B \wedge C) = P(A/C)$
(3) $P(A/B \wedge \neg C) = P(A/\neg C)$

因此，B是A的一个SC2，即气压读数下降是下雨的第二种意义上的虚假原因。

萨普斯指出，虚假原因的概率定义与非直接原因的概率紧密相关。他主张只有明确定义直接原因之后，才能界定非直接原因。基于此，他接下来考察直接原因的概率定义。[①]

D4：事件 B_{t1} 是 A_{t2} 的直接原因，当且仅当 B_{t1} 是 A_{t2} 的初表原因，且不存在 t_3 和划分类 $Π_{t3}$，其对于划分类 $Π_{t3}$ 中的每一个 C_{t3}，满足下列条件：

[①] 参见 Patrick Suppes, *A probabilistic theory of causality*. Amsterdam：North-Holland Publishing Company Amsterdam, 1970, p.28。

(1) t1<t3<t2

(2) $P(Bt1 \wedge Ct3) > 0$

(3) $P(At2/Bt1 \wedge Ct3) = P(At1/Ct3)$

那么，在这里，我们将非直接原因（indirect causes）界定为初表原因，而是不直接原因。不难发现 D3 和 D4 之间的相似性，它们之间主要的差异是在 D4 中，t3 落在 t2 和 t1 之间。这种类似性表明，也可以通过使用 D2 来分析和界定直接原因的定义。

萨普斯为了进一步丰富他的因果概率理论，对互补原因、充分原因和必要原因（Supplementary Causes）也进行了概率定义[①]：

D5：事件 Bt1 和 Ct3 是 At2 的互助原因，当且仅当：

(1) Bt1 是 At2 的初表原因

(2) Ct3 是 At2 的初表原因

(3) $P(Bt1 \wedge Ct3) > 0$

(4) $P(At2/Bt1 \wedge Ct3) > \max\{P(At2/Bt1), P(At2/Ct3)\}$

这种原因刻画的直观解释是：如果给定的两个事件共同发生，引起某一事件发生的概率要大于单独其中一个事件引起某一事件的概率，那么这两个事件是互助原因。举例来说，经常吸烟和酗酒是死亡的互助原因，因为假设某人经常吸烟和酗酒，引起死亡的概率要大于只有其中一种情形发生引起死亡的概率。

充分原因可以看作这样一种极限情况，在其中一个事件的条件概率达到 1[②]：

[①] 参见 Patrick Suppes, *A probabilistic theory of causality*. Amsterdam: North-Holland Publishing Company Amsterdam, 1970, p.33。

[②] 参见 Patrick Suppes, *A probabilistic theory of causality*. Amsterdam: North-Holland Publishing Company Amsterdam, 1970, p.34。

D6：事件 Bt1 是 At2 的充分原因或决定原因，当且仅当，Bt1 是 At2 的初表原因，且 P(At2/Bt1) = 1

尽管很多学者质疑因果关系的可传递性，但萨普斯主张，充分原因是可以传递的。如果 C 是 B 的充分原因，且 B 是 A 的充分原因，那么 C 就是 A 的充分原因。萨普斯关于充分原因的分析产生这样的推论：

如果 P(A/B) > P(A)，P(B/C) > P(B)，且 P(A/B) = 1，那么 P(A/C) = 1，

证明：

(1) 如果 P(A/B) = 1，且 P(B∧C) > 0，那么 P(A/B∧C) = 1
　　　　　　　　　　　　　　　　　　　　　　萨普斯定理
(2) P(A/B∧C) = 1　　　　　　　　　　　　　　前提 1
(3) P(A/C) = P(B/C)P(A/B∧C) + P(⌐B/C)P(A/⌐B∧C)
　　　　　　　　　　　　　　　　　　　　　　全概率定理
(4) P(⌐B/C) = 0　　　　　　　　　　　　　　由 P(B/C) = 1
(5) P(A/C) = 1　　　　　　　　　　　　　　(2)(3) 和 (4)

以上给出的是充分原因的概率刻画和充分原因的可传递性推论的证明。接下来，与其相对应的是关于必要原因的刻画。尽管萨普斯本人并没有给出明确的刻画，但沿着他关于充分原因刻画的思路，很容易给出必要原因的概率形式定义：

D7：事件 Bt1 是 At2 的必要原因，当且仅当，Bt1 是 At2 的初表原因，且 P(At2/⌐Bt1) = 0

上述定义的直观解释是：事件 B 对于事件 A 是必要的，当且仅当在假定事件 B 没有发生的情形下，事件 A 发生的概率等于 0。在萨普斯看

来，必要原因也是可以传递的，即如果 P(A/B)>P(A)，P(B/C)>P(B)，P(A/⌐B)=0，且 P(B/⌐C)=0，那么 P(A/⌐C)=0。

证明：
(1) 如果 P(A/⌐B)=0，且 P(⌐B∧⌐C)>0，则 P(A/⌐B∧⌐C)=0　　　　　　　　　　　　　　　萨普斯定理
(2) P(A/⌐B∧⌐C)=0　　　　　　　　　　前提1
(3) P(A/⌐C)=P(B/⌐C)P(A/B∧⌐C)+P(⌐B/⌐C)P(A/⌐B∧⌐C)　　　　　　　　　　　全概率定理
(4) P(A/⌐C)=0　　　　　　　　前提(2)和前提(3)

二 萨普斯因果概率理论遭遇的反例和问题

下文将通过典型案例来考察萨普斯关于因果的概率分析是否恰当。案例的结构是一个结果由多个原因引起的。有一个非常明亮的玻璃窗，一把枪和一个弹弓。某人用弹弓射向窗户，随后，另外一个人使用枪射击窗户。石头和子弹撞击窗户，与此同时窗户破裂。可以通过有向结构图来描述该案例（时间先后次序为：$t_3<t_2<t_1<t$）：

W_t = 窗户在 t 时刻破裂
B_{t1} = 子弹在 t_1 时刻击中窗户
R_{t1} = 石头在 t_1 时刻撞击窗户
G_{t2} = 枪在 t_2 时刻射击窗户
S_{t3} = 弹弓在 t_3 时刻射击窗户

从图 2-3 可以直观地看到，B_{t1} 和 R_{t1} 是 W_t 的真原因。然而，依据萨普斯给出的 D2 来看，B_{t1} 和 R_{t1} 两事件很可能是 W_t 的 SC1。根据萨普斯关于因果的概率定义，我们可以进行下面的讨论。从案例的情形可

第二章 因果概率理论"NPRC"问题的演进

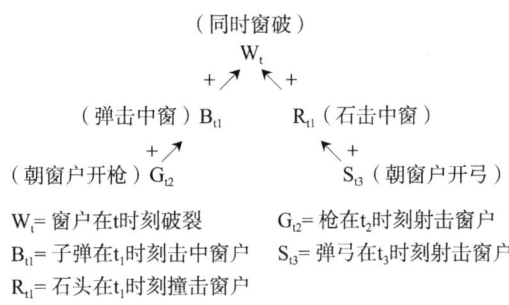

图 2-3 窗户破碎案例有向结构图

知,这些导致窗户破碎的原因都是充分的,那么下面的这些断言也都是真的:

(1) $P(W_t/B_{t1})=1$
(2) $P(W_t/R_{t1})=1$
(3) $P(B_{t1}/G_{t2})=1$
(4) $P(R_{t1}/S_{t3})=1$

依据萨普斯给出的第一种意义上虚假原因的定义(D2),可得:

(1) $P(B_{t1} \wedge G_{t2})>0$
(2) $P(W_t/B_{t1} \wedge G_{t2})=P(W_t/G_{t2})=1$
(3) $P(W_t/B_{t1} \wedge G_{t2}) \geqslant P(W_t/B_{t1})=1$

D2 的三个条件都被满足,且已知条件给定 G2 早于 Bt1 发生,故此 Bt1 是 Wt 的第一种意义上的虚假原因。

同理可推,

(1) $P(R_t \wedge S_{t3})>0$
(2) $P(W_t/R_{t1} \wedge S_{t3})=P(W_t/S_{t3})=1$

· 51 ·

(3) $P(W_t/R_{t1} \wedge S_{t3}) \geq P(W_t/R_{t1}) = 1$

D2 的三个条件都被满足，且已知条件给定 S_{t3} 早于 R_{t1} 发生，故此 R_{t1} 是 W_t 的第一种意义上的虚假原因。

如果依据萨普斯给出的 D2，继续推论下去，将会得到一个更加困惑的结论，即开枪射击窗户也是窗户破碎的第一种意义上的虚假原因，而只有弹弓射击窗户是窗户破碎的唯一真原因。依据 D2 可得：

(1) $P(G_{t2} \wedge S_{t3}) > 0$
(2) $P(W_t/G_{t2} \wedge S_{t3}) = P(W_t/S_{t3}) = 1$
(3) $P(W_t/G_{t2} \wedge S_{t3}) \geq P(W_t/G_{t2}) = 1$

D2 的三个条件都被满足，且已知条件给定 St3 早于 Gt2 发生，故此 Gt2 是 Wt 的第一种意义上的虚假原因。依据萨普斯给出的 D2 定义，之所以得到这样违背直观的结论，从案例的情形分析可知，弹弓朝窗户射击（St3）被识别为真原因，而不是朝窗户开枪射击（Gt2），这种情形发生的唯一理由是 St3 早于 Gt2 发生。我们不仅难以接受这种违背直观的结论，也没有理由相信，在一个因果链条上，最早发生的概率原因才是真原因。

为了进一步凸显 D2 的矛盾，我们可以将上述案例稍作调整，得到另外一种情形。假设弹弓射击窗户，朝窗户开枪，子弹在 t1 时刻撞击窗户，石头紧跟着子弹后面，在 t1+ε 到达窗户的位置，但对窗户破碎没有产生作用。这里的情形与上述情形基本一样，差别在于 Bt1 发生稍微早于 Rt1+ε，石头并没有对窗户破碎产生作用。然而，同样的概率关系成立。由此，朝窗户开枪射击是窗户破碎的第一种意义上的虚假原因，真原因是弹弓朝窗户射击。事实上石头与窗户并没有发生因果作用。由此，依据萨普斯的 D2 定义，可以推断，朝窗户开枪射击是窗户破碎的第一种意义上的虚假原因，弹弓朝窗户射击是真原因。然而，与我们这里所假定的实际情形完全相反。

这种案例情形再稍微作一次调整，对萨普斯的互助原因的概率分析也构成质疑。假设所有的原因是不充分的而是概率的，在这样的情形下，依据 D5 可知：朝向窗户开枪射击和弹弓朝向窗户射击是窗户破碎的互助原因。从上述案例情形的分析来看，朝向窗户开枪射击，子弹击中窗户，窗户破碎，然而结论却是，弹弓朝向窗户射击才是真的互助原因。

接下来，考察第二种意义上的虚假原因（SC2），我们将继续利用上文稍微调整后的案例来讨论。这个案例情形中，在弹弓朝窗户射击（St3）之后，再朝向窗户开枪射击（Gt2）。然而，子弹撞碎窗户和石头并没有对窗户破碎（Wt）产生因果作用。上文的讨论已给出明确的结论，即朝向窗户开枪射击是窗户破碎的第一种意义上的虚假原因。现在的问题是，朝向窗户开枪射击是不是第二种意义上的虚假原因（SC2）？也就是说，如果萨普斯给出的 D3 定义的条件都能被满足，那么它将是 SC2。依据 D3 和上文的案例情形，可得：

(1) $P(Gt2 \wedge St3) > 0$，$P(Gt2 \wedge \neg St3) > 0$
(2) $P(Wt/Gt2 \wedge St3) = P(Wt/St3)$
(3) $P(Wt/Gt2 \wedge \neg St3) = P(Wt/\neg St2)$

很显然，(3) 式并不是真的。如果弹弓没有朝窗户射击，由开枪发射的子弹将仍然会撞碎窗户，且概率为 1，即 $P(Wt/Gt2 \wedge \neg St3) = 1$，这很明显不等于这种情形，即 $P(Wt/\neg St3)$。由此，可以断定在这个案例情形中，朝窗户开枪射击并不是第二种意义上的虚假原因，即 Gt2 并不是 SC2。依据同样的推理，也可以表明弹弓朝窗户射击也不是 SC2。然而，案例的实际情形表明，弹弓射击出的石头对窗户破碎没有产生因果作用，事实上它应该是 SC2，这出现于实际情形相悖的结论。

需要指出的是，第二种意义上的虚假原因的定义出现一个更加严重的问题：如果划分类 Π 中的一个元素是某个事件的必要原因，那么很可能推出该事件不是 SC2，但实际上它是虚假原因。下面通过案例来讨论这个问题。

At2＝乔的妻子在 t2 时刻患上梅毒
Bt1＝乔在 t1 时刻出现局部麻痹
Ct＝乔在 t 时刻患上梅毒

在这个案例中，假设乔患上梅毒（C）是他的妻子患上梅毒（A）和乔出现局部麻痹（B）的共因。现在，让我们进一步假设：梅毒是局部麻痹的一个必要原因，即 C 是 B 的必要原因，且 t<t1<t2。乔出现局部麻痹（Bt1）很显然是他的妻子患上梅毒（At2）的虚假原因。但是，依据萨普斯给出的 D3 定义，它并不是第二种意义上的虚假原因。因为，为了 Bt1 成为 At2 的第二种意义上的虚假原因，我们需要一个在先发生的事件划分类 Π｛C，￢C｝，满足下列情形：

（1） $P(Bt1 \wedge Ct) > 0$，$P(Bt1 \wedge \neg Ct) > 0$
（2） $P(At2/Bt1 \wedge Ct) = P(At2/Ct)$
（3） $P(At2/Bt1 \wedge \neg Ct) = P(At2/\neg Ct)$

很显然，第一条就没有被满足，即 $P(Bt1 \wedge \neg Ct) > 0$ 没有被满足。由于 Ct 是 Bt1 的一个必要原因，也就说，如果乔没有患上梅毒，他也就不会出现局部麻痹。这样，如果 Ct 没有发生，那么 Bt1 也就不会发生，即 $P(Bt1 \wedge \neg Ct) = 0$。因此，Bt1 不是 At2 的第二种意义上的虚假原因。这样就得到，乔出现局部麻痹是他的妻子患上梅毒的一个真原因，然而，这是与实际情形相悖的结论。

这种与实际相悖的情形很容易建构，只要这个划分类 Π 的一个元素是这个事件（本应该是虚假原因的事件）的必要原因。考察一个确定性的案例，将会更容易理解。有一个非常标准的气压计，假定气压下降（C）是气压计读数下降（B）的必要原因。依据萨普斯的 D3 定义，气压计读数下降不可能是暴风雨发生第二种意义上的虚假原因。因为气压计读数下降和气压增加同时发生的概率为 0，即 $P(B \wedge \neg C) = 0$，也同样不满足 SC2 定义的第一条，即 $P(B \wedge \neg C) > 0$。然而，很显然，气压计读数下降是暴风雨发生的虚假原因。

萨普斯关于真假原因识别上还有一个值得讨论的严重问题。他主张，假定所有的真原因在预测性上能提供有效消息，增加预测性力量，而虚假的原因在预测性上提供无效的信息或提供微弱的预测性力量，这正是萨普斯识别真假原因的重要直观。依据他的这种直观进行推论，会得到一些很显然难以解释的结论。我们可以考察萨尔蒙给出的作用叉（interactive fork）情形。在作用叉 ACB 中，C 是 A 和 B 的共因，依据萨尔蒙给出的作用叉形式定义，可得 $P(A \wedge B/C) > P(A/C)$。这种条件确保在作用叉 ABC 中，B 不是 A 的第一种意义上的虚假原因，也不是 A 的第二种意义上的虚假原因。因为在这种作用叉中，共因并没有将一个分叉支与另一个分叉支隔幕开来，也就是说，C 并没有将 A 同 B 隔幕开来。再依据萨普斯关于识别真假原因的基本直观，B 在预测 A 是否发生上提供了充分的有效信息。而作用叉的一个重要特征是，其中一个分叉支的状态是预测另一个分叉支的状态的最佳的方式。相比较其中一个分叉支提供的有效信息，两个分叉支的共因在预测性上反而较少提供有效信息。综合上述讨论，可充分得到，B 是 A 的真原因，通常也称为 A 的直接原因。但实际上，作用叉的其中一个分叉支并不是另一个分叉支的真原因。以作用叉的情形为例，萨普斯关于识别真假原因的基本直观很显然困难重重。

三 "Token-NPRC" 问题的提出和解决方案

萨普斯对很多种因果情形进行概率刻画，在对它们进行定义的过程中，他有效利用正统计相关和隔幕关系。在这些方面，他与赖兴巴赫有很大的相似性。通过考察几个重要的定义，就可以发现上面提及的事实情形。

先考察他的第一个概念。如果事件 B 发生在事件 A 之前，且 B 统计上正相关于 A，事件 B 被认为是事件 A 的初表原因。再看，萨普斯提供关于虚假原因的两种定义（D2 和 D3），第二种定义更强些，也是他修改后更加可取的一种定义。依据 D3，如果事件 B 是事件 A 的一个初表原因，通过比事件 B 更早发生的事件划分类 C_i，它将事件 B 与事件 A 隔幕开来，那么事件 B 是事件 A 的一个虚假原因。不难明白，在萨普斯看来，真原因是一种初表原因，但不是一种虚假的初表原因。举个熟悉的案例来解释，依据萨普斯 D3，气压计读数下降是随后的暴风雨的初表原因，但是，由于暴风雨和气压读数下降之前的出现天气状况，或气压急剧降低，这些实际状态会将气压计读数下降与暴风雨隔幕开来。因此，气压计读数降低是暴风雨的一个初表原因，也是它的一种虚假原因。

从萨普斯关于各种原因的概率定义来看，他很少详尽讨论因果链条、连接叉和居间因果的问题。根据上文的探讨，不难发现，这是萨普斯的因果理论面临的一个严重问题，即没有强调考察中的原因事件和结果事件应该在同一个链条上保持一致性。萨尔蒙为他这样的情形作出过解释。由于萨普斯已经假定事件在先关系，他就不需要刻画连接叉去建立起时间方向。由于萨普斯并没有关注科学解释，他也不需要它们去提供解释依据共因。由于非直接原因与赖兴巴赫的居间因果的相似性，他没有对居间因果进行概率分析。但是萨尔蒙利用萨普斯因果概率理论来讨论小鸟球案例，得出结论认为：萨普斯并没有强调因果事件序列或因果链条一致性和同一性。正因为如此，他关于各种原因的概率刻画频繁遭遇反例。

现在，将通过分析和讨论关于虚假原因的反例，来论证我们在上文提出的主张。上文给出的反例，弹弓先朝窗户射击，随后朝向窗户开枪射击。如果依据萨普斯给出的 D2，继续推论下去，将会得到一个令人困惑的结论,即开枪射击窗户也是窗户破碎的第一种意义上的虚假原因,而只有弹弓射击窗户是窗户破碎的唯一真原因。从案例的情形分析可知,弹弓朝窗户射击(S_{t3})被识别为真原因,而不是朝窗户开枪射击(G_{t2}),这种情形发生的唯一理由是S_{t3}早于G_{t2}发生。我们再考察,关于第二种意义上的虚假原因的梅毒反例。乔患上梅毒,由于梅毒发生作用,引起他自己出现局部麻痹;乔与妻子发生性关系,将梅毒传染给妻子,引起他妻子患上梅毒。反例是依据SC2的定义,得出乔出现局部麻痹是乔的妻子患上梅毒的真原因,这显然与实际情形不符。但另外一种实际情形也是明确的,那就是这两个事件很明显不是在同一个链条上发生的事情。

气压计的案例也是一样。有一个非常标准的气压计,假定气压下降(C)是气压计读数下降(B)的必要原因。依据萨普斯的D3定义,气压计读数下降不可能是暴风雨发生的第二种意义上的虚假原因。因为气压计读数下降和气压增加同时发生的概率为0,即$P(B \wedge \neg C) = 0$,不满足SC2的定义的第一条,即$P(B \wedge \neg C) > 0$。然而,事实上气压计读数下降是暴风雨发生的虚假原因。标准气压计的读数、测度方法和气压计的灵敏度等与分析或预测天气状况在同一个链条上;而气压、空气中的湿度、风的状况、温度状况等与暴风雨的形成在同一个链条上。很显然,气压计读数下降与暴风雨发生并不在我们所考察的同一个因果链条上。

一言以蔽之,上述诸多反例中都出现令人困惑的情形。它们之所以出现,正是由于萨普斯因果理论所忽视的问题,即没有强调原因事件和结果事件在我们所考察的同一个因果链条上发生。如果萨普斯能够对原因与结果在同一个链条上保持一致性作出概率刻画,那么上述诸多反例也就可以被避免。在这里我们可以看到,萨普斯关于虚假因果的定义遭遇反例,再次要求我们要深入分析和清晰界定因果链条的同一性和一致性。这将为后面建构新方案提供重要的启发和思路。

尽管萨普斯关于各种原因的概率刻画遭遇诸多问题和困难。但是,在我看来,他所面临的最为严重的问题,是他的因果概率理论的直观前提遭受质疑。罗森指出,萨普斯的根本问题在于主张原因将总是增加结果的概率。萨尔蒙主张,一个事件增加另一个事件的概率,是这两个事件具有因果关系的必要条件。也就是说,如果某一事件增加另一个事件的概率,推不出某一事件是另一个的原因。我们回想一下就会发现,赖兴巴赫和萨普斯很多重要概念的界定,都不同程度地依赖于萨尔蒙的这一种直观主张。如赖兴巴赫的因果相干的定义,萨普斯关于初表原因的定义,以及在此定义基础之上的其他原因的定义等。现在我们进一步追问,如果某一事件是另一个事件的原因,那么某一事件就一定增加结果的概率吗?由此,引出本研究主要探讨的问题:某一事件与另一个事件有因果关系,然而某一事件却没有增加另一个事件的概率,即"NPRC"问题。

下面将进一步考察萨普斯因果概率理论是如何遭遇"NPRC"问题的。萨普斯因果概率理论的基本前提是原因增加它的结果的概率。下文将其转换成这样一种表述:如果事件 C 是事件 E 的一个原因,那么事件 C 的发生增加事件 E 发生的概率。就我们的一般直观和日常经验来说,这一主张基本不会有问题。然而,赫斯洛夫提出疑问,给出了很有说服力的反例。研究表明服用避孕药可能引起使用者患上血栓(X),相比而言,怀孕本身引起血栓的可能性更大。假设杰姆发生性行为之后服用了避孕药(B),以防止怀孕。由于避孕药对于怀孕来说起防止作用,这样可得到:

$$Pt_X(X=1 \mid B=1) < Pt_X(X=1 \mid B=0) \quad (2.1)$$

(2.1)式表明,杰姆服用避孕药并没有增加她患上血栓的概率,然而,服用避孕药确实有可能引发血栓。出现问题的关键在于杰姆服用避孕药很可能防止她怀孕,而怀孕本身比服用避孕药更有可能引发血栓。

萨普斯因果概率理论的基本前提面临"NPRC"问题的质疑。罗森力图为萨普斯的理论进行辩护,罗森将这"NPRC"问题转述成:原因与它们的结果呈现出负统计相关问题。就小鸟球案例来说,球被击打出去之后，在飞行过程中撞到树枝，反弹入洞。假定一个水平正常的高尔夫球运动员，开始击打球（A），球撞击树枝（B）与反弹入洞（C），这是极其罕见的情形。假设另外一个正常水平的运动员击打球，打出正常水平的球，球可能进洞。依据初表原因定义，可以表示为：

$$P(C/A) > P(C) \qquad (2.2)$$

又因为 A 先于 C 发生。因此，A 是 C 的初表原因。然而，从这个极其罕见的案例来看，按照正常水平的高尔夫球运动员击打球的统计情形来看，A 与 C 之间很明显呈现出负统计相关。可以表示为：

$$P(C/B \wedge A) < P(C/A) \qquad (2.3)$$

因此，在这样罕见的案例中，A 并不是初表原因，更不会是真原因。由此，罗森主张萨普斯因果理论能够宽容那些"意外的情形"。罗森在为萨普斯作了一些辩护之后，为处理原因与结果呈现负统计相关的问题提出他自己的解决方案，一般将其称为事件的特定说明：如果某事件 C，它很明确地被看作事件 E 的原因，而事件 C 与事件 E 却呈现出负统计相关，鉴于此，需要对事件 C 进行更加详尽具体的说明（C 在那种特定情境中发生），将使得事件 C 正相关于事件 E。

古德（Good）也认识到，原因与结果呈现出负统计相关问题的严重性。与罗森事件的特定说明不一样，他主张插入因果连接环节的方法（这种方案类似于刘易斯的方案，下面将会详细讨论），即提出事件之间的概率依赖关系来分析因果，而不是根据概率增加来分析因果。他主张，原因与结果之间存在这样一种事件序列 $<C\ d_1, d_2 \cdots, E>$，该序列中的每一个事件都增加与之最接近的后继者的概率，那么 C 就是就 E 的原因。如果我们考察的是一个"断裂的因果链条"，通过插入居间事件进行修复。如果 C 是 E 的原因，那么可以得到 C 增加 d_1 的概率，d_1 增加 d_2 的概率，依次类推，最后，d_n 肯定增加 E 的概率。这样就化解了负统计相关的问题。

需要指出的是，这种方案也存在着一些局限性（后文还会有详细讨论）。第一，预设原因和结果之间总存在某种序列是不合理的。谢弗指出原子衰变就没有涉及任何居间物，其衰变不受任何条件的影响，是物质本身特有的性质。第二，萨尔蒙给出了一个"直接的"非概率增加因果的能级跃迁案例。简单地说，占据第二能量级的原子和占据第一能量级的原子之间并没有居间过程，"也就是说，我们不可能'追踪'从一个能级跃迁到另一个能级过程中的原子"，因此，"实际上，甚至原则上，就没有任何办法在因果过程中插入居间'环节'"①。第三，它并不能帮助我们处理那些并没有涉及链条中断的类似原子衰变的案例情形。②

第三节　卡特赖特关于"Type-NPRC"问题的解决思路

上文主要考察了影响最为广泛的赖兴巴赫和萨普斯的因果概率理论。赖兴巴赫关于居间因果的概率刻画，遭遇罗森提出的小鸟球反例，而这个案例正是诉诸"Token-NPRC"问题，才成为一种典型的反例。萨普斯吸取赖兴巴赫的很多合理的概念——如隔幕、因果正相干等——发展出自己的因果概率理论，其理论主要面临的问题在于如何识别真假原因，在遭到各种反例的挑战下，他自己和其理论的支持者都很难给出合理的应对。由此，招致一些学者质疑萨普斯因果概率理论的直观前提（原因总是增加结果发生的概率）。赫斯洛夫（G. Hesslow）、萨尔蒙、埃金顿（D. Edgington）和希契科克等都不同程度地指出，它们（早期因果概率理论）之所以不断遭遇反例，很大程度上在于这种理论的直观前提本身的合理性遭受质疑。③ 正是对这一直观前提的质疑，引出本研究探讨的"Token-NPRC"问题。很多学者也力图为这种直观前提提

---

① 参见 Wesley Charles Salmon. "Probabilistic Causality", *Pacific Philosophical Quarterly*, Vol. 61, 1980, p. 65。

② 参见 Jonathan Schaffer, "Overlappings: Probability-Raising without Causation", *Australasian Journal of Philosophy*, Vol. 78, 2000, pp. 40-46。

③ 参见 Dorothy Edgington, "Mellor on Chance and Causation", *The British Journal for the Philosophy of Science*, Vol. 48, 1997, pp. 416-419。

出辩护方案，但也都困难重重。面对这样一种困境，诸多学者指出，囿于殊型因果层面来处理"NPRC"问题，肯定难以避免各种难题。[①] 正是基于这样的困境，卡特赖特力图从类型因果层面来处理"NPRC"问题。首先，卡特赖特通过对一些典型案例的考察和剖析，揭示出在类型因果层面上"NPRC"问题产生的原因，并将这个原因作为提出解决方案的逻辑起点。她为这一直观前提提出自己的辩护方案。本节的主要任务是阐述卡特赖特探讨"Type-NPRC"问题的思路，批判性地考察她提出的 CC 原则，指出其优势和局限性。

一 卡特赖特对"Type-NPRC"问题的探讨

为了更清晰地理解和把握卡特赖特关于"Type-NPRC"问题的探讨思路，下文将对一些典型的案例作进一步的详细分析。斯基尔姆提出过这样的案例。设想城里的空气污染很严重，使得大多数城市居民担心吸烟和空气污染对他们的肺部造成双重危害。于是，居住在空气污染严重的大多数城里人，一直以来尽量抑制吸烟。然而，大多数居住在乡村的人，由于自然环境受到污染较少，空气清新，于是他们逐渐放纵自己大胆地吸烟，这会增加他们患上肺癌的可能性。S 表示抽烟；F 表示患上肺癌；V 表示居住在空气清新的乡村。"→"表示类型因果关系，吸烟引起肺癌（S→F）；居住在空气好的乡村防止肺癌（V→⌐F）。就一般情形而言，吸烟会增加肺癌的概率，即 $P(F/S)>P(F)$。

然而，从案例情形可知，居住在乡村与吸烟有高度相关（居住在乡村的人们一般会放纵自己多抽烟），且居住在空气很好的乡村相比较于吸烟引起肺癌能够更加有效地防止肺癌，那么，这将会出现与一般情形相矛盾，即 $P(F/S)<P(F)$。这种矛盾的情形之所以出现，是由于居住在空气情形的乡村与吸烟高度相关。也就是说，大多数居住在乡村的人会纵容自己抽烟，然而，乡村的清新空气更加有效地防止患上肺癌。

[①] 参见顿新国《因果理论的概率论进路及其问题》，《哲学研究》2012 年第 7 期。

在这样的情形下，我们不难发现，尽管吸烟会增加患上肺癌的可能性，然而，吸烟反而降低了患上肺癌的概率。这就导致"Type-NPRC"问题出现，即吸烟与患上肺癌有因果关系，然而吸烟却没有增加患上肺癌的概率。

可以通过考察赫斯洛夫给出案例，进一步阐释这种矛盾情形。吸烟引起心脏病（S→H），锻炼身体防治心脏病（X→⌐H）。一般情形是，P(H/S)>P(H)。

然而，如果吸烟与锻炼身体高度相关，并且锻炼身体相比较于吸烟引起心脏疾病能够更加有效地防治心脏病，那么这将会出现与一般情形相矛盾，即P(H/S)<P(H)。之所以出现这种矛盾的情形，是由于吸烟与锻炼身体高度相关。也就是说，大多数吸烟的人也锻炼身体，而锻炼身体更加有效地防止心脏疾病。在这样的情形下，我们不难发现，尽管吸烟引起心脏疾病，但是实际上，吸烟反而降低了心脏疾病的概率。

其实，从上述的案例进一步推论就会发现，如果我们考察的原因与第三个有足够力量防止结果发生的因素高度相关，那么这种反例情形任何时候都会发生。卡特赖特指出，如果这种反例情形是真的，那么要求原因增加它们的结果的概率将是不确定的和不可靠的。我们可以通过发现满足上述条件的第三个原因因素，就能根据原因降低它们的结果发生的概率，得出与因果概率理论的直观前提相悖的结论。因此，在卡特赖特看来，关于原因增加其结果的概率似乎是一种随意的断言。

综上所述，卡特赖特详尽分析和考察了诸多典型反例，最终发现，这些反例之所以能够被建构出来，都是由于考察的原因与其他原因因素出现高度相关，正是这种高度相关性导致原因没有增加结果的概率。卡特赖特对"Type-NPRC"问题产生的原因提出了自己的见解。现在，她面临的问题是如何提出自己的解决方案。在本文中，将卡特赖特的断言转换成这样一种表述：如果考察的原因与其他原因因素之间呈现出高度相关性，那么原因将不会增加它们结果的概率；进行否定后件式推理可得到：如果原因将会增加其结果的概率，那么考察的原因与其他原因因素之间将不会出现高度相关性。不难发现，卡特赖特正是基于这样一种考虑，她要做的工作是，如何合理地消除这种高度相关性的情形？

卡特赖特从讨论关联律（Association Law）与因果律的差异开始，逐步提出自己的方案。罗素主张，关联律是指所有存在的规律，而因果律不可能从因果上对称的关联律推演出来。卡特赖特明确表示，支持罗素的第二个断言，但是反对第一个断言，即：因果律不可能被还原成关联律。在卡特赖特看来，至少有两种类型的自然规律：关联律和因果律。这种关联律是哲学家们经常论述和为人所熟知的规律。这些规律表达了某两种东西的质或量通常是共同相关联的，它们可能是决定论，也可能是概率的。如物理学中的物理方程式是个很好的实例。无论何时，质量 m 的经典粒子所受的力是 f，加速度是 f/m，（牛顿第二定律：F=ma）。由阿尔伯特·爱因斯坦提出质能方程 $E=mc^2$，E 表示能量，m 代表质量，而 c 则表示光速（常量，c=299792.458km/s）。该方程主要用来解释核变反应中的质量亏损和计算高能物理中粒子的能量。关联律可以通过时间来标示（time indexed），正如孟德尔遗传学的概率规律，除了由时间标示强加的非对称，这些规律在因果上是独立的。从这些关联律本身来看，它们表征某两种性质通常共同发生，但是，究竟是什么导致这种情形经常发生，并没有提供任何解释。

相比之下，因果律中"引起"（cause）发生作用——值得注意的是英文中"原因"和"引起"是同一个词"cause"，有这样一种"引起"作用在这些规律中，明确区别于表征两种属性通常共同出现的关联律。如吸烟引起肺癌，汗水吸引硬蜱，酗酒引起交通事故，或者一个来自物理学中的实例，力引起运动状态的变化。

卡特赖特主张因果律不能被消除，因为我们通常对有效策略和无效策略做出辨别和决策时，需要以因果律作为根本依据。换句话说，她对因果律支持的证据依赖某些关于策略的事实，她通过日常生活经验中的实例来论证她的主张。比如来自 TIAA-CREF 的一封信，它是为大学教师提供保险业务的一封推荐函，信件的开头说："南希·L.D. 卡特赖特……如果你拥有一份 TIAA 人寿保险单，你将会活得更长。"这简直是一种错误的表达。然而，这种情形是有统计依据的。从平均情形来看，相比较于那些接受商业保险公司（服务大众的公司）提供的保险的人，接受 TIAA 保险的人享受更长的生命。卡特赖特将 TIAA 信件所涉及的对于上述提出的论据作了考察和分析，她认为，购买 TIAA 保险将是延长个人生命的一种有效策略，这将不是真的。她还考察了另外一个案例：在尼加拉瓜建造运河，法国人发现，尽管深埋那些受到污染的毯状物没有效果，但喷洒油在沼泽地对于阻止瘴气的蔓延是一种好的策略。策略是否有效，这是一个可以考察的客观事实。这样一种考察主要依赖因果律，也就是说，对于有效策略与无效策略的辨别需要依赖因果律。举例来说，购买 TIAA 保险对于延长某人寿命而言是一种有效策略，这显然是不真实的。但是阻止吸烟是延长人寿命的一种有效策略，这两者之间的差异取决于世界中所具有的因果律。

卡特赖特将 C 引起 E 这样的因果律，简写为 C→E。注意到，C 和 E 是事件变量，可以代入一般用语，并不是特殊事物的名称。比如说，力引起运动或者阿司匹林缓解头痛。类型事件之间的关联，即 C 引起 E，并不能被解释为关于特殊事物的普遍量化规律，甚至也不是关于特殊事件之间的因果事实。尽管某些特殊的阿司匹林并不能缓解头痛，但是，阿司匹林缓解头痛，一般而言又是确定的。在界定因果律的关系项之后，她进一步讨论因果律如何与统计规律相关联，对这个问题的探讨需要思考这样一种问题，即尽管因果律与统计规律有密切的关联，但因果律不可能还原为统计规律或概率规则。

在卡特赖特看来，主张因果律不可能还原为概率规则的基本理由是广泛归纳：到目前为止，没有任何意图方案取得成功。最近，最为值得关注的尝试方案，是哲学家萨普斯和萨尔蒙所提出的，在社会科学中一些社会学家和计量经济学家的因果模型研究，休伯特·西蒙的研究也是很好的实例。然而，卡特赖特指出，仅了解这些尝试方案失败了并不够，关键在于知道它们为什么会失败，这才有借鉴意义。之所以需要追问它们为什么失败,正如萨普斯所主张,原因应该增加它的结果的频率,但是,如果其他的原因发生作用,那么原因引起结果很可能在原因与结果之间出现非概率增加。换句话说,考察的原因与其他原因因素之间的背景相互关联,这很可能抵消在概率上的增加。下文将再次利用赫斯洛夫案例来分析和阐释这种情形。

一般而言,是吸烟引起心脏疾病(S→H)。因此,我们可以大致地推出:就吸烟情形而言,心脏疾病发生的概率,比没有吸烟的情形要大。可以利用条件概率不等式将这种情形表示成:P(H/S)>P(H/⌐S)。然而,这种推论有时候会出现令人困惑的情形。即使吸烟引起心脏病是真的,这种关于原因增加结果的概率的推论也将不会出现。如果吸烟与一个足够强的防止性原因因素相互关联,比如说锻炼("锻炼防止心脏疾病"表达成X→⌐H),那么上述的推论就不会出现。为了弄明白为什么会出现这样令人困惑的情形,设想锻炼身体相较于吸烟引起心脏疾病而言,能更加有效地防止心脏疾病。在任何一个总体中,如果吸烟和锻炼高度相关,那么P(H/S)=P(H),甚至P(H/S)<P(H),这些情形都是有可能出现的。因为在那些吸烟人的子总体中,也包括很多锻炼者,当这两种情形结合的时候,相较于吸烟引起心脏疾病,锻炼身体往往倾向于更加强有效地防止心脏疾病,这才是令人困惑的情形出现的关键原因所在。[1]

上文已经揭示出令人困惑的情形出现的关键原因所在,现在,摆在卡特赖特面前的问题是如何解决它。她坚持主张,原因可以增加结果发生的概率。她指出,在一般的总体中,吸烟降低心脏病发生的概率,可能由于出现这样两种情形:在这个一般总体中,既吸烟又锻炼身体的人占大多数,或既吸烟又从来不锻炼的人占大多数。这样可以看到,在一般总体中,出现吸烟比不吸烟似乎更有益处。但是,在一个完全由锻炼身体的人组成的子总体中,很显然,吸烟增加心脏病发生的概率,或者

---

[1] 参见 Nancy Cartwright, "Causal laws and effective strategies", *Noûs*, Vol. 13, 1979, pp. 421-426。

说吸烟比不吸烟更有害身体。同样，这对于从来不锻炼身体的人组成的子总体而言也是正确的。由此可以发现，在一般总体中，吸烟可能降低心脏病发生的概率。然而，在两个次级子总体中，吸烟很明确地增加结果发生的概率。

卡特赖特详细考察赫斯洛夫案例之后，还考察了萨尔蒙关于两种放射性原料的案例。最后，她指出，在所有这样的反例中，原因没有增加其结果发生的概率，都出于这样的相同理由：在给出的案例情形中，考察的原因与某种其他的原因因素高度相关，这种其他原因因素支配着结果是否发生。在她看来，早期因果概率理论的直观前提（原因总是增加其结果的概率）要求过于简单，只有在考察的原因与某种其他的原因因素高度相关没有出现的时候，这种直观前提才是合理的。也就是说，一个特定原因与任何其他原因因素没有高度相关，对于这样情形的一般情况而言，所有其他原因因素被固定保持不变，更确切地说，这种情形所涉及其他的所有原因因素是同质的（homogeneous）。[①] 如在一个子总体中，每个人都锻炼身体，这样，吸烟就不可能与锻炼身体相关。同样的情形，在另外一个子总体中，所有人从来都不锻炼身体，这样，吸烟也不可能与锻炼身体相关。因此，卡特赖特给出因果律与概率关联律之间的关系一种简要表述[②]：

C 引起 E，当且仅当，在每一种与 E 相关联的其他原因是同质的情形中，C 增加 E 的概率。

二 "Type-NPRC" 问题的解决方案及其问题

卡特赖特通过对一些典型案例的剖析，揭示出 "Type-NPRC" 问题

[①] 参见 Nancy Cartwright, "Causal laws and effective strategies", *Noûs*, Vol. 13, 1979, pp. 424-426。

[②] 参见 Nancy Cartwright, "Causal laws and effective strategies", *Noûs*, Vol. 13, 1979, pp. 425-427。

产生的原因，并为原因增加其结果的概率这一直观断言提出一种辩护方案。卡特赖特试图利用符号进一步简明地将这一辩护方案刻画出来。首先，她运用卡尔纳普状态描述的概念来辨别（pick out）原因上同质的情形。引发 E 的所有原因因素的完全集是由所有的 C_i 构成，$C_i \to +E$（C_i 引起 E）或 $C_i \to \neg E$（C_i 防止 E），可将它们简写成 $C_i \to \pm E$。这里，有一个除了考察的原因 C 的其他因素构成的完全集，来自该集合的元素的每一种可能安排，辨别出一种在其他原因因素保持同质的总体。每一种这样的安排是由 2^n 个状态描述 [$K_j = \wedge \pm C_i$, $C_i \in \{Ci\}$（i 从 1 到 n），其由其他的所有原因因素组成]中的其中一种情形构成。在卡特赖特看来，只要上述条件情形能够被满足，那么概率关联律便能够表述因果律。她将这种其他原因因素同质的情形称为关于因果律（C→E）的实验情形（test situation），并利用符号来刻画关联律和因果律之间的关联性[1]：

CC：C→E，当且仅当，$P(E/C \wedge K_j) > P(E/K_j)$，$K_j = \wedge \pm C_i$，$C_i \in \{Ci\}$。在这里，$\{C_i\}$ 满足下列条件：

（1）$C_i \in \{C_i\} \Rightarrow C_i \to \pm E$

（2）$C \notin \{C_i\}$

（3）$\forall D(D \to \pm E \Rightarrow D = C \text{ or } D \in \{C_i\})$

（4）$C_i \in \{C_i\} \Rightarrow \neg(C \to C_i)$

条件（1）表示，如果任一事件是 $\{Ci\}$ 中的一个元素，那么它要么是-E 的一个原因（该元素是防止 E 发生的一个原因），要么是+E 的一个原因（该元素是引起 E 发生的一个原因）。$\{Ci\}$ 中的元素并没有原因上与 E 不相关的事件。

条件（2）表示，C 并不是 $\{Ci\}$ 中的元素。这个条件是必要的，

---

[1] 参见 Nancy Cartwright, "Causal laws and effective strategies", *Noûs*, Vol. 13, 1979, p. 429。

要不然 $P(E/C \wedge K_j) > P(E/K_j)$，将总是失败的。因为，如果状态描述 K_j 包括 C，那么不等式两边的概率值将有可能相等。如果状态描述包括 ¬C，那么 $P(E/C \wedge K) = 0$，不等式将再次失败。因此条件（2）是必要的。

条件（3）表示，如果一个事件是 ¬E 或 +E 的原因，那么它要么是 $\{C_i\}$ 的一个元素，要么是事件 C。这个条件确保 $\{C_i\}$ 包括的所有元素是与 E 相关的原因因素。

条件（4）表示，状态描述不能包括在 C 和 E 之间的因果链条上的任何事件，因为，如果在 C 和 E 之间的因果链条上的事件包括在状态描述中，它有可能将 C 同 E 隔幕。假设事件 A 在 C 和 E 之间的因果链条上，它将 C 同 E 隔幕，则出现 $P(E/C \wedge A) = P(E/A)$。如果这种隔幕情形出现，那么上述原则将会是虚假的。

卡特赖特也对其他学者提出的批判和难以处理的情形进行了讨论。尽管如此，她还是坚持认为，CC 原则是对因果律和关联律之间的关联的最佳刻画。由于在第五章中，将会对她的 CC 原则进行详细分析和讨论，那么在这里关于 CC 原则面临的问题只是作些简单的涉及，并指出该方案需要改进的方面和思路。

第一，无论何时何种情形下，出现原因未能增加其结果的概率，这肯定有某些理由导致的。通过对诸多反例结构的分析和观察，揭示出主要有这样几方面的理由。（1）原因可能与其他的原因因素相关联（下文提及的负作用情形），如上文详细讨论的吸烟引起心脏病的案例。（2）考察的原因与其他事件发生相互作用。两个因素是相互作用的，如果在一种结合的情形中，它们像一个单一原因因素般起作用，它们的结果不同于两个因素其中一个原因因素所单独起作用引起的结果。举例来说，摄入一种毒酸很可能引起死亡。摄入一种毒碱也很可能引起死亡。但是，同时摄入这两种毒很可能不会引起死亡。（3）充分原因和必要原因在案例情形中发挥作用，也很可能出现"Type-NPRC"问题（第四章会有详细的案例分析和论证）。

第二，CC 原则的条件（4）所面临的问题最多，它将由 C 自身所引发的任何事件排除在实验情形之外，主要是为防止 C 到 E 之间的因果链条上的任何一个事件将 C 和 E 隔幕。然而，一方面，这种规定太绝对，对于条件（4），排除了由 C 所引起的任何因素，即使在那种特殊的情形下，即当这个因素的发生由于其他的理由引起的，也将会被排除了。另一方面，条件（4）会与条件（3）相冲突，而且这种规定也是遭遇批判最多的。尽管卡特赖特承认条件（4）所面临的问题，但她仍然认为，条件（4）是她所想到的对于处理上文提及的"隔幕"问题的一种最佳的方法。为了避免条件（4）遭遇的种种困难，在下文所建构的新修正方案中，将引入时间性限制因素，使得条件（4）所面临的问题更容易得到合理处理。

第三，在卡特赖特方案基础上，逐步建构出一种新修正方案，那么这就需要对她的方案进行深入和全面的分析和讨论。一方面，要考察 CC 方案的四个条件之间有没有冲突或循环定义问题。另一方面，要考察 CC 方案能解决什么样的问题情形，然而哪些问题情形是难以处理的。在 CC 原则基础之上建构出的新修正方案是否合理，关键在于能否对上述两方面的问题作出恰当的回应。

第三章 "NPRC"问题及对现有方案的批判

学者们主要从殊型因果层面和类型因果层面出发,为因果概率理论的直观前提(原因增加结果的概率)进行辩护。各自通过不同的视角或分析方式来建构自己的辩护方案。本章主要的任务是,详细地考察和讨论现有辩护方案有哪些方面值得借鉴,指出其遭遇哪些困难,并指出它们在哪些方面有待澄清和改进[①],以便为本研究建构出的新修正方案提供新见解和理论支持。

第一节 "Token-NPRC"问题的现有方案

上文详尽地考察和分析了萨普斯、赖兴巴赫和卡特赖特等学者关于因果关系概率理论。他们发展出的因果概率理论以及关于"NPRC"问题的解决方案,不断遭遇反例和质疑,他们理论的支持者也没能给出强有力的辩护方案来回应那些质疑与反例。[②] 这导致诸多学者开始质疑因果概率理论的直观前提本身(原因总会增加结果的概率)。在因果概率理论的直观前提遭遇严重质疑的情形下,诸多学者各自从不同的视角或不同的分析方式出发,提出自己的辩护方案。就殊型因果层面而言,刘易斯和孟席斯等主张,通过事件之间的反事实概率依存关系来分析因

[①] 参见李波《原因可以增加其结果发生的概率?——概率刻画因果面临的问题及其思考》,《科学技术哲学研究》2016年第5期。

[②] 参见李波《因果关系概率分析的一种新路径》,《自然辩证法研究》2016年第2期。

果；格林通过有向结构图对于因果进行概率分析。近来，谢弗和道尔等主张，将因果的过程与概率视角进行综合，强调因果的过程属性也应该在因果的概率分析理论中得到刻画，这样才能更加恰当地回应诸多反例和质疑。本节的主要工作是，批判性地考察这些辩护方案对"Token-NPRC"问题及相关问题（概率增加非因果问题）的处理，并指出它们的贡献和存在的困难。

关于殊型层面上的"概率增加非因果"（PRNC）问题，需要作出进一步的阐释。我们知道，"NPRC"问题的产生，是源于对因果概率理论的直观前提的质疑。一般而言，因果概率理论都预设原因肯定增加结果发生的概率。学者们各自提出自己的疑问和反例。关于因果概率理论的直观前提的质疑，概括起来主要集中在这样两个方面。一是"Token-NPRC"问题。也就是说，两事件之间有因果关系，然而原因的发生并没有增加其结果发生的概率，这表明概率增加关系对于刻画因果来说并不是必要的。二是与"Token-NPRC"问题相关的问题情形。两事件之间有概率增加的条件关系但却没有因果关系，即"Token-PRNC"问题。这表明，概率增加对于刻画因果来说也并不是充分的。这导致概率增加刻画因果关系遭遇既非必要也非充分的困境。这里之所以讨论"Token-PRNC"问题，是因为一方面它与"Token-NPRC"问题紧密相关，另一方面如果试图对"Token-NPRC"问题给出一个较为合理的解决方案，那么这个新的方案也能够对"Token-PRNC"问题做出恰当的回应，这样才能实现对因果概率理论的直观前提提供一种更加合理和有效的辩护。

鉴于此，在我们看来，在批判性地考察对"Token-NPRC"问题的现有解决方案之前，有必要通过典型的案例，对"Token-NPRC"和"Token-PRNC"问题作出详细的考察和分析，以便更加深入理解和把握因果概率理论的直观前提在哪些方面遭遇质疑和反例。只有对这些方面作了更加充分和全面的考察，才能提出更加合理的解决方案。就 Token-NPRC"问题方面的典型案例有：赫斯洛夫提出的血栓案例；格林提出的桥垮塌案例;哈姆弗雷斯(Humphrey)提出的药物剂量案例。就"Token-PRNC"问题方面的典型案例有:格林提出的板球案例;希契科克提出的癌症案例;谢弗提出的原子衰变案例。这些案例在导言中都有所涉及。下文将分别选取一个典型案例来考察"Token-NPRC"和"Token-PRNC"问题。

赫斯洛夫提出了一个因果非概率增加的典型案例。研究表明,服用避孕药可能引起血栓症,但相对而言怀孕本身引起血栓症可能性更大。假设杰姆发生性行为之后服用了避孕药(B),以防止怀孕。一段时间过后,她没有怀孕却患上了血栓症(X)。由于避孕药对于怀孕来说起防止作用。这样可以得到:

$$P(X=1 \mid B=1) \leqslant P(X=1 \mid B=0) \quad (3.1)$$

该式表明杰姆服用避孕药并没有增加她患上血栓症的概率。然而,科学研究表明,服用避孕药的确有可能引发血栓症。问题在于,服用避孕药隔断了怀孕引起血栓症的更大可能性。

格林提出一个概率增加非因果的典型案例。汤姆和迈克正在打板球,汤姆朝窗户的方向击打球(C),迈克抓住了球,球未击中窗户(B)。与此同时,杰姆抛出的石头击中窗户,窗户破碎(E)。

$$P(E=1 \mid C=1) > P(E=1 \mid C=0) \quad (3.2)$$

该式可解释为:汤姆朝窗户击打球引起窗户破碎的概率,比击打球没有发生的情形要大,但事实上击打球并不是窗户破碎的原因。问题的关键在于,从击打球到窗户破碎的因果链条被"球未击中窗户(B)"所隔断。

概而言之,学者们对因果概率理论的直观前提的质疑主要集中在这样两方面。一是两事件之间有因果关系,然而原因的发生并没有增加其结果发生的概率。这表明,概率增加关系对于刻画因果来说并不是必要的。二是两事件之间有概率增加的条件关系但却没有因果关系,这表明,概率增加对于刻画因果来说也并不是充分的。这样,导致概率增加刻画因果关系遭遇既非充分又非必要的困境。

第三章 "NPRC"问题及对现有方案的批判

尽管因果概率理论的基本直观前提遭遇诸多反例和质疑，但很多支持因果概率分析的学者力图提出各自的方案为这一直观前提进行辩护。由此，下文将详细地考察和讨论三种影响较为广泛的辩护方案：反事实概率依存的思路、概率与过程的综合方案和格林的有向结构图分析路径。①

一 反事实概率依存的思路

尽管这种直观前提面临质疑，但刘易斯对因果概率分析的还原路径持肯定态度。现在，他需要思考的问题是，选择什么样的路径来为其合理性进行辩护？首先，还得从休谟对原因的相关定义说起。依据匹兹堡大学教授厄曼（J. Earman）对休谟因果观的研究成果，他认为，休谟实际上提出了三种因果定义。

一是感知决定（felt determination）。"一个对象在另一个之前并且相连，而且在想象中总是这样联系，以至于对一个的观念决定了心灵中形成另一个的观念，对一个的印象形成了对另一个的更为生动的观念。"

二是恒常联系。"一个对象在另一个之前并且相连，而所有和前者相似的对象，都与和后者相似的对象之间有在先于相连的关系。"

三是反事实。"原因是一种有另一种对象随之而来的对象，并且在所有类似于第一个对象的地方，都有类似于第二种的对象随之而来。换句话说，如果第一个对象不存在，第二对象也一定不存在。"②

从上述厄曼教授的主张，我们可以看到，休谟对因果的相继性、接近性和恒常性的解释，某种程度上与反事实条件关系有相通之处。这也启发刘易斯认识到，"原因是这样一种事情，它的发生会导致某种变化，它导致的变化（结果）不同于它不发生时会发生的事情。如果它

---

① 参见李波《原因可以增加其结果发生的概率？——概率刻画因果面临的问题及其思考》，《科学技术哲学研究》2016年第5期；李波《因果关系概率分析的一种新趋势》，《自然辩证法通讯》2018年第2期。

② John Earman. "Laws of Nature", in Yuri Balashov and Alex Rosenbeng Ed. *Philosophy of Science: Contemporary Readings*, London and New York: Routledge, 2002, pp.116-117.

不发生，它的结果也将不会发生"①。也就是说，他敏锐地洞察到因果关系中蕴含着反事实依存关系，并用事件之间的反事实依存关系来分析因果关系。

为了深入理解刘易斯关于因果关系反事实分析，在展开讨论他的因果观之前，有必要扼要地考察他的因果观的理论依据。刘易斯对于反事实条件句的分析主要依赖他的可能世界、对应体和可比较的相似性概念。刘易斯认为，可能世界是"事物可能存在的方式"，"我们只把这个世界称为现实世界，并不是因为它在种类上与其他世界不同，而是因为它是我们居住的世界。其他世界的居民也可以真实地把他们自己居住的世界称为现实的……'现实'一词是索引词，就像'我'、'你'、'这里'、'现在'这样的词语一样，其所指依赖于说话的场景，也就是说话的那个世界"②。

我们的世界仅仅是众多世界中的一个，存在着无数其他世界，其他包罗万象的东西，这些世界是孤立的；隶属于不同的世界的事物之间根本没有任何时空联系。在某个世界发生的任何事情都不会导致另一个世界中的任何事情。③ 对应体的概念最早由卡普兰（David Kaplan）提出，他提出这个概念，主要是因为他的模态实在论假定没有一样东西可以同时存在于两个世界或两个时间点。因此，关于某物可能怎样的陈述，可以用它的对应体加以分析，而对应体的概念可以通过可比较的相似性得到说明。尽管很多学者指出这些概念含混不清，但出于我们研究的主要论题的考虑，在这里没有展开讨论。接下来，下文将对刘易斯关于因果关系反事实分析展开详细讨论。

刘易斯依据其可能世界理论和反事实条件句理论，将命题之间的反事实依存对应到事件之间的因果依存关系。在分析因果关系的概念时，刘易斯首先定义了反事实的条件依赖关系（counterfactual dependence）。

---

① David Lewis, *Philosophical Papers*: Volume II, Oxford: Oxford University Press, 1986, p.167.
② David Lewis, *Counterfactuals*, Oxford: Blackwell, 1973, pp.85-86.
③ 参见 David Lewis, *On the Plurality of World*, Oxford: Basil Blackwell, 1986, p.2。

第三章 "NPRC"问题及对现有方案的批判

用 O（E）表示一个可能的事件 E 发生了，即在某个可能世界中 E 为真。一个殊异的可能事件序列 E1，E2，☐. 反事实地依赖于另一个殊异的可能事件序列 C1，C2，…，当且仅当，命题序列 O（E1），O（E2），…，反事实地依赖于命题序列 O（C1），O（C2），…，亦即，当且仅当，所有的反事实条件句 O（C1）☐→O（E1），O（C2）☐→O（E2），…，为真。他认为，事件序列之间的这种反事实的依赖关系就是因果依赖关系。

对于两个事件 E 和 C 来说，事件 E 因果地依赖于另一个事件 C，当且仅当命题序列 O（E），☐O（E）反事实地依赖于命题序列 O（C），☐（C），即当且仅当反事实条件句 O（C）☐→O（E）和☐O（C）☐→☐O（E）均成立。如果 E 和 c 都是现实事件，那么 O（C）☐→O（E）为真，此时 E 因果依赖于 C 当且仅当☐O（C）☐→☐O（E）为真，即如果 C 未曾发生，那么 E 也不曾发生。按照他对反事实条件句成真条件的直观解释，这就是说，事件 E 因果地依赖于另一个事件 C，当且仅当，如果在一个最接近现实世界的可能世界中 C 不发生，那么 E 也不发生。

进一步地讲，我们可以用因果依赖关系来界定因果关系。现实事件 C 是现实事件 E 的原因，是指 E 因果地依赖于 C 或者 E 和 C 之间存在着一根因果依赖的传递的链条。[①] 在上述讨论的基础上，刘易斯进一步通过这种事件之间的因果依存关系来界定因果关系，即"如果 c 和 e 是两个实际事件，并且 c 没有发生，e 就不会发生，那么 c 是 e 的原因"，并指出现实事件 C 是现实事件 E 的原因，是指 E 因果地依赖于 C，或者 E 和 C 之间存在着一根因果依赖的传递的链条。[②]

然而，正如孟席斯所指出的，这种利用反事实依存来界定因果关系，同样面临既非必要也非充分的困难。刘易斯为了合理解决这种困

[①] 参见 David Lewis, *Philosophical Papers*：Volume Ⅱ, Oxford：Oxford University Press, 1986, pp. 159-172。

[②] 参见 David Lewis, *Philosophical Papers*：Volume Ⅱ, Oxford：Oxford University Press, 1986, pp. 160-170。

难，对因果概率理论的直观前提进行重新建构，其中关键是通过反事实概率依存关系替换条件概率关系，再利用反事实概率依存的概念去定义那种概率依存链条，然后，根据这种链条来分析因果关系。可将其表述如下。

实际事件 c 是事件 e 的原因，当且仅当，对于任何有限 n（n≥0）时间 <t_1, t_2, …, t_n> 的序列，该时间是在 c 发生的时间与 e 发生的时间之间，存在于该时间序列相对应的实际事件序列 <x_1, x_2, …, x_n>，如此以至于，<c, x_1, x_2, …, x_n, e> 构成一个概率依存链条。换句话说，如果 c 是 e 的原因，那么这种事件序列构成一个将 c 与 e 连接起来的概率依存的链条。[①]

现在，我们来考察刘易斯提出的这种反事实概率依存链条，能否给"Token-NPRC"问题提供恰当的解决方案。就上述血栓案例来看，从服用避孕药到患上血栓之间，存在这样一种居间事件序列 <b, x_1, x_2, …, x>。该序列中的每一个事件都增加与其最接近的后继事件的概率，但并没要求 b 最终增加 x 的概率。避孕药在人体内发生生物化学作用，通过这种居间事件引发血栓。在刘易斯看来，患上血栓概率依存于居间事件，居间事件概率依存于服用避孕药。由此，他通过这种反事实概率依存的"祖传性"（ancestral）方案，就容许服用避孕药没有增加患上血栓的概率，但却有因果关系的情形出现。

但是，刘易斯的这种方案也存在困难。首先，对于概率增加非因果问题的处理有待商榷。如存在这样一个事件序列 <击打球，球朝窗户飞去，…，窗户破碎>，每一个事件都增加其最接近的后继者的概率，然而，事实上击打球并不是窗户破碎的原因。其次，原因到结果之间总存在这样一种序列的要求过强。萨尔蒙提出一种直接因果的原子能阶跃迁案例。他认为，"我们不可能'追踪'从一个能量阶到另一个能量阶跃迁过程中的原子，甚至原则上，没有任何办法在这一因果过程中插入居

[①] 参见 Peter Menzies, "Probabilistic causation and causal processes: a critique of Lewis", *Philosophy of Science*, 1989, Vol. 56, p. 654。

间'环节'"①。再者,从原因到结果之间总存在这样一种事件序列,每一个事件都增加与其最近的后继事件的概率,最终将原因的影响力传递给结果,这种影响力的"祖传性"诉之于反事实因果依存的传递性。柯瓦特指出,刘易斯对因果关系的反事实分析遭遇"工人手指被截"反例,并指出这种反事实因果依存的传递性困难重重。② 最后,刘易斯的反事实路径遭遇抢先难题(pre-emption)。正如拉玛钱德朗(M Ramachandran)指出的,尽管刘易斯对抢先问题提出自己的解决方案,但不尽如人意。③

孟席斯对刘易斯的因果理论进行分析和批评,指出他的理论之所以遭遇诸多困难,关键在于从原因到结果的依存链条是非连续的。孟席斯主张"实际事件 c 是事件 e 的原因,当且仅当,从 c 运行到 e 之间存在一种没有断开的因果过程链条"④。孟席斯的这种改进,尽管也会面临因果远距作用和不在场因果等新问题,但它却能合理地解决刘易斯没能解决的概率增加非因果问题。如板球案例,由于迈克抓住了球,导致球没有击中窗户,使得从击打球到窗户破碎的连续因果链条中断。因而,击打球并不是窗户破碎的原因。

二 道尔和谢弗的概率与过程的综合方案

在道尔看来,关于因果的基本解释必须基于这样两种直观,即"过程"和"概率"。一般认为,就概率直观而言,因果被解释为有原因导致结果与无原因导致结果的概率比较。就过程直观而言,因果被解释为从原因到结果之间存在着过程连续的链条。为了更加清晰地把握道

---

① Wesley C. Salmon, "Probabilistic causality", *Pacific Philosophical Quarterly*, 1980, Vol. 61, p. 65.

② 参见 Igal Kvart, "The counterfactual analysis of cause", *Synthese*, 2001, Vol. 127, pp. 389-391。

③ 参见 Murali Ramachandran, "A counterfactual analysis of causation", *Mind*, Vol. 106, 1997, p. 263。

④ Peter Menzies, "Probabilistic causation and causal processes: a critique of Lewis", *Philosophy of Science*, 1989, Vol. 56, p. 656.

尔的综合思路，我们先考察两个案例：喷射除草剂能杀死90%的植物，但是10%顽强的植物仍然存活下来。我们能够提供喷射除草剂和植物存活之间的因果连接的过程和一系列的因果作用。然而，前者并不是后者的原因，但这种困难利用"概率"直观可以解释：喷射除草剂并没有增加植物存活的概率。另一个案例是，一个高尔夫球正朝洞口行进，突然一只松鼠将球踢开了，球改变了方向与树枝碰撞之后，反弹回来不可思议地进洞了。通常认为，松鼠踢开球降低了球进洞的概率。然而，事实上松鼠踢开球是球进洞的原因。这种困境"过程"直观能够给予恰当的解释：从松鼠踢开球到球进洞，是由一系列因果作用构成的连续过程，因此，前者是后者的原因。综上所述，我们发现，概率直观能够处理过程直观所遭遇的困难；过程直观容易处理概率直观所面临的困难。正如谢弗所言，"因果关系仅仅通过概率增加或过程连接不太可能被理解，相反，应该将这两种解释视角综合起来理解因果关系"[①]。这也启发道尔寻求一种能兼容这两种直观的综合思路。

道尔为了清晰地展开他的综合思路，需要对原子衰变案例进行深入考察。一个不稳定的原子 Pb^{210} 可通过不同的路径发生衰变。如图3-1所示，Pb^{210} 衰变至要么 Po^{210}，要么 Tl^{206}。在每一种情形中都有两个步骤过程。当 Pb^{210} 发生衰变，它将会产生 Hg^{206} 的概率是 1.8×10^{-8}，Hg^{206} 将产生 Tl^{206} 的概率是1。当 Bi^{210} 发生衰变，将产生 Tl^{206} 的概率是 5.0×10^{-7}。假定每一个不稳定的原子都有一个非常短的半衰期。

$$\begin{array}{c} (C) \\ Pb \rightarrow \rightarrow Bi \rightarrow \rightarrow Po \quad (F) \\ (D) \downarrow \qquad \downarrow \\ Hg \rightarrow \rightarrow Tl \quad (E) \end{array}$$

假设C表示Pb衰变成Bi，D表示衰变成Hg，E表示衰变至Tl，F表示衰变至Po，C→E为ρ过程，D→E为σ过程。

图3-1 Pb^{210} 衰变案例有向结构图

[①] Jonathan Schaffer, "Causes as probability raisers of processes", *The Journal of Philosophy*, Vol. 98, 2001, p.78.

第三章 "NPRC"问题及对现有方案的批判

根据上述已知条件，可得到：

$P(E) = P(C)P(E|C) + P(D)P(E|D)$

$= [(1 - 1.8 \times 10^{-8}) \times 5.0 \times 10^{-7}] + (1.8 \times 10^{-8} \times 1)$

$= 5.18 \times 10^{-7}$

$P(E|C) = 5.0 \times 10^{-7}$

显然，$P(E|C) = 5.0 \times 10^{-7} < P(E) = 5.18 \times 10^{-7}$。由此可以看到，尽管 C 是 E 的原因，但 C 的发生引起 E 发生的概率，反而比 C 没有发生的情形要小。在道尔看来，C 在 ρ 路径上是 E 的原因，需要满足这种情况：ρ 是 C 和 E 之间的唯一过程，且 C 将增加 E 发生的概率。他从可能世界理论，进一步为其主张提供解释：假设离我们现实世界最近的世界为 W^1，离 W^1 最近的世界为 W^2。在 W^1 世界中，ρ 是 C 和 E 之间的唯一过程，C 在 ρ 过程中引起 E 的概率为 5.0×10^{-7}；然而，在 W^2 世界中，C 没有发生，则有 $ch_{\sim C}\rho(E) = 0$。因此，在 W^1 和 W^2 世界中，ρ 过程保持同一性和唯一性，且 $ch_C\rho(E) = 5.0 \times 10^{-7} > ch_{\sim C}\rho(E) = 0$，则有 C 是 E 的原因。由此，道尔提出自己的综合思路：

> C 引起 E，当且仅当，
> (1) 在 C 和 E 之间存在因果路径（C 和 E 之间有一或多种潜在因果路径）；
> (2) $ch_C\rho(E) > ch_{\sim C}\rho(E)$（ρ 是将 C 和 E 连接起来的实际因果过程）。[1]

道尔通过可能世界理论来为其主张提供解释，将 C 发生与不发生导致 E 发生的概率大小是在同一个因果过程中进行比较，保持 ρ 过程的唯一性和同一性。这种综合思路能够较为合理解决概率增加非因果的问题。就板球案例分析可知，由于因果过程的链条被隔断，导致这类问题

---

[1] Phil Dowe, "The conserved quantity theory of causation and chance raising", *Philosophy of Science*, 1999, Vol. 66, pp. 495-500.

产生。现在，道尔强调ρ是一个连续的一个因果过程，而且在不同世界中保持同一性，这样就可以明确断定击打球（c）不是窗户破碎（e）的原因。因为，尽管c增加e的概率，但c与e并不在同一个连续的过程链条中。所以，这种思路面临的新的问题有待探讨。由于道尔强调ρ是个连续的因果过程，那么他如何解释因果远距作用和疏忽因果等情形？这些因果情形很难说具有完整的因果连续过程。

这种综合思路尽管较合理地解决了概率增加非因果问题，但对于非概率增加因果问题的处理有待商榷。就血栓案例分析可知，原因到结果之间存在多种路径，既包括传递负构成作用的负路径，也有传递正构成作用的正路径。但当负构成作用抵消甚至强于正构成作用，将会导致非概率增加因果问题的产生。为了阐明道尔的综合思路能否合理解决这个问题，我们有必要将血栓案例与原子衰变案例的结构进行比较，从服用避孕药到患上血栓有正负两条路径同时起作用；而原子Pb^{210}衰变至Tl^{206}也有两条路径，不仅是潜在的，而且是互斥的，即一条发生另一条则不发生。道尔的综合方案能够很好地处理这个原子衰变案例，但对于血栓案例的处理有待澄清，按照道尔的思路，确定服用避孕药（B）到患上血栓（X）的唯一路径为ρ，则有$ch_B\rho(X) > ch_{\sim B}\rho(X)$。但是，对于已经发生性行为的女性来说，她服用避孕药则很有可能出现相反的情形：$ch_B\rho(X) \leq ch_{\sim B}\rho(X)$。因为，如果她没有服用避孕药，那么她很有可能怀孕。然而研究表明，怀孕比服用避孕药要更有可能引发血栓。问题的症结在于，如何判定和确定唯一的路径，道尔没有展开讨论，也没有给出适当的可还原的分析方式。

现在，下文将对谢弗的综合方案进行扼要阐述和批判性考察。谢弗断言，C引起E，当且仅当，C是E过程的概率增加因子。而后者能够成立，当且仅当，

(1) 存在事件延续的E-链条，其包含有差别的事件<C, D_1, …, D_n, E>，两两事件之间有前提关系；

第三章 "NPRC"问题及对现有方案的批判

(2) 在 t_C 存在实际事件 C，其区别于 D_1, …, D_n 和 E，但 C 与 C' 可相同，也可不同；

(3) ch（E-链条）-at-t_C=p；

(4) ﹁C□→ch（E-链条）-at-$t_{﹁C}$<p（□→表示必然推出）。①

该方案的直观解释是：如果 C 发生导致 E-链条发生的概率为 p，C 未发生必然推出 E-链条发生的概率小于 p，那么可以推出：C 是 E-链条的概率增加因子。由此进一步推出，C 是 E 的原因。谢弗的这种综合思路，是将结果看作 E-链条的必要部分；将原因看作增加 E-链条完整运行的因子，将事件之间的因果关系的确定依存于事件之间的因果过程。这种新颖的综合思路能够合理解决概率增加非因果的问题。由于因果链条的中断导致这类问题产生，谢弗强调，因果关系的确立依赖于因果的连续过程，这样可以避免因果链条的中断而产生的概率增加非因果的问题。它也能在一定程度上解决非概率增加因果的问题，由上述的血栓案例分析可知，C 发生（服用避孕药），E-链条（避孕药在人体内发生生物化学作用形成某种中介物，该中介物可能引发血栓）发生概率为 p，且 C 未发生，E-链条发生概率小于 p，那么可以推断 C 是 E-链条的概率增加因子，也可进一步推出，C 引起 E（患上血栓），然而，对于一个已发生性行为的女性来说，没有服用避孕药（﹁C）却患上血栓，但它是在另外一个 E_1-链条（怀孕引发血栓）中发生的。

然而，谢弗的综合思路会面临抢先难题。接到命令要将某大桥炸毁，于是，在桥底下放置 C 和 C1 两种炸药包，C 比 C1 爆炸威力大很多，该方案的条件（1）和条件（2）都满足。假定 ch（桥炸毁过程）-at-t_C=p，条件（3）也满足；条件（4），即﹁C□→ch（桥炸毁过程）-at-$t_{﹁C}$<p，然而，事实上由于某种原因 C 炸药包没有发生爆炸，C1 却发

---

① Jonathan Schaffer, "Causes as probability Raisers of processes", *The Journal of Philosophy*, Vol. 98, 2001, pp. 85-88.

生爆炸并将桥炸毁。则有：C1□→ch（桥炸毁过程）-at-t_{C1} = q。由于 C 比 C1 爆炸威力大很多，则有 q<p，条件（4）被满足。因此，与谢弗的方案得到不一样的结论：C1 是 E-链条的概率增加因子，而不是 C。再者，谢弗强调 E-链条是连续事件组成的过程，这将与道尔的方案一样，面临因果远距作用和疏忽因果等问题。

三 格林的有向结构图分析路径

上文关于"Token-NPRC"问题的两种解决路径，都困难重重。现在，摆在格林面前的问题是如何提出自己的解决思路。他通过对现有的因果概率分析的多种思路进行详细的讨论和批判，得出结论，反事实的解释路径、确定其他原因背景条件的分析路径和因果过程的实在路径等，都能不同程度地回应"Token-NPRC"问题，但是它们都以忽略这样一些因果情形为代价：因果远距作用和由疏忽或不在场情形所构成的因果等。[①] 于是，他通过对众多反例进行有向结构图分析，提出自己的概率分析路径。一方面力图能回应"Token-NPRC"问题所遭遇的反例，另一方面也能为被忽视的因果情形提供一种合理的解释。

现在，我们利用格林的结构图来考察上述血栓案例的结构特征：

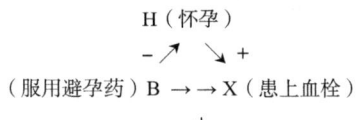

B=1；H=0；X=1；"-"前者降低后者的概率；"+"前者增加后者的概率

图 3-2　血栓案例有向结构图

如图所示，患上血栓（X）概率上依存服用避孕药（B）有两条路径：第一条是 B 到 X 的正路径；第二条是 B 经过居间的怀孕（H）到达 X 的负路径。在他看来，B 沿着正路径行进对 X 有一种正构成作用（positive component effect），沿着负路径行进对 X 有一种负构成作用，

---

① 参见 Luke Glynn, "A probabilistic analysis of causation", *The British Journal for the Philosophy of Science*, Vol. 62, 2011, pp. 344-349。

判定 B 与 X 之间是否有因果关系的关键在于：B 对于 X 是否具有正构成作用。既然如此，只需将负路径上产生负作用的居间变量的实际赋值保持不变，即 H = 0（怀孕没有发生）。由此，我们就将 B 对 X 的负构成作用隔离开来，抽取出 B 对 X 的正构成作用：

$$P(X=1 \mid B=1 \wedge H=0) > P(X=1 \mid B=0 \wedge H=0) \qquad (3.3)$$

格林的这种方案是否合理，还需要进一步考察。它能否适当处理概率增加非因果的问题。依据格林的上述分析思路：击打球（C）经过球撞击窗户（Z）再到窗户破碎（E）这是一条具有正构成作用的路径。然而，由于迈克抓住了球，导致球没有撞击窗户（Z=0），从而使得这种正构成作用被中断，Z 没有发生就构成一个中断事件（它需满足这样两条要求：一是该事件将 C 对 E 的正构成作用中断；二是要么 C 对该中断事件没有正构成作用，要么中断事件对 E 没有正构成作用）。由此可以看到，击打球并不是窗户破碎的原因，它也没有增加窗户破碎的概率，在击打球没有发生的情形下，还有很多种方式导致窗户破碎，可表示如下：

$$P(E=1 \mid C=1 \wedge Z=0) \leqslant P(E=1 \mid C=0 \wedge Z=0) \qquad (3.4)$$

综上所述，格林的方案一定程度上能处理上述所提及的反例，在此方案的基础上对因果远距作用、不在场因果和因果传递性似乎也可以提供一个适当的解释。正因为格林的方案具有很多优势，将会在下一章中详细展开讨论格林方案的优势和局限性，为提出的新修正方案打下基础。因而，在这里将简要地指出他的方案主要面临的反例和遭遇质疑的地方。第一，道尔提出的概率降低的原子衰变案例（原因发生反而降低结果的发生概率），格林方案难以给出恰当解释，因为这个案例中原子衰变的因果路径是互斥的，与血栓案例的正负路径的结构特征不一样（下文有进一步的讨论）。第二，从原因到结果的路径上的事件之间的关系，以及路径的结构特征都没有详细地讨论和界定。第三，这些负路径上或正路径上抽取的变量事件的时间性问题有待进一步界定，如果变量所代表的事件发生时间比结果还要晚，将会出现虚假因果关系或因果倒置；如果它代表的事件早于原因发生的事件，也可能导致虚假因果。第四，变量应该是一个原子事件或原子事件的否定。如果变量是由两个事件的析取构成，如假定赋值变量 s=1，s=(p=1∨q=0)=(p=1∨q=1)=(p=0∨q=1)=1，会导致变量赋值与其中的事件的赋值不一致。也就是说，变量中的事件的赋值是不确定的，这样很可能导致负路径上的负构成作用没有被隔断或无法确定中断事件。第五，格林方案对于"Token-NPRC"问题的相互作用情形没有讨论和解释，同样，对于充分原因所引起的"Token-NPRC"问题情形也没有给出适当的解释和方案（关于格林的方案第四章有详细的讨论）。

第二节 "Type-NPRC"问题的现有解决方案

本节主要考察关于"Type-NPRC"问题的现有解决方案。卡特赖特为"Type-NPRC"问题给出了 CC 原则的解决方案，然而，该方案的诸多细节方面遭遇不同程度的质疑，因为它对于一些问题情形难以给出适当的处理和解释。奥特在对卡特赖特方案进行批判性考察之后，提出一种"建议方案"。斯基尔姆认为卡特赖特 CC 原则过强，主张通过帕累托优势条件克服 CC 原则所面临的问题，提出一种关于 CC 原则的弱化方案。本节的主要任务是对这两种新的解决方案进行批判性的考察，并指出哪些方面有待澄清和改进。

一 奥特的解决方案

奥特对卡特赖特的 CC 原则进行批判性考察之后指出，卡特赖特认识到，所有对因果概率理论的直观前提（原因增加其结果的概率）进行质疑的反例，都依据原因与其他相关的原因因素之间的相关性，正是以这样一种方式，导致令人困惑的反例情形出现。鉴于此，卡特赖特力图通过附加一些限制条件来排除考察的原因与其他原因因素之间的相关性，以至于可以消解对这一直观前提进行质疑的反例，从而实现对

第三章 "NPRC"问题及对现有方案的批判

"原因增加它们的结果的概率"这一断言的合理辩护。

奥特进一步讨论了卡特赖特是如何消除考察原因与其他原因因素之间的相关性的问题。以吸烟案例来说,吸烟降低患心脏病的概率,这是因为大多数吸烟者也是锻炼者。锻炼是原因上的相关因素,它将吸烟与患心脏病之间的概率增加的情形颠倒。然而,卡特赖特注意到,如果有这样一个群体,在其中每个人都锻炼,因此吸烟与锻炼并不相关,那么我们将发现,在这样的群体中吸烟将增加心脏病的概率。同样地,如果也有这样一个群体,在其中没有人锻炼身体,因此吸烟与锻炼不相关,那么我们将发现,在这样的群体中吸烟增加心脏疾病的概率。由此,卡特赖特认为,在考察的原因与其他相关的原因因素之间没有相关性的群体中,原因总是增加它的结果的概率。考察的原因与其他的相关的原因因素之间没有相关性的这种总体可称之为"原因上同质的"(causally homogeneous)。卡特赖特将其概括为这样一种断言:C 引起 E,当且仅当,在与 E 相关的所有其他原因是同质的情形中,C 增加 E 的概率。[①] 或者可以说,如果我们选取的参考类是原因上同质的,那么原因总是增加它的结果的概率。这也就是卡特赖特对于"Token-NPRC"问题的一种核心思路。奥特还指出,卡特赖特的这样一种断言,即如果 C 在每一个原因上同质的参考类上增加 E 的概率,那么 C 是 E 的一个原因,同时为概率原因给出了一个充分条件。

值得注意的是,这里讨论的情形与赖兴巴赫和萨普斯不一样,他们主要关注的是某个事件与另外一个事件之间的殊型因果问题,而卡特赖特强调的 C→E 是因果律,由一般属性术语构成,并不是已经发生的具体事件,而是类型事件。因此,我们日常经验中可以这样说,吸烟引起心脏病,但这并不意味着,吸烟的每一种情形都会引起心脏病。卡特赖特关注的是类型事件之间的因果关联,而不是具体时空中的因果链条,这也导致她的 CC 原则完全消除了时间标记和空间标记(因果链条)的

---

① 参见 Nancy Cartwright, "Causal laws and effective strategies", *Noûs*, Vol. 13, 1979, p. 423.

痕迹，尤其是时间性秩序标记的缺乏，使得 CC 原则遭遇反例和不一致问题的质疑（关于时间限制因素在第四章将会讨论）。

在奥特看来，卡特赖特的 CC 原则过强。① 存在这样一些案例情形，在每一个原因上同质的情形中，原因并没有增加其结果的概率。奥特指出，卡特赖特诉之于要求类似于某种总体原因（total cause）被具体化。然而，在一些案例情形中，将会有因果的否定因子发生作用，它们将防止原因增加其结果的概率。卡特赖特也认识到这个问题，并作出特设性的规定，即要求所有这些否定因子应该被排除在原因之外。② 在奥特看来，卡特赖特的这样一种主张是主观的，也难以给出合理的解释。下文将通过考察卡特赖特给出的毒酸案例来进一步阐释和分析奥特的主张。

摄取毒酸是死亡的原因，摄取毒碱也可以是死亡的原因，但是，同时摄取两者很可能根本就没有毒害。从这个案例，卡特赖特分析出三个"因果真值"③：

（1）摄取毒酸而没有摄取毒碱引起死亡
（2）摄取毒碱而没有摄取毒酸引起死亡
（3）摄取两者没有引起死亡

卡特赖特主张，这三种断言与 CC 原则是一致的。然而，奥特进一步追问，关于 CC 原则的"因果真值"与初始断言（摄取毒酸引起死亡或摄取毒碱引起死亡）是否一致？

毒酸的摄取为了能成为死亡的原因，它必须增加死亡的概率在每一个原因上同质的总体中。但是，一些原因上同质的状态描述中包括毒碱的摄取，在这样一些状态描述中，毒酸的摄取将实际上降低死亡的概

---

① 参见 Richard Edward Otte, *Probability and causality*, The University of Arizona, PH.D., 1982, p.128。
② 参见 Richard Edward Otte, *Probability and causality*, The University of Arizona, PH.D., 1982, pp.128–131。
③ Nancy Cartwright, "Causal laws and effective strategies", *Noûs*, Vol.13, 1979, p.428.

率，而不是它本应该增加死亡的概率。因此，依据 CC 原则，毒酸的摄取并不是死亡的原因。类似的推理将表明，依据 CC 原则，毒碱的摄取也将不是死亡的原因。很显然，这两种结论都是与事实和直观相违背的。

不难发现，卡特赖特将会对上述推理结论作出反驳。她很可能通过主张摄取毒酸并不是死亡的原因。然而，摄取毒酸在没有摄取毒碱的情形下是死亡的原因。以此类推，摄取毒碱并不是死亡的原因。然而，摄取毒碱在没有摄取毒酸的情形下是死亡的原因。在奥特看来，卡特赖特的这种辩护是非常违背直观的。为了辩护这个断言，即原因增加它的结果的概率，在每一个原因上同质的状态描述中，卡特赖特已经诉之于要求，类似于某种总体原因（total cause）被具体化。在很多案例情形中，将会有因果的否定因子，它们将防止原因增加它的结果的概率，卡特赖特做出特设性地要求所有的这些原因否定因子应该被排除在原因之外。在奥特看来，这样一种辩护方案似乎过于牵强。

我们不难发现，奥特对卡特赖特提出的批判确实有其合理性。卡特赖特自己介绍这个案例时主张，"摄取毒酸可以引起死亡；摄取毒碱也可以引起死亡"[①]，这似乎是很显然的。卡特赖特给出一种特设性要求：摄取毒酸在没有摄取毒碱的情形下并不会引起死亡，这种要求也的确符合 CC 原则。然而，就日常经验和直观来说，毒酸确实会引起死亡。我们设想一下，毒碱 A、毒碱 B 和毒碱 C 等毒药，都可以消解毒酸对人体的伤害，那么对于摄取毒酸不会引起死亡，我们需要给出这样的断言才是合理的，即摄取毒酸在没有摄取毒碱 A、毒碱 B、毒碱 C……毒碱 N 的情形下并不会引起死亡。这样难免陷入烦琐和模糊当中。这个案例表明，卡特赖特的基本直观，即原因必须增加它的结果的概率在每一个原因上同质的总体中，在大多数情形下是合理的，尽管它在大多数情形是真的，但它并不是在每一个情形下都是真的。因此，卡特赖特的方案还

---

① Nancy Cartwright, "Causal laws and effective strategies", *Noûs*, Vol. 13, 1979, p. 428.

有一些环节有待修正和改进（关于 CC 原则的修正第四章将会展开详细讨论）。

在奥特看来，"Type-NPRC" 问题非常重要，它对因果概率理论的根本基础构成了巨大威胁。尽管卡特赖特和斯基尔姆对这个问题的解决是失败的。奥特借鉴他们的处理方式和思路，对于这个问题的解决提出了自己的建议方案。

受到斯基尔姆的影响，奥特首先处理的也是具体的因果链条，而不是一般因果律。在他看来，我们可以尝试找到关于具体因果链条的解决方法。然后，我们能够概括它和应用它去处理一般因果律。卡特赖特已明确指出，"Type-NPRC" 问题的产生是由于考察的原因与其他的原因因素相关联，导致原因没有增加结果概率的情形出现。奥特借鉴卡特赖特关于 "Type-NPRC" 问题的解决思路，即主张如何避免考察的原因与其他的原因因素相关联性，他对于这个问题的处理，提出了这样一种建议方案：

> OT**：C 是 E 的一个初表原因，当且仅当，
> (1) $P(E/C) > P(E)$ 和 $\neg(\exists_F)$，F 满足这样的条件，即它出现，并与 C 发生作用，且 $P(E/F) > P(E)$ 和 $P(E/C \wedge F) \leq P(E/\neg C \wedge F)$，或 (2) $P(E/C) \leq P(E)$ 和 $(\exists_F)$，F 满足这样的条件，即它出现，并与 C 相关，且 $P(E/F) \leq P(E)$ 和 $P(E/C \wedge F) > P(E/\neg C \wedge F)$。[①]

(1) 式表明，如果 C 增加 E 的概率，且没有事件 F 出现，那么 C 是 E 的初表原因（萨普斯的术语）。这一条件可以通过上文给出的毒酸案例得到阐明。单独摄取毒酸或毒碱都会增加死亡的概率，但是同时摄取毒酸和毒碱很大可能降低死亡的概率。如果摄取毒酸（C）增加死亡

---

① Richard Edward Otte, *Probability and causality*, The University of Arizona, PH.D., 1982, pp. 136–137.

(E)的概率,且没有摄取毒碱(F)出现,那么摄取毒酸是死亡的初表原因。现在,需要考察的是,F是否满足这样的条件,即它出现,并与C发生作用,且$P(E/F)>P(E)$和$P(E/C \wedge F) \leq P(E/\neg C \wedge F)$。依据案例情形可得:

P(死亡/摄取毒碱)>P(死亡)

P(死亡/摄取毒酸∧摄取毒碱)≤P(死亡/没有摄取毒酸∧摄取毒碱)

很显然,F得到满足

(2)式表示,如果C没有增加E的概率,且有事件F出现,那么C是E的初表原因。这一条件可以通过上文给出的吸烟案例得到阐明。一般而言,吸烟增加患心脏病的概率,然而,由于吸烟与防治心脏病的锻炼身体相关联,出现吸烟将降低患心脏病的概率。如果吸烟(C)没有增加患心脏病(E)的概率,且锻炼身体(F)出现,那么吸烟是患心脏病的初表原因。现在,需要考察的是,F是否满足这样的条件,即它出现,并与C相关,且$P(E/F) \leq P(E)$和$P(E/C \wedge F)>P(E/\neg C \wedge F)$。依据案例情形可得:

P(心脏病/锻炼身体)≤P(心脏病)

P(心脏病/吸烟∧锻炼身体)>P(心脏病/没有吸烟∧锻炼身体)

很显然,F得到满足

需要注意的是,奥特OT**原则与卡特赖特CC原则一样,并不是对于因果关系本身的分析,因为因果关系的观念出现在这个原则的两边。现在,我们来考察他的方案所具有的优势和存在哪些问题。

第一,从上述的案例分析中,可以看到,奥特提出的OT**方案能够适当处理"NPRC"问题的相互作用情形和负作用情形，他通过概率形式对这两种问题情形进行刻画，为下文处理和刻画"NPRC"问题的多种作用情形提供借鉴和思路。

第二，奥特受斯基尔姆的影响，也是以具体案例情形作为其方案的起点。奥特认为，我们可以尝试找到关于具体因果链条的解决方法，然后，能够概括它和应用它去处理一般的类型因果。但是，如何从具体因果链条概括出一般的类型因果，以及这种"跨越"的可靠性和合理性，奥特并没有进行详细的讨论和论证。

第三，奥特给出的 OT ** 方案是对初表原因的一种刻画和分析，并没有打算去处理虚假因果或真因果关系的问题。或者说，奥特提出的这样一种方案，主要是为初表原因的概率定义提供所需要的某些限制条件。这种方案被建构出来，更多的是为解决"Type-NPRC"问题提供一种建议或思路。这个方案并没有告诉我们，依据概率关系能够合理地识别因果关系。在我们看来，奥特的这种方案向我们表明：通过这种概率增加的方式对因果关系进行刻画是必要的，而非充分的。

第四，他的 OT ** 原则并没有合理解决"Type-NPRC"问题，因为它也会遭遇斯基尔姆解决方案所面临的同样问题（下一节会有详细讨论）。

二 斯基尔姆的解决思路

斯基尔姆的因果必然性[①]这本著作在学界引起了很大关注。它对主要的因果概率理论进行了讨论，还专门探讨了"原因没有增加其结果的概率"的问题，即"NPRC"问题，并对该问题提出了一种弱化版本的处理方案，即帕累托优势条件方案。由于这一方案引起了很多学者的关注，因而，有必要对他的弱化方案进行考察和讨论，这将有助于深入和拓展对因果概率理论"NPRC"问题的研究。

---

① 斯基尔姆在因果必然性中提出一种统计稳定性观念，他将其称为弹性（resiliency）。他使用这种弹性概念去分析这样的观念，如条件句、必要性和决策理论中的问题，整个著作主要是运用弹性的概念处理多种哲学问题。

第三章 "NPRC"问题及对现有方案的批判

斯基尔姆认为卡特赖特的CC原则过强。通过对CC原则进行批判性考察，并通过案例分析深入地考察了原因没有增加结果概率的问题情形，以及结合赖兴巴赫关于隔幕概念的定义，斯基尔姆提出一种因果的概率定义，这种定义几乎与赖兴巴赫的因果相干的概率定义相一致。在斯基尔姆看来，卡特赖特关于CC原则过强，如果对她的方案进行一些弱化调整，那么，可以合理地回应一些反例和质疑。鉴于此，斯基尔姆在考察和评价前人的因果概率理论和相关概念过程中，逐渐形成了自己对"Type-NPRC"问题的解决思路，即关于CC原则的一种弱化版本：

(1) $Pr(E/C \wedge Bi) \geq Pr(E/\neg C \wedge Bi)$，对于每一个Bi

(2) $Pr(E/C \wedge Bi) > Pr(E/\neg C \wedge Bi)$，对于总体单元中的某些Bi[①]

由于是对CC原则的一种弱化，斯基尔姆方案中的Bi与卡特赖特的定义中的Kj相同。卡特赖特CC原则和斯基尔姆弱化方案之间的差异是：尽管CC原则要求，在每一个原因上同质的状态描述中，原因增加其结果的概率。然而，斯基尔姆弱化方案仅仅要求：在任何一个原因上同质的状态描述中，原因并不会降低其结果的概率，即$Pr(E/C \wedge Bi) \geq Pr(E/\neg C \wedge Bi)$，对于每一个Bi；在至少一个原因上同质的状态描述中，原因将会增加其结果的概率，即$Pr(E/C \wedge Bi) > Pr(E/\neg C \wedge Bi)$，对于总体单元中的某些Bi。既然斯基尔姆弱化方案是对卡特赖特CC原则的弱化，那么这种弱化版本的优势何在？通过比较可以发现，斯基尔姆弱化方案能够处理卡特赖特的CC原则不能处理的一些问题情形。下文将通过典型案例分析来阐明斯基尔姆弱化方案的优势。

假设，激光器与电源供应处通过电线连接起来，打开电源是激光器通电发射的原因。依据CC原则可知，在每一个原因上同质的状态描述

[①] Richard Edward Otte, "Probabilistic Causality and Simpson's Paradox", *Philosophy of Science*, Vol. 52, 1985, p. 116.

中，打开电源增加激光发射的概率。现在，我们可以设想，集合 {Ci} 的一个元素是，"将激光器和电源供应处连接的电线出现断裂"，或"在电源被打开之前，某人切断了电线"。这些事件是防止激光器发射的原因，因此它是 {Ci} 中的一个元素。但是，如果状态描述包括这种电线被切断的元素，那么打开电源并没有增加激光器发射的概率；在这种情形下，打开电源并没有影响激光器发射。值得注意的是，在没有电源供应的情形下，尽管激光器发射的概率并不是 0，这种可能性很小，但是也是有可能的。如果在给定电线被切断的情形下，激光器发射的概率是 0，那么 CC 原则将能够处理这种情形。然而，在给定电线被切断的情形下，激光器发射的概率并不是 0，因此，出现 CC 原则相矛盾的情形。[①]

就上述案例情形而言，依据 CC 原则可知，当没有人切断电源，或电线没有老化等情形出现，打开电源是激光器发射的原因。这是一种排除一系列否定因子的特设性做法，显然，违背经验直观的、烦琐的和令人不满意的结果。

通过对卡特赖特和斯基尔姆方案的限制条件进行比较，可以看到，尽管上述案例对于 CC 原则会产生质疑，然而，斯基尔姆弱化方案却能给出适当的处理，理由如下：在状态描述 {Ci} 中，如果包括电线被切断，那么打开电源并不会增加激光器发射的概率。因此，依据 CC 原则，打开电源并不是激光器发射的原因。然而，斯基尔姆弱化方案并没有要求，在每一个其他原因上同质的状态描述中打开电源增加激光器发射的概率。它仅仅要求，在任何一种其他原因上同质的状态描述中打开电源没有降低激光器发射的概率，以及打开电源至少在一种状态描述中增加激光器发射的概率。从案例的情形分析可知，在任何一种其他原因上同质的状态描述中，打开电源并没有降低激光器发射的概率，以及在它们的一些情形中，打开电源也确实增加激光器发射的概率。因此，依

---

① Richard Edward Otte, *Probability and Causalty*, The University of Arizona, PH. D., 1982, pp. 133-136.

第三章 "NPRC"问题及对现有方案的批判

据斯基尔姆的弱化方案,打开电源是激光器发射的原因。

尽管斯基尔姆的这种弱化方案能处理 CC 原则面临的问题,但这种弱化方案本身会面临不同的问题。[①] 第一,由于单元 Bi 与 CC 原则中的 Kj 基本上是一致的,因此,Kj 所面临的问题 Bi 也同样会面临。从 CC 原则的条件(4),可以看到,卡特赖特并不容许 {Ci} 去包括 C 引起的任何结果,如果容许包括 C 引起的结果,那么 CC 原则将会失效。但是,斯基尔姆的弱化方案和 CC 原则加上这样一种限制条件,即条件(4),这一条件面临很多质疑,也很难恰当地处理那些它们最初试图去解决的一些反例。

下文将通过对典型的血栓案例的分析,来进一步阐明上述主张。服用避孕药与怀孕负相关,或服用避孕药很大程度上防止怀孕。可以用 Cx 表示这样一个事件,即发生性行为的女性服用避孕药,防止了她怀孕。怀孕可能引起血栓,未怀孕是防止血栓的原因,即 Cx→-X,依据 CC 原则的条件(3),则可得,Cx ∈ {Ci}(Kj = ∧ ±Ci, Ci ∈ {Ci}),因此,事件 Cx 应该包括在 Kj 和 Bi 中。然而,依据条件(4),即 $C_i \in \{C_i\}$ => ¬(C→C_i),矛盾的情形就出现了,这种限制条件要求,Bi 和 Kj 不能包括这种要素 Cx,因为 Cx 是服用避孕药(C)引起的一个结果。CC 原则不可能容许 C 引起的任何结果包括在 Kj 中,这种情形同样适合斯基尔姆的弱化方案。

综上所述,需要指出两个方面的问题。一是从上述的案例分析,卡特赖特 CC 原则的条件(3)和条件(4)存在明显的不一致性。这种不一致的情形,必须在新建构的修正方案中得到克服。二是依据 CC 原则的条件(4),将 C 到 E 的因果链条上的所有一个事件,或将 C 引起的任何一致事件,都从 Bi 和 Kj 中排除,那么在一些特殊的情形下,很可能导致原因没有增加其结果的概率,即"NPRC"问题出现。

第二,尽管斯基尔姆的方案能够处理 CC 原则所面临的激光器反

[①] 参见 Richard Edward Otte, *Probability and Causalty*, The University of Arizona, PH. D., 1982, pp. 133-136。

例,然而,对这个案例稍微做一点调整,斯基尔姆的弱化方案也同样面临类似的问题。在某些状态描述中,或在一系列原因上相关背景因素(斯基尔姆术语)中,假定某事件导致电源打开失败,这样,打开电源实际上也降低激光器发射的概率。[①] 在这里,通过对上述的激光器案例做些调整,来揭示这种弱化方案面临的问题。设想这样一种情形,电源供应与另外一处电源供应串联起来。在这样的情形下,如果第一个电源供应被打开,那么,即使第一个电源供应与激光器之间的电线被切断,第二个电源供应也不可能被打开。在这样的情形下,第一个电源供应打开将降低激光器将发射的概率。因此,依据斯基尔姆的弱化方案的条件(1),即对于每一个 B_i,在任何一个原因上同质的状态描述中,原因并不会降低其结果的概率,将会把第一个电源打开排除作为激光器发射的一个原因。

类似的情形在之前讨论的毒酸案例中也同样出现。在这种案例中,有这样一些描述状态,在其中摄取毒酸实际上降低死亡的概率,因为在这样的描述状态中包括摄取毒碱的情形。因此,依据斯基尔姆的弱化方案,摄取毒酸并不是死亡的原因。从上述的讨论来看,激光器和毒酸反例是"Type-NPRC"问题的不同情形,卡特赖特和斯基尔姆的方案都难以给出恰当的处理,因而,有必要进一步对 CC 原则做出更合理的修正。

第三,从上述关于 CC 原则所面临的两个反例的讨论来看,斯基尔姆的弱化方案也难以给出合理的解释,这导致一些学者也指责斯基尔姆的弱化方案过强。不过,斯基尔姆对于这种指责很可能做出这样回应:他表示对于一般因果规律(卡特赖特关注的)不感兴趣,相反,他主要关注的是实际的因果链条。我们先考察斯基尔姆这样一段话,以便更清楚地理解他的上述主张。"这种分析如何被应用到原因因素事件中?我们想确定事实上出现的相关的因素。心脏疾病确实引起穷人塞西尔的死亡。被蒸汽压路机撞倒将心脏病同死亡隔幕,这是真的。但是,事实

[①] 参见 Richard Edward Otte, *Probability and Causalty*, The University of Arizona, PH. D., 1982, pp. 133-134。

第三章 "NPRC"问题及对现有方案的批判

上,塞西尔并没有被蒸汽压路机撞倒。我们可以忽略这些单元(cells)(包括被蒸汽压路机撞倒),的确,法医将集中在包括一系列真正的背景原因因素的那种单元上。"[1]

我们可以把斯基尔姆的这样一段陈述看作对上述案例的反对意见的回应。与卡特赖特不一样,卡特赖特关注的是一般因果律,她不得不要求状态描述是由集合 $\{C_i\}$ 构成,它包括所有的其他相关原因因素,即任何一个引起结果或防止结果发生的原因因素,不管这个因素是否出现,它将被包括在 $\{C_i\}$ 中。卡特赖特不能将这个集合 $\{C_i\}$ 限制在那些事实上出现的因素,其理由是,她并没有打算处理由特殊事件构成的实际因果链条。然而,斯基尔姆感兴趣的是实际因果链条,基于这样的立场[2],他并不需要去考虑在状态描述或单元(斯基尔姆术语)中的每一种可能的相关原因因素。斯基尔姆主张通过处理特殊事件因果链条,而不是一般因果律,使他的弱化方案能避免必然涉及 $\{C_i\}$ 中所有的相关原因因素,不管这些因素是实际发生的还是可能发生的。由此,斯基尔姆认为,他可以忽略那种包括没有实际发生的事件单元或状态描述。

斯基尔姆通过主张关注实际的因果链条,来回应上述反例的指责。在激光器案例中,电线被掐断和有一个备选的电源供应处,以这样的一种方式被连起来,如果第一个电源供应被打开,那么第二个电源供应就不可能被打开,这种情形将不会在斯基尔姆的考虑中,因为这是一种案例情形的可能性设想,并没有实际发生。因此,它并不是被作为条件的 B_i 的一个元素。毒酸案例也同样如此。我们可以看到,斯基尔姆通过处理实际的因果链条来回应上述反例,而不是通过处理一般因果律的方式。很显然,这是对"Type-NPRC"问题采取一种回避态度,而不是设法给出一种恰当的方案。

---

[1] Brian Skyrms, *Causal Necessity: A Pragmatic Investigation of the Necessity of Laws*, New Haven: Yale University Press, 1980, p. 109.

[2] 参见 Richard Edward Otte, *Probability and Causalty*, The University of Arizona, PH. D., 1982, pp. 134-135。

第四，一些学者指责斯基尔姆的这种弱化方案缺乏严谨性。卡特赖特强调在每一个特定限制的状态描述中，原因增加结果的概率，而不是仅仅不降低结果的概率。无论何时，一个原因未能增加结果的概率，这肯定是由某些原因造成的，或者说是由"Type-NPRC"问题的不同情形造成的。[①] 将其概括起来主要由这些原因引起的。其一，考察的原因可能与其他的原因因素相关，如血栓案例。其二，交互作用可能发生。两个原因因素是发生作用的，如果它们俩结合在一起，就像单个原因因素，它们引起的结果是不同于这两个原因因素单独起作用所引起的结果。如毒酸案例。其三，充分原因和必要原因包括在限制条件中所引起的问题情形。我们深入认识到"Type-NPRC"问题产生的诸多原因，需要进一步在现有方案的基础上做出合理的修正，力图恰当地处理上述三方面的问题，而不是刻意回避这些问题，也不是回到殊型因果层面的立场，通过这种立场来解决类型因果层面的问题，这也是奥特给出的建议方案所面临的问题。

---

① 参见 Nancy Cartwright, "Causal laws and effective strategies", *Noûs*, Vol. 13, 1979, pp. 427-428。

第四章 "Token-NPRC"问题解决的一种新修正方案

本章力图在改进格林方案的基础之上，依循以下思路为"Token-NPRC"问题提供一种新的修正方案。首先，批判性地考察相关的因果理论，指出其合理因素，为新修正方案提供新见解和新思路。其次，对格林的方案逐步展开分析和讨论，指出他的方案能够处理哪些问题情形，并详细地论证他的方案对"Token-NPRC"问题的负作用情形和相互作用情形，以及充分原因引起的难以给出恰当处理的问题情形。再次，将其他理论的优势因素与格林的方案综合起来，建构出一种解决"Token-NPRC"问题的新修正方案。最后，运用这种新方案对居间变量作用、共因作用和充分原因引起的问题情形给出详细的处理和解释，为新方案的合理性做出更充分的辩护。

第一节 综合考察相关因果理论的合理之处

为了提出更加科学、合理的新方案，有必要深入考察一些相关的因果理论。首先，对物理过程因果理论进行批判性的考察，指出该理论的主要局限性。但是，该理论主张的一些观点值得借鉴，一是依据时间方向性来定义因果关系的方向性，这符合我们的日常经验事实和科学实验的观察。二是这种理论所使用的"世界线"（World line）的概念为刻画殊型因果链条提供了可行的方式。其次，对概率和过程综合起来分析因果的方案进行了考察。如谢弗关于因果链条的分析提出了"E-line"概念,道尔的综合方案通过可能世界理论提出了"同一因果路径"的概念。这些新见解和思路为新修正方案中关于因果链条的刻画,以及同一链条上事件概率的大小比较提供了概念和理论支持。

一 物理过程因果理论

"C引起E",这是日常惯用的因果表达形式。众所周知,对于这一形式的解释一直以来争论不休。罗素从科学定律的陈述形式来解释这种表达形式,提出了"因果线(causal lines)的概念,即指一系列在性质上结构上都类似的连续的因果事件"[1]。这启发学者们从科学上来讨论因果过程,而非日常生活中惯常使用的"过程"。这种因果理论的核心问题是如何辨别真实因果过程和虚假因果过程。[2] 为了给这个核心问题提供合理的解决方案,学者们从不同的因果理论和科学背景知识出发,提出自己的理论路径。

费尔在1979年提出因果的转移理论(Transference Theory)。费尔提出一种将因果关系还原为能量转移或动量转移的理论,正是根据这种解释,才将其称为"转移理论"。C引起E,可以解释为"能量从C转移到E"。这种解释是可以依据能量从空间曲面中独立的C-物体到独立的E-物体的时间导数(Time Derivative)来进行定义,其主要特征是,它给出了因果关系的方向性——能量的流动方向,这种方向性从根本上依赖于时间的方向性,时间的方向性影响被定义为能量的时间导数(time derivative)。这就意味着,可以将更早发生的事件和更晚发生的事件,看作原因和结果区别开来的必要条件。

在我们看来,依据时间的方向性来定义因果关系的方向性将会产生两个有意思的推论。第一,它排除了时间的因果理论的可能。由于那种

---

[1] 参见[英]罗素《人类的知识——其范围与限度》,张金言译,商务印书馆2011年,第548—549页。
[2] 参见李波《因果关系概率分析的一种新趋势》,《自然辩证法通讯》2018年第2期。

第四章 "Token-NPRC"问题解决的一种新修正方案

解释依据因果的方向性来定义时间的方向性,如赖兴巴赫力图通过因果的方向性来定义时间的方向性。第二,由于"cause"特有的含义中包括一个固定的表示时间的方向性,势必导致逆向因果(backwards causation 或 retro-causation)在逻辑上是不可能的,由于它容许结果在原因之前发生。出于本研究论题的考虑,我们主要支持费尔的主张,即依据时间的方向性来定义因果关系的方向性,这一种直观更加符合我们的日常经验和科学的实验观察。

萨尔蒙利用罗素和赖兴巴赫的理论成果,提出了标记传递理论(mark transmission)。萨尔蒙主张,"C 引起 E"所表达的并不是原因事件和结果事件之间的关系,而是将其所表达的因果性从根本上看作连续过程的一种属性。他将这种过程定义为这样一种能够展现随着时间推移而保持结构一致性的任何物体。[①] 因果过程是传递它自身所具有的结构;一种虚假的过程并不能传递这种结构。这种标记传递理论将因果过程和作用看作因果性的两个基本要素。这种理论的关键点在于,它将"传递标记(mark)的能力"看作因果过程和虚假因果过程的根本区别。举例来说,移动的影子并不是一个因果过程,因为它不可能传递一种"标记",假设通过"局部作用的方式",对某物体的影子进行干预作用,引起"某种变化"(比如,干扰这个影子所投射的表面)。然而,这种"干预引起的变化"并没有沿着影子被传递。正是基于这样一种想法,萨尔蒙利用赖兴巴赫的标记准则,"一种过程是因果的,如果它能够在结构中传递一种局部的变化";并通过罗素的"在—在—理论"(at-at-theory)去解释"传递"的概念,这样,得到标记传递规则。[②]

索伯尔(E. Sober)提出光点传递反例;道尔也给出歌剧院影子移动的反例;基切尔(P. Kitcher)、梅洛(D. Mellor)和索伯尔等学者,指出标记传递规则中的"标记"和"相互作用"存在明显的循环定义。

[①] 参见 Wesley C. Salmon, *Scientific Explanation and the Causal Structure of the World*, Princeton: Princeton University Press, 1984, P. 144。

[②] 参见 Wesley C. Salmon, *Scientific Explanation and the Causal Structure of the World*, Princeton: Princeton University Press, 1984, p. 148。

道尔和哈姆弗雷斯等学者,指出"标记"、"标示特征"和"结构"等重要概念的含混性。

综上所述,由于索伯尔、道尔和梅洛等学者指出萨尔蒙标记传递理论遭遇诸多困难[①],为了克服它们,道尔和萨尔蒙发展出因果守恒量理论,他们关于因果作用的定义是相同的,而对于因果过程的界定存在细微差异。希契科克和特蕾西(L. Tracy)等众多学者指出,当前关于因果过程理论影响最大的是因果守恒量理论,其中数道尔的守恒量理论发展最为成熟。[②] 鉴于此,下文将集中讨论道尔的因果理论,他主要通过因果过程和因果作用这两个核心概念来解释因果:

(D1)因果过程是具有守恒量的物体的世界线(world line);
(D2)因果作用是某物体世界线的交叉,这种交叉涉及守恒量的交换。[③]

道尔综合费尔能量转移理论和萨尔蒙的标记理论的优势,提出这种因果守恒量理论去回应一系列对标记理论的批评。值得注意的是,道尔指出,这一理论的主要目的是将因果过程和虚假过程辨别开来。然而他并没有断言,这是关于因果关系的一种完整解释。值得注意的问题是,这种解释是对称的,因而它并没有为因果关系提供方向性的解释。

上述对道尔的因果理论作了扼要阐述。现在,下文将考察道尔守恒量因果理论面临的反例和问题,以及质疑道尔为其进行辩护的合理性。在这样一种讨论过程中,力图发现关于理解因果结构的有意义的启发。

[①] 参见 Phil Dowe, "Wesley Salmon's Process Theory of Causality and the Conserved Quantity Theory", *Philosophy of Science*, Vol. 59, 1992, pp. 200-203。

[②] 参见 Christopher Hitchcock, "Problem for the Conserved Quantity Theory: Counterexamples, Circularity, and Redundancy", *The Monist*, Vol. 92, 2009, pp. 72-73。

[③] Phil Dowe, "The Conserved Quantity Theory of Causation and Chance Raising", *Philosophy of Science*, Vol. 66, 1999, pp. 495-500.

第四章 "Token-NPRC"问题解决的一种新修正方案

道尔主张，物体可以是"科学实体中发现的任何物（粒子、波和场等）或常识"①，它们具有守恒量，如能量、线动量、角动量、电荷等。是不是守恒量关键在于它是否可能具有正确类型的物理量，如影子是一个物体对象，但是它并不具有守恒量的正确类型——影子不能具有能量或动量。世界线是指，该物体在任何时刻只能处在一个特定的空间位置，它的全部"历史"在这个四维空间中是一条连续的曲线。由此，因果过程是该物体的世界线，因果作用是涉及守恒量交换的物体世界线的交叉。

然而，希契科克提出一个带电荷阴影的案例。假设 A，a_1、a_2、b 和 B 是长方形的物体。A 是由两个独立的部分（a_1，a_2）组成的整体。最初，b 是处于静止的，A 正朝向 b 移动。A 与 b 碰撞，使得 a_2 从 A 整体中分离出来，导致 a_2 与 b 组成一个整体 B。来自 A 的动量被转移到新整体 B 上，a1 变为静止状态，远离 B。现在想一想，这些物体的影子投射在具有相同电荷密度的金属板上，以至于这些影子发生移动。移动的影子似乎具有守恒量电荷，在它们碰撞之前和之后，它们具有不变量的电荷（由于它们的区域面积保持不变，电荷的密度是一致的）。再者，在这两个影子碰撞期间，电荷在两个物体间进行交换：影子 A 的电荷降低和影子 b 的电荷增加相同的数量。因此，两个影子似乎满足道尔关于因果作用的定义。但是，直观上我们就能知道，这些影子显然是虚假过程，它们的"碰撞"并不是一个真正的因果作用。将这个案例情形进行适度调整，运动的长方形物体将其影子投射在金属板块上，由这种金属板上的一块块暗阴影组成的我们称之为暗影区"物体"，它带有电荷，然而，却是个虚假过程。道尔主张，暗影区并不是因果过程，理由是这种影区并不是物体，科学理论并没有普遍认可它是一种物体，因此不满足条件 D2。

道尔对上述问题的回应是否合理？他主张物体是科学实验中发现的

---

① Phil Dowe, *Physical Causation*, Cambridge: Cambridge University Press, 2000, p.91.

任何物或常识，这样物体定义会导致严重依赖科学理论的本体承诺，"物体"变得语境化（以前的化学理论承诺了"燃素"的存在，而氧化说否定它的存在），使因果过程定义丧失客观性和普遍性。他进一步辩护指出，随着时间变化，物体可具有一致性关系的特征，即始基一致性关系。[①]他试图通过这种关系特征使得物体概念排除"TWG（time-wise gerrymanders）物体"，即被假定存在的依据时间跨度来定义的物体，这种定义随着时间变化而发生变化。假设 x 为一个"物体"，其被定义为：

在 $t_1 \leq t < t_2$ 期间，x 是在书桌上的电脑

在 $t_2 \leq t < t_3$ 期间，x 是在书桌上的鼠标

在 $t_3 \leq t < t_4$ 期间，x 是在书桌上的键盘

很显然，这个"x 物体"的世界线是非连续的，在道尔看来，这个 x 就是 TWG，并不是始基一致性的物体。同理，暗影区也是 TWG，因为它们由金属板块的不同阴影部分在不同时间组合而成。然而，将这种 TWG 排除在物体的概念之外，很可能导致排除真正的因果过程。如声波案例，声波是能穿越媒介物（空气）的压缩声波，假定在 t_1 时刻空气分子 a 从左边运行到右边；在 t_2 时刻，它与空气分子 b 相撞，a 停下来，空气分子 b 运行到右边；在 t_3 时刻与空气分子 c 相撞，以此类推。最终的结果是压缩声波从左边运行到右边，

在 $t_1 \leq t < t_2$ 期间，声波是分子 a

在 $t_2 \leq t < t_3$ 期间，声波是分子 b

在 $t_3 \leq t < t_4$ 期间，声波是分子 c，如此等等

直观上，声波可看作一种物体，但对于它们的描述符合 TWG 的特

[①] 参见 Phil Dowe, *Physical Causation*, Cambridge: Cambridge University Press, 2000, p.99。

征，因此，道尔对物体的界定值得怀疑。再者，正如特蕾西所指出的，哪些情形视为守恒量的值的变化和守恒量的交换，当进一步具体化哪些守恒量能够将真假因果作用辨别开来，这些都是不明确的。[①] 当这种理论试图去描述涉及经典物理学领域的因果作用，比如说引力场和电磁场，也显得困难重重。此外，由于他的理论更多地限制在关注因果关系的动态方面，排除了静力平衡系统中所发生的因果作用。如在一个系统中，多种力相互作用，使彼此之间的纯合力为 0，直观上，似乎并没有发生动态的变化，但事实上这并不意味着没有力与力之间的因果作用。

综上所述，这种物理因果过程理论也存在诸多难以解决的问题，从而使得一些过程因果理论的学者开始关注因果的概率理论。尽管存在很多问题，但是它将因果过程解释为具有守恒量的物体的"世界线"，这个概念为后文提出的新修正方案刻画在时空中实际发生的因果链条提供一种描述方式。"世界线"是爱因斯坦于其 1905 年的论文《论动体的电动力学》中提及的概念。他将时间和空间合称为四维时空，粒子在四维时空中的运动轨迹即为世界线。一切物体都由粒子构成，如果我们能够描述粒子在任何时刻的位置，我们就描述了物体的全部"历史"。想象一个由空间的三维加上时间的一维共同构成的四维时空。由于一个粒子在任何时刻只能处于一个特定的位置，它的全部"历史"在这个四维空间中是一条连续的曲线，这就是"世界线"。

二 概率与过程的综合方案

在这里，将简要地阐述谢弗的综合方案，指出该方案存在的问题，并指出该方案中值得借鉴的概念和描述方式。在谢弗看来，C 引起 E，当且仅当，C 是 E 过程的概率增加因子；而 C 是 E 过程的概率增加因子能够成立，当且仅当，

[①] 参见 Tracy Lupher. "A Physical Critique of Physical Causation", *Synthese*, Vol. 167, 2009, pp. 68-69。

（1）存在事件延续的 E-line，其包含有差别的事件<C, D_1, …, D_n, E>两两事件之间有前提关系；

（2）在 t_C 存在实际事件 C，其区别于 D_1, …, D_n 和 E，但 C 与 C' 可相同，也可不同；

（3）ch（E-line）-at-t_C=p；

（4）¬C□→ch（E-line）-at-$t_{¬C}$<p（□→表示必然推出）。

该方案的主要解释是：如果 C 发生导致 E-line 发生的概率为 p，且 C 未发生必然推出 E-line 发生的概率小于 p，那么，可以推出 C 是 E-line 的概率增加因子。由此进一步推出，C 是 E 的原因。谢弗的这种综合思路是将结果看作 E-line 的必要部分。将原因看作增加 E-line 完整运行的因子，将事件之间的因果关系的确定依存于事件之间的因果过程。这种新颖的综合思路能够合理解决概率增加非因果的问题，由于因果链条的中断导致这类问题产生。谢弗强调因果关系的确立依赖于因果的连续过程，这样可以避免因果链条的中断而产生的概率增加非因果的问题。它也能在一定程度上解决非概率增加因果的问题。由上述的血栓案例分析可知，C 发生（服用避孕药），E-line（避孕药在人体内发生生物化学作用形成某种中介物，该中介物可能引发血栓）发生概率为 p，且 C 未发生，E-链条发生概率小于 p，那么可以推断 C 是 E-line 的概率增加因子。也可进一步推出，C 引起 E（患上血栓）。然而，对于一个已发生性关系的女性来说，没有服用避孕药（¬C）却患上血栓，但它是在另外一个 E_1-链条（怀孕引起血栓）中发生的。

然而，谢弗的综合思路会面临抢先难题。接到命令要将某大桥炸毁，于是，在桥底下放置 C 和 C1 两种炸药包，C 比 C1 爆炸威力大很多，该方案的条件（1）和条件（2）都满足。假定 ch（桥炸毁过程）-at-t_C=p，条件（3）也满足。条件（4），即 ¬C□→ch（桥炸毁过程）-at-$t_{¬C}$<p，然而，事实上由于某种原因 C 炸药包没有发生爆炸，C1 却发生爆炸并将桥炸毁，则有 C1□→ch（桥炸毁过程）-at-t_{C1}=q。由于 C 比

第四章 "Token-NPRC" 问题解决的一种新修正方案

C1 爆炸威力大很多，则有 q<p，条件（4）被满足。因此，与谢弗的方案得到不一样的结论：C1 是 E-line 的概率增加因子，而不是 C。

综上所述，尽管该案例面临诸多问题，但他提出的新概念"E-line"（包含有差别的事件<C, D_1, …, D_n, E>两两事件之间有前提关系）为刻画因果链条提供了一种可借鉴的表达方式。他将原因 C 看作 E-line 的概率增加因子，并将原因看作增加 E-line 完整运行的因子，将事件之间的因果关系的确定依存于事件之间的因果过程。这些独特而新颖的见解为后文构建的新修正方案提供了非常有价值的新思路和新分析方式。

关于道尔的概率和过程的综合理论，在第三章有过详细的分析和讨论，因而，在这里，将对他因果理论做些简要的阐述。在道尔看来，

C 引起 E，当且仅当，

（1）在 C 和 E 之间存在因果路径（C 和 E 之间有一种或多种潜在因果路径）；

（2）$ch_C \rho(E) > ch_{\sim C} \rho(E)$（ρ 是将 C 和 E 连接起来的实际因果过程）。

从他的定义中可以看到，C 在 ρ 路径上是 E 的原因，需要满足这种情况：ρ 是 C 和 E 之间的唯一过程，且 C 将增加 E 发生的概率。他从可能世界理论进一步为其主张提供解释：假设离我们现实世界最近的世界为 W^1，离 W^1 最近的世界为 W^2，在 W^1 世界中，ρ 是 C 和 E 之间的唯一过程，C 在 ρ 过程中引起 E 的概率为 p（0<p≤1）。然而，在 W^2 世界中，C 没有发生，则有 $ch_{\sim C} \rho(E) = 0$。不难发现，在 W^1 和 W^2 世界中，ρ 过程保持同一性和唯一性，且 $ch_C \rho(E) = p > ch_{\sim C} \rho(E) = 0$，则有 C 是 E 的原因。不难发现，道尔通过可能世界理论来为其主张提供解释。将 C 发生与不发生导致 E 发生的概率大小是在同一个因果过程中进行比较，通过可能世界的理论来确保 ρ 过程的唯一性和同一性。道尔引入可

能世界的概念来确保因果过程的同一性，为建构新修正方案提供新思路，也为新修正方案关于同一链条上原因引起结果概率大小的比较提供理论支持。

第二节 "Token-NPRC"问题解决的一种新路径

关于"Token-NPRC"问题引起很多学者的关注，他们从不同的理论视角或分析方式出发，分别提出自己的解决方案。格林对早期的一些解决方案进行了批判性的考察，指出这些早期方案对该问题都难以给出恰当的处理和解释，或以忽略一些因果情形（远距因果、不在场因果情形等）为代价。为了能对"Token-NPRC"问题提出合理的方案，格林深入考察了一些典型反例的结构特征，如血栓案例和桥垮塌案例等，提出一种有向非循环结构图（Directed Graph）来分析那些反例。这种分析方式值得借鉴，因为利用这种有向结构图，使得对于因果链条和案例结构的分析变得更直观和易理解。

尤其值得强调的是，文中采用这样一种分析方式还有以下两方面的理由。一方面，它有利于深入分析反例的结构模式。通过这种有向结构图对那些反例的结构进行分析，能更加清晰地揭示出"Token-NPRC"问题出现的不同情形，主要包括负作用情形、居间变量作用情形、共因作用和相互作用情形，以及由充分原因所引起的问题情形。另一方面，综合考虑因果关系的方向性、非对称性、非自反性、时间性等基本特征（导言中已给出阐述和界定），这些特征可以通过有向非循环结构图得到恰当的刻画。

格林在有向结构图基础之上的因果概率分析方案对于负作用情形、居间变量作用情形和共因作用情形，在一定程度上能够给出适当的处理，但对于相互作用、充分原因所引起的问题情形难以给出恰当的处理。因此，下文将通过有向结构图对不同的案例和不同问题情形展开分析和讨论，论证哪些问题情形是格林方案能解决的，哪些情形是难以解

第四章 "Token-NPRC"问题解决的一种新修正方案

决的。在此基础上逐步改进格林的方案，并针对不同的问题情形给出相应的处理方案。为了对新修正方案做出合理的辩护，下文将通过这种新方案对一些典型的反例和"Token-NPRC"问题的不同情形给出恰当的处理，并对于一些相关的质疑给出合理的回应。

一 "Token-NPRC"问题的负作用情形

第三章对格林的方案有过详细的阐述和讨论，在这里，将通过对一些典型的案例进行有向结构图分析，来深入探讨"Token-NPRC"问题的负作用情形。首先，通过这种有向非循环结构图来分析血栓案例，参见图1-1。

需要注意的是，有向结构图本身并没有表达关于实际真值的信息，顶点代表事件变量，这种变量可以被赋予的真值（0或1），这种被赋予某真值的变量，并不能传输与其他变量之间的概率影响的信息。因此，需要在结构图下面标示变量的实际真值（B=1；H=0；X=1）。通过将有向路径标示为"+"或"-"来表示概率影响的性质，"+"表示正依赖，"-"表示负依赖，这种表示意味着两事件之间的概率关系将会明确发生，这样的表示才是恰当的，通过"→"表示后者对前者的概率依赖关系。

从服用避孕药（B）到怀孕（H）的有向路径（B→H）表示，H值对于B值的概率依赖，从怀孕（H）到患上血栓（X）的有向路径（H→X）表示，X值对于H值的概率依赖。从图1-1中，不难发现，从服用避孕药到患上血栓有两条有向路径：一条是B→H，H→X（非直接路径）；另外一条是B→X（直接路径）。这表明服用避孕药对患上血栓有直接的概率影响，它经过怀孕对患上血栓也有非直接的概率影响。

由于我们主要考察的是服用避孕药有没有增加患上血栓的概率影响，因而，得设法保证其他有向路径不影响B→X。那么，我们如何确保另外一条非直接的有向路径不影响B→X？可以依据案例情形的实际发生状态，将怀孕事件变量的实际赋值保持不变，案例中怀孕变量事件

· 107 ·

实际上并没发生，因而其实际赋值为 0。通过将怀孕赋值为 0，这样，也就将服用避孕药经过怀孕到患上血栓的概率影响隔断了，将这种非直接路径对患上血栓的实际作用隔断开来。因此，最终只剩下服用避孕药到患上血栓的直接有向路径（B→X）。可得到：

$$P(X=1 | B=1, H=0) > P(X=1 | B=0, H=0) \qquad (4.1)$$

因为保持怀孕在它的实际真值不变的情况下，患上血栓概率依赖于服用避孕药。服用避孕药沿着直接路径对患上血栓症有正因果作用。相比之下，服用避孕药对于沿着非直接路径经过怀孕到患上血栓，有负因果作用，且这种负作用已被隔断。

接下来，下文将通过格林给出的这种有向非循环结构图来分析桥垮塌案例（见图 4-1）：

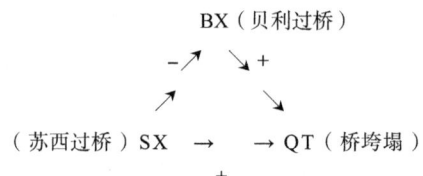

图 4-1　桥垮塌案例有向结构图（一）（SX=1；BX=1；QT=1）

从上述的结构图可以看到，原因到结果有两条有向路径：一条是直接路径（SX→+QT），沿着这条直接路径 SX 有一种正作用；另外一条是非直接路径（SX→¬BX→+QT），行进经过 BX（代表贝利过桥的变量），沿着这条非直接路径 SX 对于 QT 有一种负作用。非直接路径上的这种作用之所以是负的，因为 SX 值与 BX 值是负相关的，BX 值与 QT 值是正相关，因为沿着非直接路径的负作用抵消了沿着直接路径的正作用，发生这样的情况，是由于 BX 对 QT 高度正相关，这导致"Token-NPRC"问题的情形出现。

桥垮塌和血栓症之间唯一的不同之处在于，在桥垮塌案例中，尽管 SX 对 BX 也是负相关（这两个变量的值之间的关系仅仅是概率的），但在非直接路径上的事件变量的实际赋值为 1。保持非直接路径上的变量的实际赋值不变，可以揭示直接路径上 SX→+QT 的正作用：

$$P(QT=1 \mid SX=1 \wedge BX=1) > P(QT=1 \mid SX=0 \wedge BX=1) \quad (4.2)$$

格林通过有向非循环结构图对上述反例进行概率分析，提出了关于解决"Token-NPRC"问题的一般方案：C 是 E 的殊型原因，C 对于 E 有一种正作用，在这样的情形下，存在一个变量（从 C 到 E 的路径上传送一种负构成作用的每一条有向路径上的变量）的集合 S（可能是空集）。所以，当我们将每一个变量 $s(s \in S)$ 的值保持在它的实际值 S∗ 不变，这些赋值 S∗ 构成一个集合 S∗。C 是 E 的殊型原因，C 增加 E 发生的概率，所以，下面概率关系成立：

$$P(E=1 \mid C=1 \wedge S*) > P(E=1 \mid C=0 \wedge S*) \quad (4.3)$$

综上所述，通过对一些典型案例进行分析，详细地阐述格林关于"Token-NPRC"问题的一般解决方案。接下来，将运用格林的方案去讨论该问题的不同情形，论证他的方案能够处理哪些问题情形，哪些是难以处理的，并针对不同的问题逐步修正格林的方案。

从血栓案例和桥垮塌案例的有向结构图来看，这两个案例的结构基本上是一致的，如下（"B→⌐H"表示 B 概率上防止 H 发生；"B→+X"表示 B 概率上引起 X 发生）：

B（避孕药）→⌐H（怀孕）→+X（血栓）

B（避孕药）→+X（血栓）

SX（苏西过桥）→⌐BX（贝利过桥）→+QT（桥塌）

SX（苏西过桥）→+QT（桥塌）

由此，可以看到，这些案例中的原因到结果都有两条路径，一条是直接的正路径，另一条是非直接的负路径。然而，负路径上的负作用大于正路径上的正作用导致原因并没有增加结果的概率，即导致"Token-NPRC"问题出现。鉴于此，将与这样一种结构相类似的情形称为负作用情形。从上述的讨论来看，格林的方案对于"Token-NPRC"问题的负作用情形能给出适当的处理。

下面将考察格林的方案对"Token-NPRC"问题的其他作用情形能否给出恰当的处理。首先,考察居间变量的作用情形。斯基尔姆提出了具有这种结构的一个案例。[①] 大多数城市居民由于担心吸烟和空气污染对他们的肺造成双重危害,因而一般城市居民都会尽量控制吸烟量。汤姆居住在空气污染严重的城市里,他一直以来尽量抑制抽烟。然而,前几年由于工作的需要,他搬到乡村居住,由于乡村自然环境受到污染较少,空气清新,于是他逐渐放纵自己大胆地吸烟。不幸地,他患上了肺癌。通过有向结构图对该案例的结构进行描述(C 表示抽烟;E 表示患上肺癌;V 表示居住在空气清新的乡村):

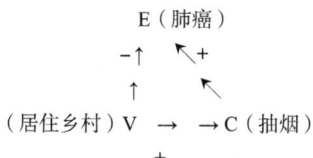

图 4-2 居间变量作用情形吸烟案例有向结构图

居住在空气清新的乡村(V)是患上肺癌(E)的一个负初表原因;居住在空气清新的乡村(V)是抽烟(C)的初表原因。从该案例的结构图可以看到,居于 C 和 E 之间的 V,既与 C 发生作用,也与 E 发生作用。正因为如此,将与这种案例具有类似结构的情形称为居间变量作用情形。

在该案例情形下,抽烟将有可能降低患上肺癌的概率,因为居住在空气清新的乡村引发汤姆吸烟,而且居住在空气清新的乡村防止肺癌发生的概率比抽烟引起肺癌的概率要大,即 $P(\neg E/V) > P(E/C)$,或者说清新空气防止肺癌比抽烟引起肺癌的效果更强。因此,抽烟很可能降低肺癌发生的概率,即"Token-NPRC"问题的居间变量作用情形出现。关于这种问题情形,格林的方案是可以处理的,保持 V 的实际赋值不变(V=1),则格林的一般方案成立:

---

① 参见 Brian Skyrms, *Causal Necessity: A Pragmatil Investigation of the Necessity of Laws*, New Haven: Yale University Press, 1980, p.106。

$$P(E=1 | C=1 \wedge V=1) > P(E=1 | C=0 \wedge V=1) \qquad (4.4)$$

接下来，将继续考察它对共因作用情形能否给出适当的处理。在这种情形中，有一个变量W，它是C和V的一个共因；C是E的一个初表原因；V是E的一个负初表原因。这种情形的案例可以利用上文提及的吸烟案例来建构。假设有这样一种实际案例发生，迈克经常吸烟（C）引起心脏疾病（E），然而，由于迈克身体中具有某种基因特征（W），导致他既喜欢吸烟（C），也喜欢锻炼身体（V）。这种基因特征是那样两种欲望（喜欢吸烟和喜欢锻炼身体）的共因，这种共因能够解释那两种欲望之间的高度相关，而实际上在它们两者之间并没有直接的因果关联。①

在这里，正是由于某个共因支配着两个变量的可能状态。下面，将具有这种结构的情形称为共因作用情形。这种案例情形可以通过有向结构图来描述：

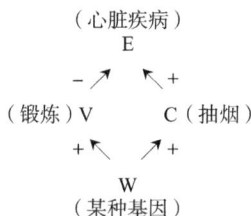

图4-3 共因作用情形心脏疾病案例有向结构图

从该案例的有向结构图分析可以看到，锻炼身体（V）是患上心脏病（E）的一个负初表原因；具有某种基因（W）引起锻炼身体（V）和抽烟（C）。这种情形很可能导致，抽烟降低患上心脏病的概率，因为某种基因引起抽烟与锻炼身体高度相关，而且锻炼身体防止心脏病发生的概率比抽烟引起心脏病的概率要大，即 $P(\neg E/V) > P(E/C)$。因此，出现抽烟可能降低心脏病发生的概率，即"Token-NPRC"问题的共因作用情形出现。很明显，格林并没有讨论这种问题情形，因而，他

---

① 参见 Richard Edward Otte, "Probabilistic Causality and Simpson's Paradox", *Philosophy of Science*, Vol. 52, 1985, pp. 120–121。

的方案对于共因作用情形处理困难重重,尤其难以处理这个共因(W)。

现在,将依据格林的思路,尝试保持 V 和 W 这两个变量的实际赋值不变,得到如下情形:

$$P(E=1 | C=1 \wedge V=1 \wedge W=1) > P(E=1 | C=0 \wedge V=1 \wedge W=1)$$

(4.5)

从该案例的实际情形来看,上述式子似乎能够成立。然而,很多问题有待进一步澄清。第一,集合 S∗ 中包括 V=1 和 W=1,W 是 V 和 C 的共因,既然 W 已发生(W=1),那么 V 和 C 也都会发生。然而,不等式的右边,在 W 发生的情况下,C 却没有发生(C=0)。很显然,出现与实际情形不一致。第二,集合 S∗ 中包括 W 共因,这个共因事件很明显是发生在原因 C 之前,如果集合 S∗ 包括的事件发生在考察的原因之前,很可能出现虚假因果或因果倒置的情形,因而需要引入时间因素来限制相关变量事件。这样,通过对格林的方案引入时间限制,才能对这种共因作用情形中的共因事件给出适当的处理。

现在,摆在我们面前的任务是,需要深入探讨关于集合 S∗ 中所包括的变量事件的时间性限制问题。首先,考察哪些变量事件容许包括在集合 S∗。从格林的方案中可以看到,集合 S∗ 对于揭示 C 增加 E 的概率发挥重要作用,S∗ 是在 C 到 E 有向路径上,传输一种负构成作用的每一条路径上的变量(s)的实际赋值的集合。在上述情形下的有向路径上存在多种可能的变量事件,究竟哪些事件才可以纳入集合 S∗ 中?为了更清晰地理解这个问题,通过下面的案例来进一步分析和阐明。

假设某地区涨洪水(Z),对这一涨洪水事件存在相互竞争的两种解释:一种可能的解释是,由于下水管道被堵塞(X)而引起的;另一种可能的解释是,河流决堤(H)所引起的。[1] 考察后才发现实际上是下水道被堵,事实上,河流决堤实际赋值为 0(H=0),不难发现,下面概率不等式似乎可以成立:

---

[1] 参见 Luke Glynn, "Deterministic Chance", *The British Journal for the Philosophy of Science*, Vol. 61, 2010, pp. 358-360。

第四章 "Token-NPRC" 问题解决的一种新修正方案

$$P(H=0 \mid X=1 \wedge Z=1) > P(H=0 \mid X=0 \wedge Z=1) \quad (4.6)$$

从（4.6）式可以看到，给定涨洪水实际赋值为1（Z=1）的情形下，下水道被堵（X=1）增加河流决堤实际赋值为0（H=0）发生的概率。因此，可以看到集合S*仅仅包括单一变量事件，即涨洪水（Z），给定Z的实际赋值为0，那么下水道被堵（X=1）增加河流决堤没有发生（H=0）的概率。然而，很显然，下水道被堵并不是河流决堤没有发生的原因。因此，这个案例与格林给出的一般分析方案相矛盾，那么问题出在哪里？为了更深入地探讨这个问题，下文通过有向结构图4-4对该案例展开分析和讨论，其描述如下：

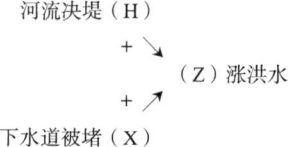

图4-4 涨洪水案例有向结构图（X=1；H=0；Z=1）

从该案例的实际情形来看，纳入集合S*中的变量事件（涨洪水发生；Z=1）明显晚于假定结果（河流决堤没有发生）。在这个案例中，正是由于以晚于结果发生的事件（变量事件）为条件所揭示的那些概率作用，导致出现概率增加而非因果的情形出现。鉴于此，需要在新的修正方案中，进一步明确界定：集合S*中的每一个变量事件，在考察的原因之后并在结果之前发生，即$t_C < t_S < t_E$。这样，才能恰当地避免上述问题情形的出现。

为了适当地避免上述的问题，下文将对格林的一般方案做出适当的调整：C是E的殊型原因，当C对于E有一种正作用。在这样的情形下，这里存在一个变量（从C到E路径上传送一种负作用的某一条有向路径上的变量）的集合D（可能是空集），我们将每一个变量d_x（$d_x \in D$）的值保持它的实际赋值不变，通过di来表示d_x的实际赋值，再将这些di组合成一个集合H，且di实际发生的事件比原因（C）要晚，比结果（E）要早，即$t_C < di < t_E$。这样，如果C是E的殊型原因，C增

· 113 ·

加 E 发生的概率，那么下面概率关系式成立：

$$P(E=1 | C=1 \wedge H_{tC<di<tE}) > P(E=1 | C=0 \wedge H_{tC<di<tE}) \quad (4.7)$$

还有一个问题值得我们注意，变量应该是一个原子事件或原子事件否定，如果变量是由两个事件的析取构成，则会出现问题。如假定变量的实际赋值为 1，即 s=1，则会出现几种可能，s=(p=1∨q=0)=(p=1∨q=1)=(p=0∨q=1)=1。这样，很可能会导致变量赋值与其中事件的赋值不一致，也就是说，变量中的事件赋值是不确定的，这可能导致负路径上的负作用没有被隔断或无法确定变量事件。

现在，我们来考察上文提及的共因作用情形的吸烟案例，依据这样一种时间性的限制，即集合 S* 中的每一个变量事件，在考察原因之后并在结果之前发生，即 $t_C<t_S<t_E$。由于这种时间性限制，共因事件 W 就不容许包括在集合 S* 中，这样可以得到：

$$P(E=1 | C=1 \wedge V=1) > P(E=1 | C=0 \wedge V=1) \quad (4.8)$$

综上所述，格林的方案进行一些适当的修正，能够对"Token-NPRC"问题的负作用、居间变量作用和共因作用情形给出相应的处理。他的方案对这几种问题情形能够给出恰当的处理，很大程度上依赖这样一种理由，即这几种不同的问题情形实质上是一致的，居间变量作用和共因作用情形是负作用情形的一种演化。这种几种情形都会导致"Token-NPRC"问题出现，实际上都由于这样一种基本的发挥作用所导致的，即 C 到 E 的所有负路径上传递的负作用大于正路径上传递的正作用，导致"原因没有增加结果的概率"的情形出现。为了更直观地理解上述的主张，下面将通过一系列有向非循环结构图来描述这几种问题情形（见图 4-5）：

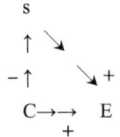

图 4-5　负作用情形有向结构图（一）

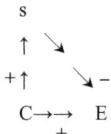

图 4-6　负作用情形有向结构图（二）

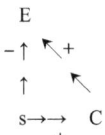

图 4-7　居间变量作用情形有向结构图

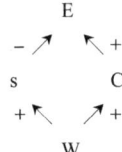

图 4-8　共因作用情形有向结构图

依据格林的方案可知，集合 S∗ 是 C 到 E 有向路径上传输一种负作用的每一条路径上的变量 (s) 实际赋值的集合，变量 s 是传递负构成作用的一条有向路径上的某一变量事件。从上述结构图可以观察到，s 始终处在负路径上；如果 s 与 E 概率上正依赖，那么 C 与 s 概率上负依赖；如果 s 与 E 概率上负依赖，C 与 s 概率上正依赖，而且这些负路径上负作用都大于正路径上的正作用。因此，这种几种问题情形实质上都可以统称为负作用情形。

二　"Token-NPRC" 问题的相互作用和充分原因情形

格林的方案在适当修改后，能够对"Token-NPRC"问题的几种负作用情形给出适当的处理。然而，关于相互作用情形，以及充分原因和必要原因所引起的问题情形是否也能给出适当的处理？下文将围绕这些问题展开讨论。为了对相互作用情形有深入的理解，下文将通过典型的案例对它给出详细的阐释和分析。假设这样一种实际案例情形发生。汤姆赌博成瘾，最后将全部家产输光，并欠下巨额高利贷，已经没有办法还清债务。于是，被逼无奈，他决定自杀，他知道喝下足够量的毒酸会导致死亡（C），他也知道喝下足够量的毒碱也会导致死亡（s）。汤姆在极度绝望之下，寻求快速解脱，他首先喝下毒酸，随后一会儿，他又喝下毒碱，想尽快地结束自己的生命。一段时间过后，他在极度恐惧之下，模糊地意识到自己还活着。然而却不小心被绊倒，从阳台上摔下来，导致死亡（E）。可以通过有向结构图来描述这种相互作用的案例情形：

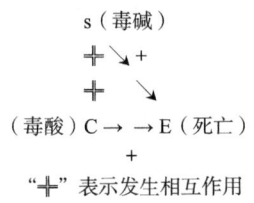

图 4-9　毒酸案例有向结构图

从结构图 4-9 可以看到，C→+E；s→+E，也就是说，这两个事件独立发生都会增加结果发生的概率，即

$P(E=1/C=1)>P(E/C=0)$；$P(E=1/s=1)>P(E/s=0)$　（4.9）

现在，考察格林的方案能否处理这种作用情形。可以肯定的是，格林并没有对相互作用情形展开讨论。他的方案能否处理这问题情形，关键在于这样两点：一是这个居间变量事件 s（喝下毒碱）能否包括在集合 S∗ 中；二是 s∈S∗，且 S∗ 合理揭示"C 增加 E 的概率"。

首先，考察第一个关键点。依据格林的一般方案可知，集合 S∗ 中的元素是，从 C 到 E 的路径上传送一种负作用的每一条有向路径上的变量。这个变量应该保持其实际赋值不变。在这个案例中的变量是喝下毒碱，很明显，喝毒碱事件并没有出现在传递负作用的有向路径上，喝下毒碱与引起死亡之间在概率上有正作用，喝下毒酸与喝下毒碱之间在概率上并没有负作用，而是发生相互的化学作用。也就是说，如果 s 与 E 在概率上有正作用，那么 C 与 s 在概率上应该有负作用。从上述结构图可以看到，尽管 s 与 E 在概率上有正作用，然而，C 与 s 却是相互作用。因此，s 不能够包括在 S∗ 中，即 s∉S∗。

其次，考察第二个关键点。依据格林的方案来处理这个案例情形，假设 s∈S∗，且 S∗ 合理揭示"C 增加 E 的概率"可以成立。确定喝下毒碱的实际赋值不变（s=1），可得：

$$P(E=1/C=1 \wedge s=1) > P(E=1/C=0 \wedge s=1)(t_C<t_s<t_E) \quad (4.10)$$

然而，案例实际发生的情形是：

$$P(E=1/C=1 \wedge s=1) < P(E=1/C=0 \wedge s=1)(t_C<t_s<t_E) \quad (4.11)$$

很显然，依据格林的方案来处理相互作用情形推出，与该案例中实际发生的情形相矛盾的结论。

鉴于上述矛盾情形的出现，据推测，格林方案的支持者很有可能会提出这样一种辩护：在处理相互作用情形的时候，可以对集合 S∗ 的要求做些修正，可依据处理的需要，固定 s 在某一赋值上保持不变，即 s=0 或 s=1，而不是仅仅限制 s 在其实际赋值上保持不变。s=1 的情形已经通过考察不能成立，在这里，可以考察 s=0 的情形，可得：

$$P(E=1/C=1 \wedge s=0) > P(E=1/C=0 \wedge s=0)(t_C<t_s<t_E) \quad (4.12)$$

尽管该式形式上来看似乎可以成立，但是，如果按照这个不等式对上述案例进行刻画，相当于汤姆事实上只喝下毒酸，特设性地假定喝下毒碱的情形没有发生，即相当于 $P(E=1/C=1) > P(E=1/C=0)$。很显然，上述不等式并没有对案例的实际情形给出恰当的分析。实际上，这种辩护方案所分析的是另外一种可能的案例情形。

上文详细论证了格林的方案难以处理"Token-NPRC"问题的相互作用情形。现在，下文将进一步考察，他的方案能否恰当处理充分原因和必要原因引起的问题情形？首先，考察充分原因引起的问题情形。按照格林的一般方案的相关界定，集合 S∗ 不能包括充分原因因素。也就是说，格林的方案没有涉及对充分原因引起的问题情形的处理。然而，他的方案的支持者主张对集合 S∗ 作些修正，可以包括充分原因因素，这很可能面临这样两方面的问题。一方面，如果集合 S∗ 包括的元素是结果的充分原因，且固定其实际赋值为 1 时，那么考察的原因发生与否并不会影响结果发生的概率，因为如果充分原因发生，则其结果发生的概率为 1。因此，不管考察的原因（C）发生与否，都不会影响结果（E）发生的概率大小。另一方面是，如果集合 S* 包括的元素是结果的充分原因，且固定其赋值为 0 时，似乎可以得到，考察的原因增加其结果的概率。

然而，这种处理方案是特设性地规定充分原因因素没有发生，这实际上是对案例进行的一种可能性分析，违背了从殊型因果层面来讨论"NPRC"问题的基本初衷。

为了进一步支持上述的主张，下文将通过典型案例的分析来展开论证。设想这样一种实际情形发生，迈克一边吸烟（C）一边骑自行车赶去上班，当他来到严重拥堵的十字路口时，汽车鸣笛声不断，空中四处飘浮着汽车排放出的尾气。迈克担心上班迟到，紧张而又焦虑地等待，引起他血压剧增。他骑自行车消耗大量的体力，以及在焦虑等待时，吸入大量的汽车尾气，引起供血不足，这些因素综合起来（s）诱发迈克心脏病发作（E）（迈克的心脏一直以来都不是很健康）。

从该案例情形来看，迈克抽烟可能增加心脏病发作，然而，实际上，体力消耗、焦虑等待和吸入大量尾气等因素综合作用诱发了他的心脏病发作。因此，就该案例的实际发生状态而言，吸烟或不吸烟都不会影响迈克心脏病发作。也就是说，吸烟（C）是心脏病发作（E）的概率原因，然而，吸烟却没有增加心脏病发作的概率，即"Token-NPRC"问题出现。令人遗憾的是，格林的方案并没有探讨概率上的充分原因所引起的问题情形。格林方案的支持者可能会建议，可以依据格林方案的思路来处理，保持 s（综合因素发生作用）的实际赋值不变，则有：

$$P(E=1/C=1 \wedge s=1) > P(E=1/C=0 \wedge s=1) \quad (t_C < t_s < t_E) \quad (4.13)$$

然而，实际情形（诸多因素综合作用充分诱发迈克心脏病发作）是：

$$P(E=1/C=1 \wedge s=1) = P(E=1/C=0 \wedge s=1) = 1 (t_C < t_s < t_E) \quad (4.14)$$

之所以出现这样的情形，是由于 s 对于 E 是充分的，也就是说，s

发生了,足够诱发迈克心脏病发作。因此,在这个实际发生的案例中,无论迈克是否抽烟,都不会影响心脏病发作的概率,因为,一旦 s 发生了,迈克心脏病发作的概率为 1,即 $P(E/s)=1$。

然而,格林方案的支持者可能给出这样的建议,设定 s 赋值为 0,并固定该值不变,则有:

$$P(E=1/C=1 \wedge s=0)>P(E=1/C=0 \wedge s=0)(t_C<t_s<t_E) \quad (4.15)$$

上述的不等式似乎可以成立。然而,这种分析明显是特设性地规定那些综合因素没有发生,或者说,特设性地规定充分原因没有发生,这是对实际案例的可能性分析。在实际案例情形中,遇到充分原因的情形,假设对这种充分原因事件赋值为 0(s=0),即确保该事件不发生。这是通过特定性的设置来消解充分原因产生的问题,然而,这种特设性假定很可能带来另外一个问题,即超越我们最初的讨论立场,我们是从殊型层面来讨论因果问题,其所考察的事件和案例都是实际发生的。如果对所有的充分原因事件赋值为 0,而不管它们发生与否,这是对案例的一种可能性分析,而不是对它们的实际发生状态的分析。因此,这种特设性假定违背了从殊型因果层面来讨论"NPRC"问题的初衷。

综上所述,格林的方案及其支持者对充分原因引起的问题情形并没有给出恰当的处理和解释。现在,下文将进一步考察,必要原因所引起的问题情形该如何处理?我们可以设想这样一种实际发生的情形:由于电线老化出现短路(C),引起火灾(E),发生火灾的地方有足够氧气(s)。我们知道,有足够的氧气(s)是火灾(E)发生的必要原因。如果必要原因(s)发生,其实际赋值为 1(s=1),则下面不等式可以成立:

$$P(E=1/C=1 \wedge s=1)>P(E=1/C=0 \wedge s=1) \quad (4.16)$$

如果必要原因(s)没有发生,其实际赋值为 0(s=0,即发生火灾地方没有足够氧气),那么火灾实际上并不会发生,即:

$$P(E=1/C=1 \wedge s=0)=P(E=1/C=0 \wedge s=0)=0 \quad (4.17)$$

因此，在殊型因果层面上，格林的一般方案并不会遭遇必要原因所引起的"NPRC"问题。

三 新方案的基本形式

格林方案中的集合 S* 对于解决"Token-NPRC"问题发挥重要作用，下文将通过引入时间因素对集合 S* 中的变量元素进行限制，使得他的方案在一定程度上能够处理"Token-NPRC"问题的负作用情形、居间变量作用情形和共因作用情形。然而，最大的问题是对"Token-NPRC"问题的相互作用情形和充分原因所引起的问题情形难以给出恰当的处理和解释。鉴于此，下文将在格林方案的基础上，探讨和建构出一种新的修正方案，它既能适当继承格林方案的优势，又能克服它的局限性，并能为诸多问题情形提供一种较为恰当的处理和解释。为了更清晰地展现对格林方案的修正策略，下文通过对一些典型案例的深入分析和探讨，来进一步揭示他的方案中有待澄清和改进的地方，并提出一些有待改进的新见解和新思路。

下文将通过考察桥垮塌案例来探讨上述问题。贝利和苏西正在考虑是否跨越腐坏的桥，贝利的策略是，他观察苏西作出什么选择：如果苏西决定不过桥，那么贝利过桥（BX）；如果苏西决定过桥（SX），那么贝利将抛硬币来作决定。只有当硬币人头朝上，贝利才决定过桥。现在，假设艾米也加入这种情形当中，她采取的策略与贝利完全一样：如果苏西决定不过桥，那么艾米过桥（AX）；如果苏西决定过桥，那么艾米将抛硬币来作决定。只有当硬币人头朝上，艾米才决定过桥。事实是，苏西决定过桥。贝利抛硬币来作决定，结果显示人头朝上，贝利过桥。艾尔也是抛硬币来作决定，结果显示人头朝下，艾米决定不过桥。当苏西和贝利一起跨越这座腐坏的桥时，桥垮塌了。可以通过有向结构图对该案例进行描述（见图4-10）：

第四章 "Token-NPRC" 问题解决的一种新修正方案

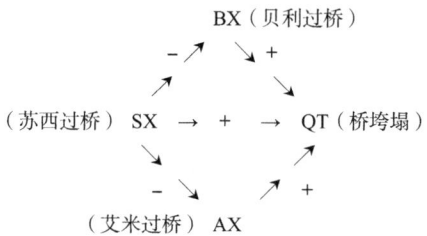

图 4-10 桥垮塌案例有向结构图（二）（SX=1；BX=1；AX=0；QT=1）

从上述的结构图可以看到，从苏西过桥到桥垮塌有三条有向路径：

1. SX→￣BX→+QT（非直接有向路径）；
2. SX→+QT（直接有向路径）；
3. SX→￣AX→+QT（非直接有向路径）。

依据格林给出的一般方案，BX 和 AX 满足作为集合 S * 的元素的要求，可将贝利过桥和艾米没有过桥固定它们的实际赋值不变，则相应的概率不等式成立：

$$P(QT=1 | SX=1. BX=1. AX=0) > P(QT=1 | SX=0. BX=1. AX=0)$$
(4.18)

($t_{SX} < di < t_{QT}$) （di 表示 BX=1. AX=0）

我们继续设想这样一种实际情形发生，贝利和艾米抛硬币来作决定，结果人头都朝上，他们俩都过桥，最终桥垮塌了。则相应的概率不等式成立：

$$P(QT=1 | SX=1 \wedge AX=1 \wedge BX=1) > P(QT=1 | SX=0 \wedge AX=1 \wedge BX=1)$$
(4.19)

($t_{SX} < di < t_{QT}$) （di 表示 AX=1. BX=1）

我们还可以设想这样一种实际情形发生，贝利和艾米抛硬币来作决定，结果人头都朝下，他们俩都不过桥，最终桥垮塌了。则相应的概率不等式成立：

· 121 ·

$$P(QT=1 | SX=1 \wedge AX=0 \wedge BX=0) > P(QT=1 | SX=0 \wedge AX=0 \wedge BX=0) \quad (4.20)$$

$(t_{SX}<di<t_{QT})$ （di 表示 AX=0, BX=0）

我们还可以继续设想这样一种实际情形发生，迈克是苏西的好友，如果苏西决定过桥，那么迈克也决定过桥，反之亦然。事实上，苏西决定过桥，迈克也过桥；贝利抛硬币来作决定，结果显示人头朝上，贝利过桥；艾尔也是抛硬币来作决定，结果显示人头朝下，艾米决定不过桥，最终桥垮塌了。该案例较为复杂，为了更直观地把握该案例的结构特征，可以通过有向结构图对该案例进行描述（见图4-11）：

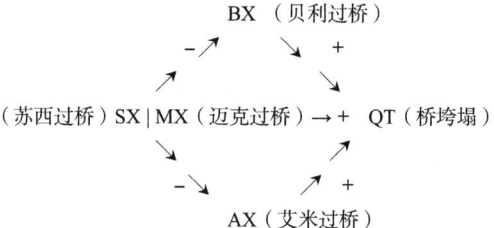

图 4-11 桥垮塌案例有向结构图（三）（SX=1；BX=1；MX=1；AX=0；QT=1）

从案例的结构可以看到，它有四条路径：

1. SX→⌐BX→+QT（非直接有向负路径）；
2. SX→+QT（直接有向路径）；
3. SX→+MX→+QT（非直接有向路径）；
4. SX→⌐AX→+QT（非直接有向路径）。

关于这个案例情形，我们可以先预设格林的方案能够处理，于是，将所有有向路径上的变量固定在实际赋值不变，则得到下面概率不等式可能成立：

$(QT=1 | SX=1 \wedge BX=1 \wedge AX=0 \wedge MX=1) > P(QT=1 | SX=0 \wedge BX=1 \wedge AX=0 \wedge MX=1)(t_{SX}<di<t_{QT})$

（di 表示 BX=1, AX=0, MX=1） (4.21)

第四章 "Token-NPRC"问题解决的一种新修正方案

依据格林给出的一般方案的要求，集合 S* 中的变量事件，必须是传递一种负构成作用的有向路径上的一个变量事件。然而，从 SX 经过 MX 再到 QT 并没有传递负作用，即 SX 对 MX 有正作用，MX 对 QT 有正作用。因此，依据格林方案的要求，MX 不能作为揭示 SX 增加 QT 概率的条件，不需要将 MX 固定其实际赋值不变。格林方案对该案例中的 MX 的这种情形并没有给出相关的讨论或适当的解释。这可能带来这样一些问题：他的方案通过集合 S*，来揭示原因增加结果的概率，那么它是通过直接有向路径（SX→+QT），或者非直接有向路径（SX→+MX→+QT），还是从 SX 到 QT 的所有的正有向路径来揭示原因增加结果的概率？在我们看来，这是一个有待澄清的非常重要的问题。另外，需要指出的是，它还可能会导致这样的问题：如果在实际发生的案例情形中，C 到 E 的链条上还有其他的作用事件（A），将很可能出现该作用事件将原因和结果隔幕开来。如果这种情形发生，那么 C 对于 E 因果作用很可能被消解，这个原因也将不会增加这个结果的概率，即 P（E/C∧A）= P（E/A）。

为了进一步地阐明修正方案的新见解和新思路，下文将对典型的血栓案例进行剖析。杰姆在没有防护措施的情形下发生性行为，事后她及时服用了避孕药，防止了怀孕。然而，一段时间过后，她却患上了血栓。研究表明服用避孕药（B）可能引起血栓（X），相比之下，怀孕（H）引起血栓的可能性更大。该案例的有向结构图参见图 1-1。

从上述案例的有向结构图可以看到，B 到达 X 有两条有向路径：第一条是 B 到达 X 的直接有向路径；第二条是 B 经过怀孕（H）到达 X 的非直接有向路径，在这条路径上，B 对 H 有负作用，H 对 X 有正作用。依据格林方案的要求，将变量（H）固定实际赋值不变，案例中怀孕实际上没有发生，即 H=0。这样我们就可以将 B 沿着非直接有向路径对 X 产生的负作用隔幕开来，只剩下 B 沿着直接路径对 X 产生的正作用，则可以得到如下结果：

$$P(X=1 | B=1 \land H=0) > P(X=1 | B=0 \land H=0) \quad (4.22)$$

现在，在格林方案的基础上进一步展开探讨，对一些相关的概念进行澄清和界定。从图3-2分析可知，第一条直接有向路径，服用避孕药（B）有"构成正作用"概率影响患上血栓（X）的值（0或1）。第二条非直接有向路径，服用避孕药经过怀孕（H）有"构成负作用"概率影响患上血栓（X）的值。同样地，从桥垮塌案例的结构图分析来看，第一条直接有向路径，苏西决定过桥（SX）有"构成正作用"概率影响桥垮塌（QT）的值。第二条非直接有向路径，苏西决定过桥（SX）经过贝利抛硬币决定是否过桥（BX）有"构成负作用"概率影响桥垮塌（QT）的值。需要指出的是，人们通常误以为第一条路径和第二条路径上的"正负作用的合力"才是判断有关事件之间有没有因果关系的关键依据。然而，实质上而言，这两股作用汇合后的"纯作用或合力"并不是判定一个事件是不是另一个事件原因的依据，关键在于一个事件的发生对另一个事件发生是否具有"生发正作用"，即B"生发正作用"X，用$\to^+$来表示。它是强调一个事件对另一个事件生成、产生和引发的正作用。从图3-2可以看到，从原因到结果之间存在多种有向路径，且不同路径上有不同的因果作用。下面，依据构建新修正方案的需要，对这些不同的作用做一个明确的区分和界定。

构成正作用和构成负作用。在同一有向路径上的一个事件对另一个事件呈现正或负作用，即构成正作用或构成负作用。如服用避孕药经过怀孕到患上血栓，在这条有向路径上，服用避孕药对患上血栓构成负作用。在服用避孕药直接到患上血栓的有向路径上，服用避孕药对患上血栓具有构成正作用。苏西决定过桥经过迈克也决定过桥到桥垮塌，这也表明苏西决定过桥对桥垮塌具有构成正作用。

纯负作用和纯正作用。是指不同有向路径上的构成作用之间相互抵消之后的纯负或正作用。如血栓案例中，从服用避孕药到患上血栓的一条直接有向路径上的构成正作用；从服用避孕药经过怀孕再到患上血栓的另一条非直接有向路径上的构成负作用，这两条不同路径上的构成作用之间相互抵消之后得到纯负作用，也正是这种纯负作用导致服用避孕药很可能降低血栓概率的情形出现。

生发正作用是在直接有向路径上一个事件对另一个事件生发正作用。在有向结构图中，判断一个事件是不是另一个事件的原因，并不是取决于在同一有向路径上的一个事件对另一个事件具有构成正或负作用，也不是取决于在不同有向路径上的构成作用之间相互抵消之后的纯作用，而是根本上取决于在直接有向路径上一事件是否对另一个事件有生发正作用，也就是说，生发正作用是判定一个事件对另一个事件是否有因果关系决定性作用。

在本研究所构建的新修正方案中明确主张，生发正作用是判断两个事件是否有因果关系的决定性作用。通过确立这样一种判决性作用，可以明确地回应桥垮塌案例中所涉及的有待澄清的问题，即格林方案力图通过集合 S∗ 作为条件，来揭示原因增加结果的概率，然而，他的方案有待澄清的问题是，通过直接有向路径（SX→+QT），还是非直接有向路径（SX→+MX→+QT），再或者是从 SX 到 QT 的所有正有向路径来揭示原因增加结果的概率？

需要指出的是，文中之所以提出"生发"正作用的概念，主要出于两方面的考虑。第一，从前文关于不同因果理论的讨论中可以看到，不同的理论视角使用不同的概念："作用（希契科克、格林和埃尔斯）"、"能量转移（Fair）"、"标记传递（萨尔蒙）"、"守恒量交换（道尔）"、"影响力（刘易斯）"和"性向（Ehring）"等，这些概念从不同层面上被用来指涉原因与结果之间的关联性，各自都有一定的合理性。在综合考察它们的优势和局限性的基础上，提出"生发"这一新概念，既强调原因对结果产生、生成和引发的正作用，又能适用更多的情形。如就原子衰变案例来说，原子衰变是其自身特有的性质决定的，而不是其他作用或能量影响所导致的，故使用"生成"更恰当。再比如说，量子纠缠中两粒子由自由状态呈现出某一确定状态的相应变化，使用"引发"更为合适些，如服用避孕药可能"引发"血栓。

第二，在这里，强调生发正作用是在直接有向路径上，一个事件对另一个事件的生发正作用，它与纯作用的区别是很明显的。需要注意的是与构成作用的区分和联系，构成作用是指在同一有向路径上的原因事件对结果事件构成的正或负作用。两者的主要区别是：生发正作用仅仅在直接有向路径上出现，而构成作用可以是直接有向路径上也可以是非直接有向路径上。生发正作用是一个事件与另一个事件之间的因果关系的判决性作用，而构成作用是每一条有向路径上都会出现的正或负作用。如从血栓案例可以看到，服用避孕药对于怀孕构成负作用；怀孕对于患上血栓构成正作用；从服用避孕药经过怀孕到患上血栓的这种非直接有向路径中，服用避孕药对于患上血栓构成负作用。就桥垮塌案例也一样，苏西决定过桥对于贝利决定过桥构成负作用，贝利决定过桥对于桥垮塌构成正作用；从苏西决定过桥经过贝利过桥到桥垮塌的这种非直接有向路径中，苏西决定过桥对于桥垮塌构成负作用。但是，在服用避孕药到患上血栓的直接有向路径上的构成正作用，苏西决定过桥到桥垮塌的直接有向路径上的构成正作用，与它们的生发正作用是相似的。差别在于这两种正作用的功能不一样，构成正作用倾向于对整个案例结构进行有向结构图分析，而生发正作用的主要功能是判断两个事件之间是否有因果关系，是否有概率增加关系，或者说，如果一个事件对另一个事件出现生成正作用，那么这一事件增加另一个事件的概率。

上文对有向路径上的不同作用进行了明确区分和界定。现在，下文将对有向结构图中的"有向路径"进行探讨，指出它们具有什么样的结构特征以及如何进行刻画，这是格林很少涉及的问题。由于对"有向路径"缺乏详细的讨论，使得他的方案面对一些复杂的案例情形时，难以给出恰当的处理和解释。上文对桥垮塌的案例稍微进行了一些调整，格林的方案就陷入重重困难。再者，他的方案对于相互作用的情形的处理给出与事实相矛盾的结论。鉴于此，不难发现，如果希望格林的方案能够恰当地回应上述诸多的问题，那么我们有必要对"有向路径"展开探讨，作出更深入的分析和明确的界定，以便使得新修正方案能够更有效地处理复杂的问题情形。

第四章 "Token-NPRC"问题解决的一种新修正方案

为了展开对格林方案的修正，下文将以被调整的桥垮塌的情形为例。设想这样一种实际情形发生，迈克是苏西的好友，如果苏西决定过桥，那么迈克也决定过桥，反之亦然。事实上，苏西决定过桥，迈克也决定过桥。贝利抛硬币来做决定，结果显示人头朝上，贝利过桥。艾尔也是抛硬币来作决定，结果显示人头朝下，艾米决定不过桥。这种情形的有向结构图分析可参见图4-11。

在这里，我们尝试借鉴萨普斯关于"初表原因"的概念，它表示某事件看上去像是另一个事件的原因，是显而易见的原因。尽管很多情形下是真原因，但在一些特殊情形下不一定是真原因。下文将利用"初表因果链条"来描述"有向路径"，这种链条在很多情形下都是对真正的因果链条的一种描述，然而，在一些特殊情形下，它描述的可能是一种虚假因果链条。鉴于此，通过初表因果链条来描述不同情形下的链条较为恰当些。文中之所以提出这样一种新概念来描述"有向路径"还基于以下几方面。

第一，有向路径对于路径两端的事件之间的因果关系断定过强。在相互作用的情形中，会出现虚假因果链条。假设图4-11中，SX与MX发生相互作用之后，对于结果QT没有任何因果影响，在这样的情形下，SX到QT的有向路径（SX→QT）描述的是一种虚假因果链条。在格林的有向结构图的分析中，预设有向路径两端的事件之间有因果关系，即一端事件是另一端事件的正原因或负原因（一端事件防止另一端事件的发生），在一些特殊情形下，格林这种主张过强。我们提出"初表"的因果链条，真正的因果链条一定满足初表因果链条的要求，但是初表因果链条不一定都是真正的因果链条，或者说，它并没有要求初表因果链条上两端的事件必然有因果关系。

第二，有向路径缺乏时间和空间的维度，这也是格林的方案有待改进的地方。下文将会引入"世界线"（world line）的概念，对初表因果链条上的事件进行时间和空间的刻画和界定。初表因果链条的方向依赖因果的方向性来确立，它的时空性可以通过"世界线"来刻画。

接下来，下文将对不同的初表链条进行区分和界定。生发正作用所在的正链条可称为"初表直接因果链条"，一般而言，这种直接链条是原因到结果的直接因果正链条。只有在这样的链条上，原因发生增加结果发生的概率，或者说，只有在这种直接正链条上才能恰当地揭示原因增加结果的概率。从原因到结果传递一种构成负作用的链条可称为"初表负因果链条"。从原因到结果传递一种构成正作用的链条称为"初表正因果链条"。可以通过桥垮塌案例的有向结构图 4-11 来进一步理解上述不同的初表因果链条，使我们对于每一个链条的性质和特征有更直观的认识和理解。

1. SX →⌐BX→+QT（初表负因果链条）；
2. SX→+QT（初表直接因果链条）；
3. SX→+MX→+QT（初表正因果链条）；
4. SX→⌐AX→+ QT（初表负因果链条）。

上文对不同的初表因果链条进行了区分和界定。现在的问题是，我们如何来描述和刻画这些链条本身？受到谢弗的"E-line"的概念和萨尔蒙的"世界线"概念的启发，依据修正方案的需要以及综合一些新的见解，对这些概念进行适当调整，提出一种新概念，即 E-lwl（E-因果链条世界线）。通过对上述案例的分析，来进一步阐明和界定这一新概念。

从图 4-11 可以看到，从 SX 到达 QT 有多个链条，将这些链条共同构成一个集合 L_{C-E}，即 {SX →⌐BX→+QT，SX→+QT，SX→+MX→+QT，SX→⌐AX→+QT}。E-L 表示 L_{C-E} 集合中的一个元素，该集合中的每个元素代表某一具体的初表因果链条，E-L 是指在某一特定时间段 $[t_C, t_E]$ 发生的，包含有差别的事件序列<c，…，e>所构成的某一初表因果链条。

值得注意的是，这种初表因果链条与刘易斯和孟席斯等的主张不同，

第四章 "Token-NPRC" 问题解决的一种新修正方案

它并不预设原因事件到达结果事件的链条上总是存在着居间事件,它可容许仅包括原因与结果事件,如桥垮塌案例中有 SX→+QT,即 <SX, QT>事件序列。与谢弗关于"E-line"的主张不同,作为考察的原因必须包括在初表因果链条内。与萨尔蒙、道尔、费尔和艾琳等不同,初表因果链条并没有被严格要求是连续的过程。不同于刘易斯所主张的那种反事实依赖的事件序列。也不同于谢弗所主张的,一个事件是后继事件的类似逻辑上的前提关系。我们所提出的这种初表因果链条,具有这样一些主要特征,它依赖有向结构图对实际案例情形的分析,它由原因到结果的链条上的有差别的事件序列构成,这种事件序列是由实际发生的事件构成,而不是由一系列可能发生的事件构成。就上述讨论的桥垮塌案例而言,集合 L_{C-E} 只包括四条实际发生的初表因果链条,关于此案例的讨论只能限制在这些已经发生的事件上。如果在这个案例中再加入一个人或第五个初表因果链条,还可以假设更多的情形,那么这样的讨论所涉及的事件或初表因果链条是可能的,并不是上述案例中实际发生的情形。如果桥垮塌案例实际上涉及五个初表因果链条,那么这已经是与上述案例不同的另外一个实际发生的案例情形。

由于考察的是实际发生的两个事件之间的因果关系,是一种在具体时空中发生的殊型因果关系,因而,将对初表因果链条给出相应的时空描述,使其同抽象化的整体化的有向路径区别开来。物理过程因果理论中提出的"世界线"[①] 概念和谢弗的"E-line"概念为刻画初表因果链条的时空性提供可行的描述方式。由此,将这两个概念综合起来刻画初表因果链条的时空性,这样,也就建构出一种新概念,即初表因果链条世界线,通过 E-lwl (E-L world line) 来表示。它表示在某初表因果链

[①] 在物理学中,一个物体的世界线是对象在四维时空的路径,在每个时间瞬间跟踪其在空间的位置的历史;一个对象的世界线(近似为空间中的点,例如,颗粒或观察者)是对应于所述对象的历史时空事件的顺序。"世界线"的概念是从"轨道"或"轨迹"的概念可分辨(如在空间中的轨道或道路地图上的一卡车的轨迹)的时间维度,并且通常包括一个大面积的时空感知其中直线路径重新计算,以显示自己的(相对)更多的绝对位置的状态——揭示了狭义相对论和引力相互作用的性质。世界线的想法起源于物理学,并率先由赫尔曼·闵可夫斯基提出。这个词现在最常用于相对论理论(狭义相对论和广义相对论)。

条上，在特定时间发生的事件都有特定的空间与之相应，即指在特定时空中发生的初表因果链条。

E-lwl 可分为初表正因果链条世界线和初表负因果链条世界线。就血栓案例的情形而言，从服用避孕药经过怀孕到患上血栓，是在特定的时间和空间中传递构成负作用的一个初表负因果链条，可用 E-lwl_f 来表示某一具体的初表负因果链条世界线。将这些初表负因果链条世界线组成一个集合，可用 E-lwl^F 来表示。如在上述桥垮塌案例中，有两个初表负因果链条世界线，可将它们组成一个集合 E-lwl^F，即 {SX →⌐BX →+QT, SX→⌐AX→+QT}。初表正因果链条世界线也可以同样的方式处理。从服用避孕药到直接到患上血栓，是在特定的时间和空间中传递构成正作用的一个初表正因果链条，可用 E-lwl_z 来表示某一具体的初表正因果链条世界线。将这些初表正因果链条世界线组成一个集合，可用 E-lwl^Z 来表示。如在上述桥垮塌案例中，有两个初表正因果链条世界线，可将它们组成一个集合 E-lwl^Z，即 {SX→+QT, SX→+MX→+QT}。

这种"生发正作用"的新概念，能判定一个事件对另一个事件是否有因果关系决定性作用，并将这种决定性作用与其他的作用区别开来。上文还明确界定了初表因果链条的基本特征，并给出了相应的刻画方式。接下来，将通过运用这些新概念，逐步建构出一种新的修正方案，其主体思路大致如下。

一般而言，各种因果概率理论都预设这样一种直观前提，即原因增加其结果的概率，在这样一种直观前提基础上发展出来的诸多因果概率理论，都在不同层面遭遇质疑和反例。因果概率理论的发展面临诸多困境，致使一些学者反思这种理论的直观前提本身是否合理。他们给出了很多典型的反例，即某一事件是另一个事件的原因，然而，这个事件却没有增加另一个事件的概率，即"Token-NPRC"问题。该问题主要包括负作用情形、居间变量作用情形、共因作用情形和相互作用情形，以及充分原因引起的问题情形。上文已详细论证过前面三种问题情形，实质上都是负作用情形不同的演化版本。有鉴于此，为了探讨的简洁性和

第四章 "Token-NPRC"问题解决的一种新修正方案

针对性,将"Token-NPRC"问题主要概括为这样两大类型:一类是负作用情形,另一类是相互作用情形。尽管格林的方案能够勉强处理负作用情形,但很显然难以处理相互作用的问题情形。因而,为了能给因果概率理论的直观前提提供一个恰当的辩护,需要在格林方案的基础上,建构出一种新的修正方案,这种新修正方案能够恰当地回应上述诸多情形所面临的问题和反例。

从殊型因果层面来探讨"NPRC"问题的解决方案,其主体思路是:首先,通过相应的概率形式确定该案例是负相关还相互作用的情形;其次,通过格林的有向结构图对该案例的结构展开分析;最后,根据对该实际案例的判定情形,采用相应的分析方案。

从上文已考察和讨论的案例来看,如血栓案例、桥垮塌案例、药物案例和毒酸案例等,这些案例都很有可能出现,原因发生可能会降低其结果发生的概率:

$$P(E/C)<P(E/\neg C) \tag{4.23}$$

之所以出现这样违背直观的情形,是因为与结果相关联的其他原因事件发生作用所导致的。下文将这种与结果相关联的其他原因事件称为"第三者",可用 Cx 来表示。如在负作用的案例情形中,怀孕(Cx)可以引起患上血栓,与服用避孕药相比,它更大可能地增加患上血栓的概率。然而,服用避孕药却又更大可能地防止怀孕发生。贝利过桥(Cx)引起桥垮塌,与苏西决定过桥相比,它更大可能地增加桥垮塌的概率。然而,苏西决定过桥与贝利过桥呈现负相关。在相互作用的案例情形中,汤姆为了解脱单独喝下毒酸或是毒碱(Cx)都可能引起死亡。然而,在喝下毒碱之前,汤姆已经喝下毒酸,致使这两者发生中和作用,对汤姆没有致命危害。

由此,下文将通过 Cx 来判定考察的实际案例是负作用情形还是相互作用情形。为了更合理地判定实际案例是属于哪种情形,我们可以适当地借鉴萨普斯的"初表原因"概念和赖兴巴赫的"因果相干"概念。在萨普斯看来,如果 $P(C)>0$;$P(E/C)>P(E)$($t_C<t_E$),那么事件 C 是

事件 E 的初表原因。在此基础上进一步界定初表因果相干，如果 $P(E/C)>P(E)$，且不存在这样一种比事件 C 更早或同时发生的集合事件 $\{C^1, C^2, \cdots, C^n\}$，以至于这个集合事件将 C 同 E 隔断开来，那么，可以断定事件 C 初表因果相干于 E。

在某一实际发生的案例情形中，有这样一个第三者事件 Cx 出现，$t_C<t_{Cx}<t_E$，如果 Cx 满足下面两种情形中的其中一种，那么该实际案例便是负作用情形。

(1) $P(E/Cx)>P(E)$　　　　（Cx 初表因果正相干于 E）
(2) $P(Cx/C)<P(Cx)$　　　　（C 初表因果负相干于 Cx）
(3) $P(E/Cx) \geqslant P(E/C)$　　（Cx 对于 E 所具有的初表因果相干性要大于或等于 C 对于 E 所具有的初表因果相干性）

或

(1) $P(E/Cx)<P(E)$　　　　（Cx 初表因果负相干于 E）
(2) $P(Cx/C)>P(Cx)$　　　　（C 初表因果正相干于 Cx）
(3) $P(\neg E/Cx) \geqslant P(E/C)$　（Cx 对于 E 的初表因果负相干性要大于或等于 C 对于 E 所具有的初表因果正相干性）

在某一实际发生的案例情形中，有这样一个第三者事件 Cx 出现，$t_C<t_{Cx}<t_E$，如果 Cx 满足下面的情形，那么这个案例是相互作用情形：

(1) $P(E/C)>P(E)$　　　　　（C 初表因果正相干于 E）
(2) $P(E/Cx)>P(E)$　　　　（Cx 初表因果正相干于 E）
(3) $P(E/C \wedge Cx) \leqslant P(E/C)$　（C 和 Cx 对于 E 的初表因果正相干性要小于或等于 C 对于 E 的初表因果正相干性）

第四章 "Token-NPRC"问题解决的一种新修正方案

上文对于不同的案例情形提供相应的概率识别形式,并给出了与它们相应的有向结构图分析。现在,我们将在格林方案的基础上,综合上述给出的相关界定和见解,逐步对不同的问题情形给出相应的处理方案。

首先,考察"Token-NPRC"问题的负作用情形,并给出相应的修正方案。将 C 到 E 的所有初表负因果链条世界线(E-lwl$_f$)上的"第三者"(Cx)固定在其实际赋值不变,这样,也就将所有 E-lwl$_f$ 上 C 对 E 的构成负作用隔离开来,保持所有初表正因果链条世界线(E-lwl$_z$)上 C 对 E 的构成正作用。在此基础上,通过对案例结构的有向结构图分析,进一步确定 C 到 E 的初表直接因果链条世界线,并揭示该链条世界线上 C 对 E 的生发正作用,即 C→$^+$ E。之所以明确规定在直接链条世界线上来揭示 C 对 E 的生发正作用,上文已有论述,在这里还需要强调的理由是,如果在实际发生的案例情形中,C 到 E 的链条上还有其他的事件(A),将很可能出现该事件将原因和结果隔断开来。如果这种情形发生,那么 C 对于 E 因果作用很可能被消解,这个被考察的原因也将不会增加其结果的概率,即 P(E/C∧A)= P(E/A)。

需要进一步讨论的问题是,如何将所有的 E-lwl$_f$ 上 C 对于 E 的构成负作用隔断开来?其实,解决这一问题关键在于如何确定"第三者"(Cx),并固定其实际赋值不变(固定在案例情形中实际状态不变)。从上述的案例可知,在某一个 E-lwl$_f$ 上存在这样一个变量 Cx(是否怀孕、贝利抛硬币来决定是否过桥),这个变量 Cx 必须满足下面两个条件。

条件一,Cx 应该是原子事件或原子事件的否定,因为,如果 Cx 是原子事件构成的复合事件,或者说是原子事件的析取,很可能会导致变量 Cx 实际赋值与原子事件 Cx$_1$ 实际赋值不一致。我们可以设想这样一种案例情形,假定赋值变量 Cx 是由两个原子事件($C_A \vee C_B$)组成的复合事件,依据案例情形的实际发生的状态,Cx 的实际赋值为 1,Cx = (C_A=1∨C_B=0)=(C_A=1∨C_B=1)=(C_A=0∨C_B=1)=1,这样很可能会导致"第三者"变量 Cx 的实际赋值与其中的事件(C_A 或 C_B)的实

· 133 ·

际赋值不一致。也就是说,"第三者"变量 Cx 确定实际赋值的情形下,原子事件的实际赋值是不确定的,这样,很可能会导致 E-lwl$_f$ 上的构成负作用没有被隔断。为了进一步阐明上述观点,我们将对桥垮塌的案例稍微做些调整。假设复合事件变量 Cx 的实际赋值为 1,Cx 是由贝利决定过桥(BX)和汤姆决定加固桥(TX)构成的复合事件变量。然而,汤姆加固桥与苏西过桥(SX)高度正相关,即 Cx=(BX=1∨TX=1)=(XB=1∨TX=0)=1。实际发生的情形是苏西决定过桥,贝利抛硬币人头朝上也决定过桥,汤姆是否加固桥取决于苏西是否过桥。最终,桥垮塌了。对这样的情形通过概率形式来表达,很可能得到:

$$P(QT=1 | SX=1 \wedge BX=1 \wedge TX=1) < P(QT=1 | SX=0 \wedge BX=1 \wedge TX=0)$$

(4.24)

从该式我们可以看到,Cx 的实际赋值为 1,贝利决定过桥(BX)固定其实际赋值不变,然而苏西过桥与汤姆加固桥正相关。在 Cx 实际赋值不变的情形下,即 Cx=1=(BX=1∨TX=1)=(XB=1∨TX=0),苏西决定过桥反而降低了桥垮塌的概率,问题的关键在于复合事件变量 Cx 可以容许原子事件不一致,复合事件的实际赋值与原子事件的赋值不一致。正是这一问题才导致原因没有增加其结果概率的情形发生,这也是格林的方案没有详细讨论和明确界定的问题。

条件二,在某一个 E-lwl$_f$ 上还有其他可选的事件,如果所选择的事件能够作为"第三者"变量 Cx,那么这个变量 Cx 可以满足下面两种情形中的其中一种情形(关于变量 Cx 的确定问题,可以借鉴上文关于 Cx 的"判定作用"的论述)。

(Ⅰ)C 可能防止 Cx 发生,而相比之下,Cx 发生具有更大或相同的可能引起 E;或者说在某一 E-lwl$_f$ 上,C 对 Cx 具有构成负作用,而相比之下,Cx 对 E 具有更大或相同可能的构成正作用。如在一个实际发生的案例中,可以通过概率不等式来刻画上述情形,在这种具体的情形中,所选择的某事件可以作为变量 Cx,那么它应该满足下面的条件:

(1) $P(E/Cx) > P(E/\neg Cx)$
(2) $P(Cx/C) < P(Cx/\neg C)$
(3) $P(E/Cx) \geqslant P(E/C)$

这种情形可以通过上述的血栓案例来解释。C 表示服用避孕药，Cx 表示怀孕，E 表示患上血栓，依照相应的案例情形，可使得上述条件均可以成立：

(1) P（患上血栓/怀孕）>P（患上血栓/未怀孕）
(2) P（怀孕/服用避孕药）<P（怀孕/未服用避孕药）
(3) P（患上血栓/怀孕）$\geqslant$ P（患上血栓/服用避孕药）

（Ⅱ）C 引起 Cx，而相比之下，Cx 发生具有更大或相同可能地防止 E；或者说在某一 E-lwl$_f$ 上，C 对 Cx 具有构成正作用，而相比之下，Cx 对 E 具有更大或相同可能的构成负作用。如在一个实际发生的案例中，可以通过概率不等式来描述上述情形，在这种实际情形中，所选择的某事件可以作为变量 Cx，那么它应该满足下面的条件：

(1) $P(E/Cx) < P(E/\neg Cx)$
(2) $P(Cx/C) > P(Cx/\neg C)$
(3) $P(\neg E/Cx) \geqslant P(E/C)$

这种情形可以通过上文提及的吸烟案例来解释。C 表示吸烟，Cx 表示锻炼身体，E 表示心脏病，依照相应的案例情形，可使得上述条件均可以成立：

(1) P（心脏病/锻炼身体）<P（心脏病）
(2) P（锻炼身体/吸烟）>P（锻炼身体）（他深知吸烟有害，

因此加强锻炼)

(3) P(心脏病没有发生/锻炼身体) ≥ P(心脏病/吸烟)

综上所述，上文已经给出"第三者"变量 Cx 应该满足的基本条件。在确定满足上述的条件之后，使得这个变量事件 Cx 固定在其实际赋值不变（Cx=1 或 0），也就是说，在某具体案例情形中，保持该事件的实际发生状态不变。这样，从 C 到 E 的某一具体的 E-lwl$_f$ 就自然地被隔断开来。如血栓案例中，从服用避孕药经过怀孕到患上血栓的 E-lwl$_f$ 被隔断开来。然而，从桥垮塌的案例结构可以看到，它具有两个 E-lwl$_f$，一条是从苏西决定过桥经过贝利抛硬币决定过桥到桥垮塌，另一条是苏西决定过桥艾米抛硬币决定过桥到桥垮塌。面临这样多种 E-lwl$_f$ 出现的情形，可以依据上述情形，以同样的方式确定每一个 E-lwl$_f$ 上的变量 Cx，确定后固定 Cx 在实际赋值（Cx=1 或 0）不变。将每一个 E-lwl$_f$ 上的变量 Cx 组合一个集合 D，再将这个集合 D 中每一个元素 Cx 固定在其实际赋值不变，即可用 Ci 来表示 Cx 的实际赋值（Cx=1 或 Cx=0）。最后，将所有变量 Cx 的实际赋值 Ci 组成一个集合 H。由此，可得到关于负作用情形处理的新方案（为了表达的简洁性，在下文统一使用"C"和"⌐C"分别代替"C=1"和"C=0"）：

$$P(E|C \wedge H) > P(E|\neg C \wedge H) \qquad (4.25)$$

从上述关于这种新方案的讨论中可以看到，集合 H 是每一个 E-lwl$_f$ 上的变量 Cx 的实际赋值的集合。然而，却没有考察从 C 到 E 存在多条 E-lwl$_z$ 的情形。就桥垮塌案例来看，有两种 E-lwl$_z$ 情形：一条是苏西决定过桥直接到桥垮塌（SX→+QT），另一条是苏西决定过桥经过迈克也过桥到桥垮塌（SX→+MX→+QT）。这种情形使问题变得更复杂，格林给出的方案并没有对这种情形展开讨论。这种情形并不是实际案例中难得发生的情形，应该说是常见的情形。因此，在我们看来，应该对这种较为复杂的情形给出相应的界定和处理。

鉴于上面的考虑，我们明确主张仅仅通过初表直接因果链条世界线

第四章 "Token-NPRC"问题解决的一种新修正方案

来揭示C对于E所具有的生发正作用。如血栓案例中，从服用避孕药直接到患上血栓（B→⁺X）；如桥垮塌案例中，从苏西决定过桥直接到桥垮塌（SX→⁺QT）。我们主张，通过初表直接因果链条世界线来揭示C增加E的概率，尽管上文有所论述，在这里，将进一步详细地论证上述提出的主张。

第一，受到道尔关于唯一因果路径的启发，从原因到结果的E-lwl$_z$可以是有多条的，然而，从原因到结果直接的E-lwl$_z$是唯一的。基于道尔引起的可能世界的概念，在不同可能世界中，这个链条在不同可能世界保持同一性，这样在同一个链条上事件发生的概率大小比较会更加合理。第二，防止相互作用的情形发生。从上文讨论过的毒酸案例来看，SX（摄取毒酸）与MX（摄取毒碱）发生中和作用，对QT（死亡）没有任何作用。尽管SX增加死亡的概率，但是在这个具体案例中，SX并不QT的原因（关于这个问题在相互作用的情形中将会进行详细讨论）。第三，还有这样一种重要的理由：上文已经讨论过，在实际发生的案例情形中，如果C到E的E-lwl$_z$上还有其他的作用事件（A），将很可能出现该作用事件（A）将原因和结果隔断开来。如果这种情形发生，那么C对于E因果作用很可能被消解，这个原因也将不会增加这个结果的概率，即P(E/C∧A)=P(E/A)。综合上述多种理由，我们主张通过这种直接的E-lwl$_z$来揭示C对于E所具有的生发正作用，换句话说，在这种直接的E-lwl$_z$上，能够更恰当地揭示因果关系与概率增加之间的关联。

下面，我们将通过E-Zwl来表示从C到E的直接的E-lwl$_z$；再将每一个E-lwl$_f$上的变量Cx组合一个集合D，然后将这个集合D中每一个元素Cx固定在其实际赋值不变，即可用Ci来表示Cx的实际赋值（Cx=1或0），最后，将这些Cx的实际赋值Ci组成一个集合H。由此，可以得到一般方案：

$$P_{tE}(E \mid C^{E-Zwl} \wedge H_f^{(E-lwl)_{Ci}}) > P_{tE}(E \mid \neg C^{E-Zwl} \wedge H_f^{(E-lwl)_{Ci}}) \quad (4.26)$$

如果某一具体的"第三者"Cx事件发生晚于t_E，很显然，容易导致虚假因果关系或因果倒置。如果 Cx 所表示的事件发生早于 t_C，也有可能导致虚假因果。接下来，通过上文提及的涨洪水案例来进一步阐明上述的情形和问题。假设某地区涨洪水（Z），对这一涨洪水事件存在两种相互竞争的解释：一种可能是由于下水管道被堵塞（X）而引起的，另一种可能是河流决堤（R）所引起的。经过考察后，实际上，涨洪水是由下水道被堵引起的，河流并没有决堤（⌐R）。下水道被堵引起涨洪水，涨洪水与河流没有决堤呈现负相关，下水道被堵可以直接推理出河流没有决堤，这样的情形，有可能使得下面式子成立：

$$P(\neg R \mid X^{E-Zwl} \wedge Z) > P(\neg R \mid \neg X^{E-Zwl} \wedge Z) \quad (4.27)$$

从案例的实际情形来看，在涨洪水实际赋值（Z）固定不变的情形下，下水道被堵（X）增加河流没有决堤的概率。因此，从（4.27）式可以看到，Cx 在这个案例中是涨洪水，它的实际赋值是 Z 的情形下，下水道被堵（X）增加河流没有决堤（⌐R）的概率比下水道没有被堵（⌐X）的情形要大。也就说，下水道被堵增加河流没有决堤的概率，然而，很显然，下水道被堵并不是河流没有决堤的原因，即 X 是 ⌐R 的虚假原因。鉴于此，需要进一步对"第三者"Cx 实际发生的事件进行限制，即 $t_C < C_i < t_E$。由此，在（4.26）式基础上，还可得到一般方案：C 是在 E-Zwl 上 E 的原因，当且仅当，

$$P_{tE}\left(E \mid C^{E-Zwl} \wedge H_{t_C < C_i < t_E}^{(E-lwl)_f^{C_i}}\right) > P_{tE}\left(E \mid \neg C^{E-Zwl} \wedge H_{t_C < C_i < t_E}^{(E-lwl)_f^{C_i}}\right) \quad (4.28)$$

（4.28）式直观解释是，将每一条 E-lwl$_f$ 上变量事件保持其实际赋值（Ci）不变，C（考察的原因）在 E-Zwl 上发生引起 E 发生的概率要大于在同一个 E-Zwl 上 C 没有发生的概率。

上文对负作用情形给出了一般的处理方案，下文将详细探讨相互作用情形的一般处理方案。考察一个实际发生的案例情形，与负作用情形的处理方案类似。首先，考察"第三者"Cy，如果 Cy 在这个具体的案例中满足下面的情形，那么这个案例将是相互作用情形：

(1) $P(E \mid C \wedge \neg Cy) > P(E \mid \neg C \wedge \neg Cy)$

(2) $P(E/C \wedge Cy) \leq P(E/C)$
(3) $P(E/C \wedge Cy) \leq P(E/\neg C \wedge Cy)$

在确定相互作用情形之后，通过具体的案例来展开讨论。设想有这样一种实际发生的情形：汤姆好赌成性欠下巨额赌债，想结束自己的生命以求解脱，在阳台上喝下一瓶毒酸（S），随后喝下另一瓶毒碱（J）。这两种毒药发生化学作用，毒碱防止了毒酸发挥毒效。一段时间过后，汤姆模糊地意识到自己还活着，然而，他在这种知觉和意识处于模糊状态中，不小心被绊倒，摔下阳台致死（W），该案例情形可以通过有向结构图来描述（见图4-12）：

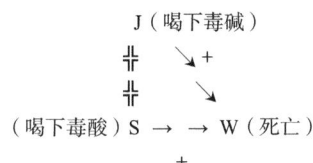

"╬"表示与结果相关联的两个事件之间发生相互作用

图4-12 毒药案例有向结构图

从该案例的结构图可以看到，毒酸和毒碱都能发挥应有的毒效，如果其中一个药物失效（过期、假药），汤姆肯定将会被毒死。喝下毒碱（J）发挥重要作用，它阻止了S对W的生发正作用（S→⁺W），或者说，它将初表直接因果链条世界线中断了，即中断了E-Zwl。正因为如此，才出现了原因发生却降低了结果发生的概率：

$$P(W | S \wedge J) < P(S/\neg S \wedge J) \tag{4.29}$$

从这个案例的实际情形可以断定，喝下毒酸的确会引起汤姆死亡，因此，喝下毒酸确实增加他死亡的概率，即$P(W|S) > P(W)$。然而，喝下毒酸并不是引起汤姆死亡的原因，他的死亡是由于从阳台上摔下来。

为了对相互作用的情形给出一个恰当的处理，通过借鉴负作用情形的处理方案，我们同样主张，在直接的$E-lwl_z$上来揭示，C对于E所具有的生发正作用，只有在这种直接的$E-lwl_z$上，才能更好地揭示，如果

C 是 E 的原因，那么 C 增加 E 的概率。从相互作用的实际案例情形来看，由于"喝下毒碱"事件的加入，使得毒酸与毒碱发生相互作用，使得毒酸的毒性失效，这样才导致喝下毒酸引起死亡的直接 E-lwl$_z$ 被中断。也就是说，导致喝下毒酸对汤姆死亡的生发正作用被防止，这样的情形才导致原因降低结果概率的情形出现。我们需要详细考察将这种直接的 E-lwl$_z$ 断开的中断事件（用 Cy 来表示）。在一个实际发生案例情形中，如果 Cy 能够防止从 C 到 E 的直接 E-lwl$_z$ 上的生发正作用，那么 Cy 应该满足下面的条件：

条件一，Cy 是一个原子事件或原子事件的否定，不能是它们的复合事件，如果是 Cy 是复合事件，那么有可能出现 Cy 的实际赋值与构成它的原子事件的实际赋值不一致，导致出现难以确定情形或虚假因果。关于这种情形的讨论，可以参见上文负相关情形的处理方案。

条件二，在一个实际发生的案例情形中，Cy 的实际赋值满足这样的情形：

(1) $P(E | C^{E-Zwl} \wedge \neg Cy) > P(E | \neg C^{E-Zwl} \wedge \neg Cy)$

(2) $P(E | C \wedge Cy) \leq P(E | C)$

从负作用情形的一般解决方案可知，从 C 到 E 的直接 E-lwl$_z$ 是揭示 C 增加 E 的概率的最佳方式。我们知道，相互作用的情形出现，是因为 Cy 与 C 发生相互作用，将这个从 C 到 E 的直接 E-lwl$_z$ 中断。故此，将 Cy 称为中断事件。由此，可以进一步设想，与 C 发生作用的中断事件 Cy 是可以有多种情形的，有这样一种实际发生的情形，为了寻求解脱和减少痛苦，于是，汤姆喝下毒酸之后，他立刻喝下有毒 A 性碱和有毒 B 性碱。在这里，喝下有毒 A 性碱（Cy1）和有毒 B 性碱（Cy2）组成一个集合 Y，即 {Cy1, Cy2}，再将 Y 中的每一个元素 Cy（Cy∈Y）固定其实际赋值不变，再将每一个 Cy 的实际赋值 Ci 组成一个集合 U。

由此，下文将给出处理相互作用情形的一般方案：

$$P_{t_E}\left(E \mid C^{E-Zwl} \wedge U_{t_C<t_{Ci}<t_E}^{Ci \not\subset E-Zwl}\right) \leqslant P_{t_E}\left(E \mid \neg C^{E-Zwl} \wedge U_{t_C<t_{Ci}<t_E}^{Ci \not\subset E-Zwl}\right) \quad (4.30)$$

这里需要指出的是，中断事件 Ci，不容许包括在 E-Zwl 上，如果它可以是 E-Zwl 上的事件，那么它很可能是由 C 本身引起的。如果这种情形真的出现，那么这个中断事件 Ci 就会出现矛盾的情形，既可以引起 E 发生，也会防止 E 发生。还会产生另一个问题，这个中断事件 Ci 很可能将 C 和 E 隔断，也就说，Ci 很可能取消 C 作为 E 的原因，而它自身成为 E 的原因。因此，我们可以通过 Ci $\not\subset$ E-Zwl 用来表示 Ci 不是 E-Zwl 上的任何事件。

该式的直观解释是，C 到 E 的初表直接因果链条被 Cy 所中断，固定 Cy 的实际赋值不变，在 E-Zwl 上 C 发生引起 E 发生的概率要小于或等于 C 没有发生 E 发生的概率。也就说 C 的发生并没有增加 E 的概率，因此，在某一具体实际案例情形中，C 并不是 E 的原因。

第三节　新方案的合理性辩护

为了给上述方案提供更好的辩护，依据上文给出的新修正方案来处理"Token-NPRC"问题的负作用情形、居间变量作用情形、共因作用情形和相互作用情形，以及由充分原因所引起的问题情形。然后，力图对一些现有方案难以给出合理解释的问题情形进行处理，从而进一步为新修正方案提供更充分的辩护。

一　回应"Token-NPRC"问题的诸多情形

（1）负作用情形。医学研究表明服用避孕药可能引起血栓，但相对而言，怀孕本身引起血栓的可能性更大。现在，假设杰姆发生性行为之后，目前还没有条件抚养孩子。于是她决定通过服用避孕药（B），防止她怀孕（H）。一段时间过后，她没有怀孕却非常罕见地患上了血栓（X），该案例的有向结构图分析参见图 1-1。

从图 1-1 可以看到，B 在 E-Zwl 上，B 初表因果相干于 X，H 发生时间在 B 和 X 之间，即 $t_C<t_H<t_X$，且变量 H 满足这样条件：

(1) $P(E/H)>P(E)$
(2) $P(H/B)<P(H)$
(3) $P(X/H) \geqslant P(X/B)$

且固定 H 的实际赋值不变，B 和 X 的发生状态满足下式：

$$P_{tX}\left(X \mid B^{E-Zwl} \wedge H_{t_B<t_H<t_X}^{(E-1wl)_f^H}\right) > P_{tX}\left(X \mid \neg B^{E-Zwl} \wedge H_{t_B<t_H<t_X}^{(E-1wl)_f^H}\right) \quad (4.31)$$

因此，B 发生引起 X 发生，且 B 发生引起 X 发生的概率比 B 没有发生的情形要大。

(2) 居间变量作用情形。斯基尔姆给出过具有这种结构的案例。大多数城市居民由于担心吸烟和空气污染对他们的肺造成双重的危害。汤姆居住在空气污染严重的城市里，因而，他一直以来尽量抑制抽烟。然而，前几年由于工作的需要，他搬到乡村居住，由于自然环境受到污染较少，空气清新，于是他逐渐放纵自己大胆地吸烟。不幸地，他患上了肺癌。下文将通过有向结构图对该案例结构进行描述，可参见图 4-2。

我们可以看到，居住在空气清新的乡村（V）是患上肺癌（E）的一个负初表原因；V 是抽烟（C）的初表原因，C 在 E-Zwl 上，C 初表因果相干于 E，V 发生的时间在 C 和 E 之间，即 $t_C<t_V<t_E$，且变量 V 满足这样条件：

(1) $P(E/V)<P(E)$
(2) $P(C/V)>P(C)$
(3) $P(\neg E/V) \geqslant P(E/C)$

且固定 V 的实际赋值不变，C 和 E 的发生状态满足下式：

$$P_{tE}\left(E \mid C^{E-Zwl} \wedge V_{t_C<t_V<t_E}^{(E-1wl)_f^V}\right) > P_{tE}\left(E \mid \neg C^{E-Zwl} \wedge V_{t_C<t_V<t_E}^{(E-1wl)_f^V}\right) \quad (4.32)$$

因此，C 发生引起 E 发生，且 C 发生引起 E 发生的概率比 C 没有发生的情形要大。

（3）共因作用情形。假设有这样一种实际案例发生，迈克经常吸烟（C）引起心脏疾病（E），然而，由于迈克身体中具有某种基因特征（W），导致他喜欢吸烟（C），也喜欢锻炼身体（V）。这种基因特征是那样两种欲望（喜欢吸烟和喜欢锻炼身体）的共因。这种共因将能够解释那样两种欲望之间的高度相关，而实际上在它们两者之间并没有一种直接的因果连接。在这种情形中，V 能够与 C 和 E 以这样的方式相关联，W 是 V 和 C 的共同原因；V 是 E 的负初表原因，C 是 E 的初表原因。可以通过有向结构图来描述该案例，可参见图 4-3。

从该案例的有向结构图观察可以看到，居间变量作用情形与共因作用情形实质上是一致的，差别在于共因，在共因（W）的作用下，V 与 C 呈现高度相关。因此，基本上可以将共因作用情形看作居间变量作用情形的演化版本。实质上居间变量作用情形和共因作用情形都是负作用情形的一种演化版本（上文已有论述）。鉴于此，关于这种情形的考察可以参考上述情形的分析。值得注意的是，共因事件 W 发生在考察原因 C 之前，因此不需要考虑，这样，该案例结构就与上述案例结构相一致。从该案例情形可以看到，锻炼身体（V）是患上心脏疾病（E）的一个负初表原因；具有某种基因（W）引起锻炼身体（V）和抽烟（C）；从图 4-3 的分析可以看到，C 在 E-Zwl 上，C 初表因果相干于 E，V 发生时间在 C 和 E 之间，即 $t_C<t_V<t_E$，且变量 V 满足这些条件：

(1) $P(E/V)<P(E)$
(2) $P(C/V)>P(C)$
(3) $P(\neg E/V) \geqslant P(E/C)$

且固定 V 的实际赋值不变，C 和 E 的发生状态满足下式：

$$P_{tE}\left(E \mid C^{E-Zwl} \wedge V_{t_C<t_V<t_E}^{(E-1wl)_f^V}\right) > P_{tE}\left(E \mid \neg C^{E-Zwl} \wedge V_{t_C<t_V<t_E}^{(E-1wl)_f^V}\right) \quad (4.33)$$

因此，C发生引起E发生，且C发生引起E发生的概率比C没有发生的情形要大。

(4) 相互作用情形。设想有这样一种实际情形发生。汤姆好赌成性欠下巨额赌债，想结束自己的生命以求解脱。在阳台上喝下一瓶毒酸（S），随后喝下另一毒碱（J），这两种毒药发生化学中和作用，毒碱阻止了毒酸发挥毒效。一段时间过后，他模糊地意识到自己还活着，然而，他在这种知觉和意识还处于模糊状态中，不小心被绊倒，摔下了阳台致死（W）。可以通过有向结构图来描述该案例，可参见图4-9。

我们可以看到，毒酸和毒碱都发挥了应有的毒效，如果其中一种毒药失效（过期、假药），汤姆肯定会被毒死。喝下毒碱（J）发挥重要作用，它阻止了S对W的生发正作用（S→⁺W），或者说，它将S到W的初表直接因果链条世界线中断了，即中断了E-Zwl。通过相互作用的一般方案来分析毒酸案例，可得到：

$$P_{t_W}\left(W \mid C^{E-Zwl} \wedge J_{t_C<t_J<t_W}^{J \not\subset E-Zwl}\right) \leq P_{t_W}\left(W \mid \neg S^{E-Zwl} \wedge J_{t_C<t_J<t_W}^{J \not\subset E-Zwl}\right) \quad (4.34)$$

不难发现，在S到W的直接E-lwl$_z$上，喝下毒酸（S）引起死亡（W）的概率比没有喝下毒酸（¬S）引起死亡的概率要小，因为如果S和J都发生，则会出现中和反应，不会引起死亡。然而，如果S没有发生，喝下毒碱（J）实际赋值不变，就会增加死亡的概率。故此，在这个实际案例情形中，喝下毒酸并没有增加死亡的概率，因而喝下毒酸并不是死亡的原因。

(5) 充分原因引起的问题情形。设想这样一种实际情形发生，迈克很早就骑自行车出门去上班，一路上慢悠悠地很享受地抽着烟。正常速度他是可以避免上班高峰时段的，然而，他只顾享受抽烟，结果赶上了上班高峰时段，当他来到严重拥堵的十字路口时，汽车鸣笛声不断，空中四处飘浮着汽车排放出的尾气。迈克担心上班迟到，紧张而又焦虑地等待，引起他血压剧增。他骑自行车消耗大量的体力，以及在焦虑等待时，吸入大量的汽车尾气，引起供血不足，这些因素综合起来（V）诱发迈克心脏病发作（E）（迈克的心脏一直以来都不是很健康）。从该案例情形来看，迈克抽烟可能增加心脏病发作概率，然而，实际上是，体力消耗、焦虑等待和吸入大量尾气等因素综合作用诱发了他的心脏病发作。因此，就该案例的实际发生状态而言，吸烟或不吸烟都不会影响迈克心脏病发作。也就是说，抽烟（C）是心脏病发作（E）的概率原因，然而，吸烟却没有增加心脏病发作的概率，即"Token-NPRC"问题出现。

上文已论证格林的方案难以给出合理的解释，接下来，将对这种问题情形进行讨论，力图给出一种恰当的解释。

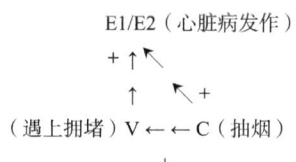

图 4-13 心脏病发作案例有向结构图

从图 4-13 可知，从抽烟到死亡有两条路径，一条是从 C 到 E1 的直接有向路径，另一条是 C 经过 V 再到 E2 的非直接有向路径。依据上文的新方案思路，如果试图揭示 C 对 E1 具有的生发正作用（C→⁺E），那么主要取决于 C 到 E1 的直接有向路径（E-Zwl）。从图 4-13 的分析可知，抽烟引起的心脏病发作（E1）和遇上交通拥堵引起的心脏病发作（E2）并不是同一个事件，因为 E1 和 E2 发生的时间和地点是不同的。因而，抽烟引起心脏病发作的直接有向路径（E-Zwl）被遇上交通严重拥堵（V）所中断。鉴于此，可以利用上文处理相互作用情形的思路来处理这里所面临的问题情形，依据新方案的要求，将 C 到 E 的 E-Zwl 中断的事件，固定其实际赋值不变，则可以得到下式成立（E2 表示拥堵引起心脏病发作）：

$$P_{t_{E2}}\left(E_2 \mid C^{E-Zwl} \wedge V^{V \not\subset E-Zwl}_{t_C < t_V < t_{E2}}\right) \leq P_{t_{E2}}\left(E_2 \mid \neg C^{E-Zwl} \wedge V^{V \not\subset E-Zwl}_{t_C < t_V < t_{E2}}\right)$$

(4.35)

从该式可以看到，C 在 E-Zwl 上发生并没有增加 E2 发生的概率，因而在这个具体案例中，C 并不是 E2 的原因，因为 E2 是由遇上严重的交通拥堵引起的心脏病发作，而不是由于吸烟引起的。

二 概率增加非因果问题

因果概率理论不断遭遇反例和质疑，赫斯洛夫、萨尔蒙、埃金顿和希契科克等都不同程度地指出，它们之所以不断遭遇反例，很大程度上在于这种理论的直观前提（原因总会增加结果的概率）的合理性遭受质疑。学者们纷纷提出非概率增加因果问题（NPRC）的典型案例，如上文提及的血栓案例、桥垮塌案例和药物案例等；也有学者提出非因果概率增加问题的典型案例，如板球案例、癌症案例和原子衰变案例等。概而言之，学者们对这种理论的直观前提的质疑主要集中在以下两方面：一方面，两事件之间有因果关系，然而原因的发生并没有增加其结果发生的概率，这表明概率增加关系对于刻画因果来说并不是必要的；另一方面，两事件之间有概率增加的条件关系，但却没有因果关系，这表明概率增加对于刻画因果来说也并不是充分的，这将导致概率增加刻画因果关系遭遇既非充分又非必要的困境。

上文对因果非概率增加的问题情形（Token-NPRC）给出相应的处理方案。下文将对非因果概率增加的问题情形给出相应的处理方案。首先，以格林给出的板球为例，汤姆和迈克正在打板球，汤姆朝窗户的方向击打球（C），迈克抓住了球，球未击中窗户（B），与此同时，杰姆抛出的石头击中窗户，窗户破碎（E），可用条件概率形式将其表达为：

$$P(E=1\mid C=1)>P(E=1\mid C=0) \qquad (4.36)$$

该式可解释为：汤姆朝窗户击打球引起窗户破碎的概率比击打球没有发生的情形要大，但事实上击打球并不是窗户破碎的原因，问题的关键在于从击打球到窗户破碎的初表直接因果链条世界线被"球未击中窗户（B）"所隔断。因此，这也与相互作用情形的处理类似。现在我们需要考察该案例中事件 B 是否满足相互作用情形的处理方案对中断事件的要求：

(1) $P(E \mid C^{E-Zwl} \wedge \neg B) > P(E \mid \neg C^{E-Zwl} \wedge \neg B)$
(2) $P(E \mid C \wedge B) \leq P(E \mid C)$

从该案例情形来看，很显然，事件 B 满足上述要求。击打球到窗户破碎的直接有向路径 E-Zwl，被事件 B 所中断，固定 B 实际赋值不变，则下式能够成立：

$$P_{t_E}\left(E \mid C^{E-Zwl} \wedge B^{B \not\subset E-Zw}_{t_C<t_B<t_E}\right) \leq P_{t_E}\left(E \mid \neg C^{E-Zwl} \wedge B^{B \not\subset E-Zw}_{t_C<t_B<t_E}\right) \quad (4.37)$$

该式可以解释为：C 到 E 的 E-Zwl 被事件 B 所中断，因而在 E-Zwl 上 C 发生引起 E 发生的概率要小于或等于 C 没有发生的情形，因为该窗户在正常情形下也存在发生破碎的某种概率，由此，可以肯定 C 并没有增加 E 的概率，从而也可断言在这个具体的案例中，C 并不是 E 的原因。

第五章 "Type-NPRC" 问题解决的一种新修正方案

本章主要在卡特赖特方案的基础上，逐步展开和提出一种新的修正方案。首先，考察卡特赖特的 CC 原则，对 CC 原则的限制条件进行分析和批判，并对其存在的问题提出修正方案。其次，详细地考察 CC 原则能够处理关于"Type-NPRC"问题的不同情形，并指出它对于负作用情形和相互作用的情形，以及充分原因和必要原因所引起的问题难以给出恰当的处理。鉴于此，本章力图借鉴奥特关于负作用情形的处理方式，针对 CC 原则自身存在的问题，以及其难以处理的问题情形，逐步提出一种新的修正方案。最后，为了对新修正方案进行辩护，依据 CC ∗∗ 新方案对负作用和相互作用的情形、充分原因和必要原因所引起的问题给出恰当的处理，以及对新方案可能构成危害的主张作出回应。

第一节 考察"Type-NPRC"问题的不同情形

通过对"Type-NPRC"问题的不同情形进行分析，以及对一些典型反例的剖析，最终揭示出导致该问题产生的几种作用情形，主要包括居间变量作用情形、共因作用情形、负作用情形和相互作用情形，以及由充分原因与必要原因所引起的问题情形。文中详细地论证卡特赖特 CC 原则能够处理居间变量作用情形和共因作用情形，而其他的问题情形难以给出恰当的处理。

第五章 "Type-NPRC" 问题解决的一种新修正方案

卡特赖特诉之于卡尔纳普在他的归纳逻辑中所引入的状态描述，她力图通过这个概念来展开关于因果与概率之间的刻画。状态描述是通过语言来刻画关于宇宙可能状态的一种完整描述，它是简单陈述的联合，每一个简单陈述断言某个个体具有某一简单特性，或否定某一个体具有某特性。假设，我们获得一个简单特性的集合，状态描述将指派某一个体具有其中一些特性和没有被指派给该个体的其他特性。状态描述是某一个体能够一致性地具有特性的最大化描述。

卡特赖特利用这种状态描述的观念来分析和描述一致性原因因素的最大化集合。我们需要找到一种方式去刻画 E 所涉及的原因上同质的情形。卡特赖特将与 E 相关的所有其他的原因因素构成一个集合 $\{Ci\}$。这样，要么 Ci 引起 E($Ci \to +E$)，要么 Ci 防止 E($Ci \to \neg E$)。这将可以被表示成 $Ci \to \pm E$。如果我们采取一种可能的安排，那么我们得到一种情形，除了 C 以外的所有其他因素是原因上同质的。状态 Kj 被定义为 $K = \wedge \pm Ci$，$Ci \in \{Ci\}$，在这里 i 的范围是从 1 到 n，这将得到 2^n 个状态描述。每一个状态描述将是原因上同质的。

卡特赖特利用上面关于状态描述的概念给出了关于因果与概率因果一般原则，即 CC 原则：

CC：$C \to E$ 当且仅当，$P(E/C \wedge K_j) > P(E/K_j)$，$K_j = \wedge \pm C_i$，$C_i \in \{Ci\}$，在这里，$\{C_i\}$ 满足下列条件：

(1) $C_i \in \{C_i\} \Rightarrow C_i \to \pm E$；

(2) $C \notin \{C_i\}$；

(3) $\forall D(D \to \pm E \Rightarrow D = C \text{ or } D \in \{C_i\})$；

(4) $C_i \in \{C_i\} \Rightarrow \neg (C \to C_i)$。

为了更进一步理解上述的限制条件，将对它们作出一些简要的解释。条件（1）表明：$\{Ci\}$ 中的元素没有原因上不相关的。如果 x 是 $\{Ci\}$ 中的一个元素，那么它要么是+E 的一个原因，要么是 $\neg E$ 的一个原因。

条件（2）表明：C 并不是 {Ci} 中的一个元素（否则因果概率不等式将总是虚假的）。条件（3）表明：如果任何一个 y 是 E 的一个原因，那么它将要么是 {Ci} 中的一个元素，要么是 C 本身。也就是说，{Ci} 和 C 的联合包括与 E 相关联的所有原因因素。条件（4）表明：为了防止其他事件将 C 同 E 隔断，状态描述不容许包括在 C 和 E 之间的因果链条上的任何一个元素。（在 C 和 E 之间的因果链条上的某个元素 A 将 C 同 E 隔断，当且仅当，$P(E|A \wedge C) = P(E|A)$）。

一　居间变量作用和共因作用情形

卡特赖特认为"Type-NPRC"问题的产生是由于与原因和结果相关联的"第三者"发生作用，导致"Type-NPRC"问题的不同作用情形出现。在我们看来，她的这一观点值得认可和肯定。但遗憾的是，卡特赖特并没有对"Type-NPRC"问题出现的不同情形进行详细分析与探讨。有鉴于此，下文将对 CC 原则能够解决的和难以处理的问题情形展开探讨，以便明确在哪些方面值得肯定和哪些方面有待改进。

第一，考察居间变量作用的情形。如图 5-1，C 代表原因，E 代表结果，V 代表与原因和结果相关的"第三者"，在因果链条上的"+"或"-"表示因果关系是初表原因（引起）或负初表原因（防止）。这种情形可以通过有向结构图来描述（C 是 E 的初表原因；V 是 C 的概率原因；V 是 E 的负初表原因）：

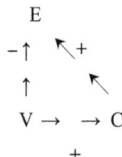

图 5-1　居间变量作用情形有向结构图

这种情形通过图 5-1 能够获得直观的理解。假设，这样一种情形出现，相比较于 C 是 E 的一个初表原因，V 是 E 的一种更加有效用的负原因，即 $P(-E/V) > P(E/C)$，那么，很可能出现 C 降低 E 的概率，

第五章 "Type-NPRC"问题解决的一种新修正方案

即 $P(E/C)<P(E)$。

下文将通过考察斯基尔姆给出的具有这种结构的案例,来进一步阐明上述居间变量作用的情形,以及探讨 CC 原则能否处理这种问题情形。假设城市空气污染很严重,大多数城市居民担心吸烟和空气污染对他们的肺造成双重的危害,于是,城市居民尽量抑制抽烟。然而,住在乡村地区的很多村民,由于自然环境受到污染较少,空气清新,于是他们放纵自己大胆地吸烟。可以通过有向结构图对该案例进行描述(C 表示抽烟;E 表示患上肺癌;V 表示居住在空气清新的乡村),可参见图 4-2。

居住在空气清新的乡村(V)是患上肺癌(E)的一个负初表原因;V 是抽烟(C)的初表原因。在这种特定的情形下,实际上,吸烟降低患上肺癌的概率,因为吸烟与居住在乡村密切关联,而且居住空气清新的乡村防止肺癌发生的概率比抽烟引起肺癌的概率要大,即 $P(\neg E/V) > P(E/C)$。因此,抽烟很可能降低肺癌发生的概率,即"Type-NPRC"问题出现。我们将试图通过 CC 原则来处理这种问题情形,首先考察这个案例是否满足 CC 原则的四个条件:

(1) V(居住在空气清新的乡村)$\in \{C_i\}$,V→$\neg$E(防止患上肺癌),因此,条件(1)被满足;

(2) C(抽烟)$\notin \{C_i\}$,因此条件(2)被满足;

(3) $\forall D(D→±E => D=C \text{ or } D \in \{C_i\})$,条件(1)和条件(2)被满足,因此,条件(3)被满足;

(4) $V \in \{C_i\} => \neg(C→V)$,由于 V→C,而非 C→V,因此,条件(4)被满足。

由此,"Type-NPRC"问题的这种情形,依据 CC 原则能够得到恰当的处理。无论是 V 还是 $\neg$V 都包括在状态描述 K_j 中,这种形式 $P(E/C \wedge K_j) > P(E/\neg C \wedge K_j)$ 都能成立。

第二，考察"Type-NPRC"问题的共因作用情形，在这种情形中，有一个变量W，它是C和V的一个共因，V是E的一个负初表原因。这种情形的案例可以利用上文提及吸烟案例来建构。假设，有这样一种可能的情形。吸烟引起心脏病（E），然而，由于某种基因特征（W）导致喜欢吸烟（C）的人们也喜欢锻炼身体（V），W是那样两种欲望（喜欢吸烟和喜欢锻炼身体）的共因。这种共因能够解释那样两种欲望之间的高度相关，而实际上，它们两者之间并没有一种直接的因果关联。在这种情形中，V能够与C和E以这样的方式相关联，W是V和C的共同原因；V是E的负初表原因，C是E的初表原因。可以通过有向结构图来描述该案例，可参加图4-3。

从图4-3可以看到，锻炼身体（V）是患上心脏疾病（E）的一个负初表原因；具有某种基因（W）引起锻炼身体（V）和抽烟（C）。在这种情形下，很可能出现，吸烟降低患上心脏病的概率，因为某种基因引起吸烟与锻炼身体高度关联，而且锻炼身体防止心脏病发生的概率比吸烟引起心脏病的概率要大，即P(￢E/V)>P(E/C)。因此，出现吸烟很可能降低心脏病发生的概率，即"Type-NPRC"问题出现。接下来，我们将试图通过CC原则来处理这种共因作用的情形。首先，考察该案例的情形是否满足CC原则的四个条件：

(1) V（锻炼身体）$\in \{C_i\}$，V→￢E（防止患上心脏疾病），因此，条件（1）被满足；

(2) C（抽烟）$\notin \{C_i\}$，因此，条件（2）被满足；

(3) $\forall D(D→±E => D=C$ or $D\in \{C_i\})$，条件（1）和条件（2）被满足，因此，条件（3）被满足；

(4) $V\in \{C_i\} => ￢(C→V)$，由于存在W（具有某基因）导致C与V高度相关，并不是C引起V，实质上，这两者并无任何因果关联。因此，条件（4）被满足。

由此,"Type-NPRC"问题的这种情形,依据 CC 原则能够得到恰当的处理。无论是 V 还是 ¬V 都包括在状态描述 Kj 中,这种形式 P(E/C∧Kj)>P(E/¬C∧Kj)都能成立。

二 负作用情形和相互作用情形

本节主要探讨"Type-NPRC"问题的负作用情形。为了对这种问题情形有进一步的理解,通过典型的血栓案例来展开讨论。医学研究表明服用避孕药(C)可能引起血栓(E)。然而,相比较服用避孕药引起血栓,怀孕本身有更大的可能引起血栓,因而未怀上孕(V)更加有效地防止血栓。其实,只要提供的案例满足这样的要求,即原因 C 能够引起结果 E,且 C 引起某种其他的事件 V,V 是 E 的一个更加强有效的负原因,我们也能够建构出其他的具有这种因果结构的案例。这种负作用的具体情形是,服用避孕药(C)是未怀孕(V)的一个初表原因,而未怀孕(V)是患上血栓(E)的一个负初表原因。可以通过有向结构图来描述该案例:

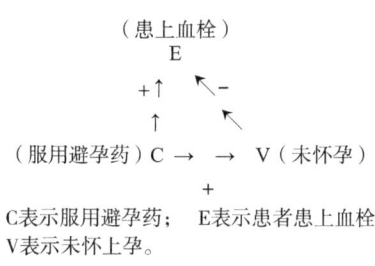

C表示服用避孕药; E表示患者患上血栓;
V表示未怀上孕。

图 5-2 血栓案例有向结构图(一)

从图 5-2 的分析可以看到,服用避孕药(C)有助于患上血栓(E)的发生,即 C→+E;C 引起未怀孕(V),即 C→V;未怀孕(V)又防止血栓发生(E),即 C→¬E。在这种情形下,很可能出现的情形是,服用避孕药降低患上血栓的概率,因为服用避孕药引起患上血栓的负初表原因(V)的发生,且 V 防止患上血栓的概率比服用避孕药引起患上血栓的概率要大,即 P(￢E/V)>P(E/C)。因此,服用避孕药很可能降低患上血栓的概率,即"Type-NPRC"问题出现。下文将依据CC 原则,对这个案例进行分析,考察它们是否满足 CC 原则的四个条件:

(1) V(未怀孕)∈{C_i},V→￢E(防止患上血栓),因此,条件(1)被满足;

(2) C(服用避孕药)∉{C_i},因此,条件(2)被满足;

(3) ∀D(D→±E => D=C or D∈{C_i}),条件(1)和条件(2)被满足,因此,条件(3)被满足;

(4) V∈{C_i} => ￢(C→V),由于 V(未怀孕)∈{C_i},然而,C(服用避孕药)引起 V(未怀孕),即 C→V,因此,条件(4)没有被满足。

由此,"Type-NPRC"问题的这种负作用情形,依据 CC 原则并没有得到恰当的处理。由于 V(未怀孕)∈{C_i},然而,C(服用避孕药)导致 V(未怀孕),即 C→V。依据 CC 原则第四个条件,C 引起的结果不能包括在{C_i}中,卡特赖特之所以做出这种规定,是为了防止某状态描述将 C 同 E 隔断,状态描述 K_j 不容许包括在 C 与 E 之间的因果链条上的任何一个事件。换句话说,在 C 和 E 之间的因果链条上的某个事件 A 有可能将 C 同 E 隔断,也就是事件 A 将有可能取消 C 作为 E 的原因,即 P(E|A∧C)=P(E|A)。如果依据 CC 原则条件(4),那么 V(未怀孕)就不容许被包括在状态描述 K_j 中,则可能出现这样的情形,尽管 C 引起 E,然而,P(E/C∧K_j)>P(E/￢C∧K_j)有可能难以成立,或有可能出现 P(E/C∧K_j)≤P(E/￢C∧K_j)。

仔细观察图 5-2,不难发现,只要将这种负作用情形稍加调整,关于"Type-NPRC"问题的另一种负作用情形就会出现,这两种负作用的情形实质上是一样的,只需要将不同案例中的"V"进行简单调整。为

第五章 "Type-NPRC"问题解决的一种新修正方案

了更进一步理解这样一种负作用情形,下文将通过对上述血栓案例稍微做些调整,来展开探讨。在这种情形中,V 是 E 的一个初表原因,C 是 V 的一个负初表原因,只需要将上述血栓案例中的"V(未怀孕)"替换成"V(怀孕)"。稍作调整后的案例情形是,医学研究表明服用避孕药(C)可能引起血栓(E);然而,相比较服用避孕药引起血栓,怀孕本身(V)有更大的可能引起血栓。这种负作用情形是,服用避孕药(C)是怀孕(V)的一个负初表原因,而怀孕(V)是患上血栓(E)的一个初表原因,可以通过有向结构图来描述该案例:

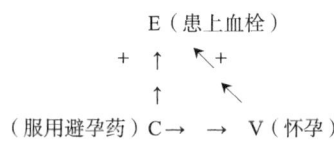

图 5-3　血栓案例有向结构图(二)

从图 5-3 来看,在这种情形中,服用避孕药(C)有助于患上血栓(E)的发生,C 引起 E,服用避孕药(C)防止怀孕,然而,怀孕(V)却又更加可能引起血栓发生(E)。因而,很可能出现服用避孕药降低患上血栓的概率,因为怀孕引起血栓发生的概率比服用避孕药引起患上血栓的概率要大,即 $P(E/V)>P(E/C)$,且服用避孕药很可能防止怀孕(V)发生。因此,服用避孕药很可能降低血栓发生的概率,即"Type-NPRC"问题出现。与处理上一种负作用情形类似,下文将依据 CC 原则,对这个案例进行分析,考察它们是否满足 CC 原则的四个条件:

(1) V(怀孕)∈$\{C_i\}$,V→+E(引起患上血栓),因此,条件(1)被满足;

(2) C(服用避孕药)∉$\{C_i\}$,因此,条件(2)被满足;

(3) ∀D(D→±E => D=C or D∈$\{C_i\}$),条件(1)和条件(2)被满足,因此,条件(3)被满足;

(4) $V \in \{C_i\} => \neg(C \to V)$,由于$\neg V \to \neg E$,$\neg V$(怀孕)$\in \{C_i\}$,然而,C(服用避孕药)很可能引起(怀孕)没有发生($\neg V$),即$C \to \neg V$,因此,条件(4)没有被满足。

由此,"Type-NPRC"问题的这种负作用情形,依据CC原则也没有得到恰当的处理。由于$\neg V \in \{C_i\}$,$\neg V \to \neg E$,且C(服用避孕药)引起怀孕没有发生($\neg V$),即$C \to \neg V$,因此,依据CC原则第四个条件,C所引起的结果不能包括在状态描述K_j中。因为,为防止C和E之间的因果关系被隔断,状态描述中不能包括C到E链条上的任何一个事件。与上一种负作用情形相类似,如果依据CC原则条件(4),那么怀孕没有发生($\neg V$)就不容许纳入状态描述中。这将会导致这样的情形出现:尽管C引起E,然而$P(E/C \wedge K_j) > P(E/\neg C \wedge K_j)$却难以成立,或$P(E/C \wedge K_j) \leq P(E/\neg C \wedge K_j)$。

现在,考察"Type-NPRC"问题的相互作用情形。这是一种有争议的问题情形,不同的学者从不同的视角来处理这个问题。在一些特殊的案例情形中,有原因的否定因子出现,否定因子与考察的原因发生相互作用,将会出现原因并没有增加其结果的概率,或者说,正常情况下,C引起E,然而,否定因子(V)出现,并与C发生相互作用,使得消解或防止了C作为E的原因。卡特赖特为了应对这种否定因子带来的问题,特设性地要求原因(C)的所有否定因子都没有发生。如摄取毒酸而没有摄取毒碱引起死亡;摄取毒碱而没有摄取毒酸引起死亡。在奥特看来,这样一种辩护方案似乎过于牵强,我们非常认可奥特对卡特赖特的这一批判。接下来,我们将通过卡特赖特所使用的案例来讨论这种问题情形。单独摄取毒酸引起死亡;单独摄取毒碱也会引起死亡;而差不多同时摄取毒碱和毒酸,则不会引起死亡。V是E的初表原因;C是E的初表原因;C与V相互作用将会否定C作为E的原因,因此V被称为C的否定因子。可以通过有向结构图来描述该案例(见图5-4):

第五章 "Type-NPRC"问题解决的一种新修正方案

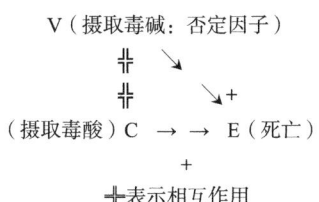

┼表示相互作用

图 5-4 相互作用情形的毒酸案例有向结构图

从上述的案例结构图来看,在这种情形中,单独摄取毒酸(C)引起死亡(E)发生;单独摄取毒碱(V)引起死亡。然而,差不多同时摄取毒碱和毒酸,则不会引起死亡(E)。很显然,在同时摄取两者的情形下,将会出现摄取毒酸降低死亡发生的概率,即"Type-NPRC"问题出现,因为摄取的毒酸和毒碱发生相互作用,导致死亡没有发生,且几乎同时摄取毒酸和毒碱引起死亡的概率肯定要小于单独摄取毒酸引起死亡的概率,即 $P(E/C \wedge V) < P(E/C)$。现在,我们将试图通过 CC 原则对这个案例进行处理,首先,考察它们是否满足 CC 原则的四个条件:

(1) V(摄取毒碱)$\in \{C_i\}$,V→+E(引起死亡),因此,条件(1)被满足;

(2) C(摄取毒酸)$\notin \{C_i\}$,因此,条件(2)被满足;

(3) $\forall D(D\to\pm E => D = C \text{ or } D \in \{C_i\})$,条件(1)和条件(2)被满足,因此,条件(3)被满足;

(4) $V \in \{C_i\} => \neg(C \to V)$,由于 V(摄取毒碱)$\in \{C_i\}$,C(摄取毒酸)并没有引起 V(摄取毒碱),因此,条件(4)被满足。

从上述讨论来看,关于"Type-NPRC"问题的这种相互作用情形,CC 原则的条件(1)—条件(4)都能够被满足,似乎可以通过 CC 原则能够得到恰当的处理。然而,实际上并没这么简单,依据案例情形可知,当 V(摄取毒碱)包括在状态描述 Kj 中,$P(E/C \wedge Kj) > P(E/\neg C \wedge Kj)$

有可能难以成立，换句话说，很可能出现 P(E/C∧Kj)<P(E/￢C∧Kj)，因为 Kj 中包括这样一种状态描述 V（摄取毒碱），它与 C（摄取毒酸）发生中和作用，分解了毒酸引起死亡的毒性，很大可能地降低死亡的概率。然而，在摄取毒酸没有发生（￢C）的情况下，摄取毒碱有更大的可能引起死亡。

三 充分原因和必要原因引起的问题情形

上述对"Type-NPRC"问题的几种情形进行了讨论，本节将主要讨论另外两种问题情形，即由奥特提出的充分原因和必要原因所引起的困难情形。在奥特看来，卡特赖特 CC 原则给出的一些限制性条件，在处理充分原因时很有可能会出现，原因并没有增加其结果的概率，即"Type-NPRC"问题出现。假设 Cj 是 E 的一个概率充分原因，依据 CC 原则的条件（1），Cj∈{C$_i$}=>Cj→+E。然而，当这种充分原因 Cj 包括在状态描述 Kj 中，则很可能出现 P(E/C∧Kj)=P(E/Kj)，因为只要充分原因 Cj 在 Kj 中出现，不管我们考察的原因 C 是否发生，E 发生的概率都为 1，即 P(E/C∧Kj)=P(E/Kj)=1。我们可以通过案例进一步来阐明这种情形。假设有这样一种情形出现，E 表示死亡，C 表示某种癌症，一些状态描述 Kj 中包括与 E 和 C 相关联的状态描述，其中有一个 Cj（表示生理自然死亡）也包括 Kj 中。因此，不管癌症是晚期还是早期，是肺癌还是其他类型的癌症，也不管它们是否发生，生理自然生命枯竭足够充分地引起死亡，因而，出现癌症病发并没有增加死亡的概率，即：

P［死亡/癌症∧Kj（包括自然死亡）］=P［死亡/Kj（包括自然死亡）］=1。

如果我们对这种问题情形进一步深入分析，将会发现 CC 原则更难处理的困难。上述问题产生的原因是，仅仅有一个备选的充分原因包括在状态描述中，导致考察的原因无论发生与否都不能增加结果的概率。现在，我们可以进一步设想有几个其他原因都出现，它们发生相互作用，共同构成一个充分原因或几个充分原因，这样也会产生上述的困难。假设，一些状态描述 Kj 中包括这样两种原因 Cj 和 Ck。它们最初都是概率性的非充分原因，但是，在它们结合在一发生作用，共同构成 E 的一个充分原因，即 P(E/Ck)<P(E/Cj∧Ck)=1 和 P(E/Cj)<P(E/Cj∧Ck)=1。因此，在这样的情形中，一些包括 Cj 和 Ck 的状态描述 Kj，这将使得 CC 原则失效，因为当 Kj 包括两者 Cj 和 Ck，则 P(E/C∧Kj)=P(E/Kj)=1。面临这样复杂的问题，可以通过一种简单的方式来处理，那就是否认任何概率性的充分原因的存在，很显然，这不符合我们的经验直观，大多数人难以接受这样的解决思路。

上文讨论了 CC 原则对充分原因引起的问题情形难以给出恰当的解释，那么，它对于必要原因引起的问题情形能否给出恰当的处理？实际上，同样也面临困难。假设 Cj 是 E 的一个必要原因。从这种情形出发得到，Cj 将包括在一部分状态描述中，⌐Cj 将包括在另外一部分状态描述中，然而，对于那些包括⌐Cj 的状态描述 Kj，很显然，出现 P(E/C∧Kj)=0=P(E/Kj)。这样也将会导致 CC 原则失效。我们可以设想这样的一种情形：E 表示火灾发生，C 表示电线短路，Cj 表示事发地有充足的氧气，Cj 是有助于 E（火灾）发生，⌐Cj（事发地没有氧气）是防止 E 发生，而且 C 也不会引起⌐Cj 发生，即 ⌐(C→⌐Cj)；因此，⌐Cj（事发地没有氧气）可以包括在一些状态描述中，然而，一旦那些状态描述 Kj 包括⌐Cj，很有可能出现这样的情况：

P［火灾/电线短路∧Kj（包括没有氧气）］＝P［火灾/Kj（包括没有氧气）］＝0

第二节 对卡特赖特 CC 原则的适当修正

上文对"Type-NPRC"问题出现的不同情形进行了考察和分析，指出了卡特赖特 CC 原则能够处理居间变量作用和共因作用情形，并详细论证了 CC 原则对于负作用情形、相互作用情形、充分原因和必要原因所引起的问题情形难以给出恰当的处理。鉴于此，下文将在卡特赖特 CC 原则的基础上，针对不同问题情形逐一改进，力图建构出一种新修正方案（CC**）能够合理回应上述诸多问题。在展开对卡特赖特方案进行适当修正之前，我们将考察和讨论奥特对于负作用的情形提出的解决方案，意欲为改进 CC 原则提供一些新见解和新思路。

一 奥特处理负作用及启发

卡特赖特的 CC 原则能够处理大多数情形，关键在于对状态描述的恰当限制。卡特赖特详细地分析和刻画状态描述，并给出了很多限制条件，她力图为"其他原因的同质性"找到一种精确的刻画，使得在这种限定状态描述中揭示，原因增加其结果的概率。

从上文关于"Type-NPRC"问题的负作用情形的讨论可以看到，CC 原则的条件（4）受到质疑最多，因为它不容许 C 所引起的结果（V）包括在状态描述 Kj 中，以及 CC 原则对于负作用情形也没能给出恰当的处理。卡特赖特方案的支持认为，这种负作用情形的血栓案例是难以成立的。因为在这情形中，如果 C 发生，其他的原因事件保持其赋值不变，那么 E 发生的概率被降低，如果 C 没有发生，其他的原因事件保持其赋值不变，那么 E 发生的概率被提高。因而，C 并不是 E 的一个原因，它是 E 的一个负原因，而不是 E 的一个正原因。也就是说，在他们看来，从 C（服用避孕药）经过 V（未怀孕）到 E（血栓）的链条上所传递的是负原因，而不是我们一般直观上所了解的原因。

奥特提出了自己的主张来回应上述的质疑，他提出原因具有双重性质，即一个原因可以引起一个结果的发生，也可以引起同一个结果的不发生，一个原因能成为同一个事件的正原因（引起结果的发生）和负原因（防止结果的发生）。奥特正是试图通过原因具有双重性质的主张来试图消解负作用情形的问题。从负作用情形所讨论的案例来看，在 C

到 E 之间的因果关联上，C（服用避孕药）是 E（患上血栓）的一个正原因，然而，C 也是 E 的一个负原因，因为 C 有助于 V（未怀孕）的发生，未怀孕是患上血栓的一个负原因，即 V 是 E 的一个负原因。从血栓案例的有向结构图可以看到，C 有助于引起 E 发生，也有助于引起 E 不发生。因此，原因的这种双重性质是有可能的，因为 C 引发 E 有两种不同的因果链条，它们又是彼此独立的。这两种链条其中一个链条趋向防止 E 发生，另外一个有助于引起 E 发生。在奥特看来，这有足够的理由使我们相信，C 可以是 E 的一个正原因和负原因。尽管关于概率因果的大多理论不容许这种原因的双重性质，就大多数方案而言，原因必须是一个正原因，或者是一个负原因，它不可以同时两者都是。然而，在负作用的案例情形下，原因的这种双重性质是可能的。

也有学者对这种原因的双重性质提出反对意见。就血栓案例的结构图可以看到，我们可以看到，C（服用避孕药）是 E（患上血栓）的一个直接正原因，但是从 C 经过 V（未怀孕）到 E 的负原因是非直接的。因此，他们指出，奥特断言 C 是 E 的一个正原因和负原因是不恰当的，因为 C 是 E 的一个非直接负原因。在奥特看来，这种反对意见是没有说服力的，因为它假设如果一个原因是非直接的负原因，那么它就不是一个真的负原因。但是我们谈及的大多数原因都是非直接的，作为一个非直接的原因并不会防止它们作为一个正原因或负原因。就血栓案例而言，服用避孕药（C）并不是患上血栓的一个直接正原因，在其中有居间事件，但是这并不意味着服用避孕药不是患上血栓的一个正原因。因此，奥特认为，人们不应该利用居间事件的存在，去质疑他的主张，即某些原因是同一结果的正原因和负原因。这不会与我们关于因果关系的直观理解相冲突。如果采用卡特赖特的"单一"原因的立场，那么很多案例情形中出现的双重原因性质就会被拒斥或无法给出恰当的解释。

尽管卡特赖特提出的方案难以处理"Type-NPRC"问题的负作用情形，奥特提出一些新见解，并力图给出一种能够处理这种情形的建议方案。他将其分析方案限制在由概率原因构成的马尔科夫链条上。与卡特赖特的方案有很大不一样，他将处理的是具体因果链条，而不是类型因果关系。首先，他给出了一个简单原因的定义：

$OT*$：Ct 是 E 的一个简单原因，当且仅当 $P(E/At \land Ct) > P(E/At \land \neg Ct)$

在这里，At 是在 t 时刻出现的所有因素，除了 Ct，它们都是因果上与 E 相关的。

At 包括影响 E 发生的所有相关原因因素，除了 Ct。如果可以接受这样的情形，那么可以对 At 进行界定，通过在 t 时刻或比 t 更早发生的所有原因上相关因素除了 Ct。奥特的这种 $OT*$ 方案是建立在斯基尔姆思路的基础上，他的弱化方案也仅仅是处理实际发生的案例情形，也就是说，在实际发生的情形中满足 $OT*$ 方案的条件，这样才可以判定一个原因是否增加其结果的概率。

奥特在给出了简单原因基础之上，进一步定义 C 引起 E，即 $C \to E$ 如下：

$OT**$：$C \to E$，当且仅当，C 是 E 的一个简单原因，或者，有一个事件 D，以至于 C 是 D 的一个简单原因或 D 是 E 的一个简单原因

$OT**$ 方案是 $OT*$ 方案的一种扩展，其表明 C 能够成为 E 的一个原因，依据 $OT*$ 方案，C 成为 E 的一个简单原因，或者依据 $OT**$ 方案，这里有一些将 C 和 E 连接起来的简单原因的某种链条。

需要注意的是，与卡特赖特的原则 CC 一样，奥特 $OT**$ 方案也不是关于因果关系本身的分析，而是力图去解释在因果关系和概率关系之间的那种关联性能够成立。依据他的 $OT**$ 方案，我们可以看到，如果 Q 是 R 的一个负原因，R 是 S 的一个负原因，那么 Q 是 S 的一个正原

第五章 "Type-NPRC"问题解决的一种新修正方案

因；依据 OT＊方案，Q 是 S 的一个简单原因；如果 Q 是 ¬R 的一个简单原因，¬R 是 S 的一个简单原因，那么依据 OT＊＊方案，Q 是 S 的一个正原因。上述的情形之所以能够成立，奥特给出这样的理由：如果 M 是 R 的一个正原因，R 是 S 的一个负原因，则我们将可以断言，M 是 S 的一个负原因，因为 M 有助于 S 的负原因发生。如果 Q 趋向防止 R 发生，R 趋向防止 S 发生，那么 Q 有助于 S 的发生，即 Q 是 S 的一个正原因，因为 Q 阻碍 S 的负原因发生。

现在，我们将通过下面的案例来进一步阐明奥特的主张，假设杰姆感冒（S），迈克决定去药店买感冒药给杰姆（R）治疗。汤姆希望杰姆的感冒得不到治疗，因此，为了防止迈克去药店购买感冒药给杰姆治疗，他故意放一根刺在迈克的鞋子里（Q）。这种情形如图 5-5 所示，迈克鞋子里的刺（Q）是杰姆得到感冒药治疗（R）的一个负原因，杰姆得到感冒药治疗（R）是杰姆继续感冒（S）的负原因。如果我们责问汤姆为什么要放刺在迈克的鞋子里，他也许会回答，他想让杰姆一直感冒，因此，他通过实施 Q 行为力图去造成 S 发生，这种 Q 行为是 S 发生的一个负原因的负原因。这样，实施 Q 行为，将防止 S 的负原因发生，因此 Q 有助于 S 的发生。

下面通过有向结构图对上述因果情形进行刻画：

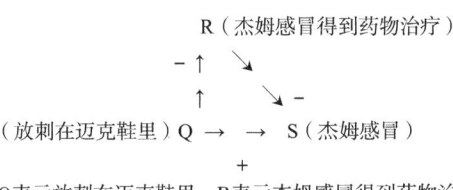

图 5-5 感冒案例有向结构图

我们注意到，OT＊＊方案可以得出这样的结论，即 C→+E 和 C→¬E。在奥特看来，原因的这种双重性质与我们给出的很多案例情形的直观相符合，卡特赖特的 CC 原则由于没有接受原因的这种双重性质的立场，因而没能恰当地处理负作用的情形。尽管我们不认可他的这种原因的双重性质（下文会展开批判），但是他提出关于负作用情形的建议方案，对于类型因果的分析，引入时间性限制因素，以及提出正因果链条和负因果链条来分析案例情形等，都为修正 CC 方案提供了新见解和新思路。

二 卡特赖特 CC 原则的修正

上文已详细地论证了卡特赖特 CC 原则难以处理的负作用和相互作用情形，以及充分原因和必要原因所引起的问题情形。现在，摆在面前的主要问题是如何修正 CC 原则来回应上述诸多问题情形。首先，讨论 CC 原则自身存在的问题。其次，借鉴其他方案的新见解和新思路对 CC 原则逐步展开修正。

CC 原则的条件（1）和条件（2）遭遇批判较少，主要集中在条件（3）和条件（4）。我们对后两个条件进行深入分析，发现令人难以接受的结论，即条件（3）和条件（4）存在明显的矛盾，这种矛盾会导致 CC 原则失效。从条件（3）可以看到，对于任何一个事件 D，如果 D 引起 E（D→+E），或是 D 防止 E（D→⎤E），那么，D 要么是考察的原因 C 本身，要么是属于 $\{C_i\}$（D ∈ $\{C_i\}$）。换句话说，只要能够引起或防止 E 的任何一个事件（D），除了 C，都必须包括在 $\{C_i\}$ 中。这很可能意味着，从 C 到 E 的链条上的一些能够引起或防止 E 的事件都必须包括在 $\{C_i\}$ 中。然而，条件（4）表明，C 所引起的任何一个事件 Ci 不能被包括在 $\{C_i\}$ 中，很显然，与条件（4）存在冲突。就血栓案例来说，服用避孕药（C）引起未怀孕（Ci），按照条件（4）的限制，Ci 是不能包括在 $\{C_i\}$ 中的。然而，按照条件（3）的限制，Ci 必须包括在 $\{C_i\}$ 中，因为未怀孕（Ci）防止患上血栓（E），即 Ci→⎤E。鉴于条件（3）和条件（4）存在明显的不一致，我们尝试对条件（3）进行调整，以消解这两者之间的不一致[①]：

(5) ∀D[(D→±E => (D = C or C→D or D ∈ $\{C_i\}$)]

[①] 参见 Richard Edward Otte, *Probability and Causalty*, The University of Arizona, PH.D., 1982, p.124。

第五章 "Type-NPRC"问题解决的一种新修正方案

经过上述的修改，条件（5）与条件（4）并没有不一致，因为如果一个事件是 C 所引起的结果，又是 E 的原因，那么条件（5）并没有要求它是 {Ci} 的元素，而且这种调整并没有影响其他的相关规定。

关于 CC 原则另外一个值得关注的问题是：一些状态描述可能会出现不一致的情形。如果一个状态描述 Kj 出现不一致的情形，那么将难以确保 P(E/C∧K$_j$)>P(E/K$_j$) 成立。这种不一致情形之所以出现，是 CC 原则的条件（3）和条件（5）的限制导致的，引起 E 或防止 E 的任何事件，除了 C 或 C 的结果，都必须包括在 {Ci} 中。但是，假设 Ci 引起 E(Ci→+E) 和 ¬Ci 防止 E 发生（¬Ci→¬E）。在这样的情形下，Ci 和 ¬Ci 都被要求包括在 {Ci} 中。依据卡特赖特的 CC 原则，通过 {Ci} 中的元素来建构状态描述，然而，我们可以看到，如果 Ci 和 ¬Ci 都是 {Ci} 中的元素，或者 ¬Ci 和 ¬(¬Ci) 都是 {Ci} 中的元素，那么包括这两类情形的状态描述将会出现不一致。以上文提及的血栓案例来说，怀孕（Ci）引起患上血栓（E），即 Ci→+E；服用避孕药导致未怀上孕，而未怀孕（¬Ci）防止患上血栓（E），即 ¬Ci→¬E，在这里，两种不一致的情形都会包括在一些状态描述中，因而难以确保状态描述的同质。

现在的问题是如何避免这种不一致的情形出现。为了避免 Ci 和 ¬Ci 都包括在 {Ci} 中，可以将条件（5）修改为条件（6）：

（6） ∀ D [D→±E => (D=C ∨ C→D ∨ D∈{C$_i$}) ∨ (¬D ∈ {C$_i$} ∧ ¬D→±E)]①

这种调整并没有要求，如果 ¬D 是 {C$_i$} 中的元素，那么 D 不能包括在 {C$_i$} 中的元素。然而，通过条件（6）来替代条件（5）并不能完全解决这个问题。在这里还需要进一步要求，如果 Ci 是 {C$_i$} 中的元素，那么 ¬Ci 不容许是 {C$_i$} 中的元素，因此，还需给出限制条件（7）②：

---

① 参见 Richard Edward Otte, *Probability and Causalty*, The University of Arizona, PH. D., 1982, pp. 124-125。

② 参见 Richard Edward Otte, *Probability and Causalty*, The University of Arizona, PH. D., 1982, pp. 125-126。

(7) $Ci \in \{C_i\} => \neg Ci \notin \{C_i\}$

条件（7）并没有容许 Ci 和 $\neg$Ci 同时成为建构出状态描述的基本元素。经过这样两次的调整基本上能够处理一些简单的不一致的情形。

尽管作出了上述诸多的调整，然而，关于较为复杂的状态描述仍然存在不一致性的问题。假设 Ci 是 E 的一个原因，$\neg$Ci 是 $\neg$E 的一个原因，Ci 是 $\{C_i\}$ 的一个元素。经过上述的调整确保 $\neg$Ci 并不是 $\{C_i\}$ 的一个元素，但是，这些调整并不足以确保状态描述在另外一些复杂的情形下仍然是一致的。从上述的调整可知，如果 $CI \in \{C_i\}$，那么 $\neg$CI 不容许包括在 $\{Ci\}$ 中，然而，假设有这样的情形出现，由 y 个 $Cj(Cj \in \{C_i\})$ 构成某集合 Y，这集合中的元素联合起来发挥的效用相当于 $\neg$CI。因此，当 CI 包括在 $\{Ci\}$ 中，集合 Y 中的元素（联合作用相当于 $\neg$CI）也包括在 $\{Ci\}$ 中，这相当于是，CI 和 $\neg$CI 都包括在 $\{Ci\}$ 中。这样也就会导致状态描述得不一致。假设另外一种情形，由 x 个 Ci 组成的一个集合 CI（这 x 个元素相互作用后，发挥的整体效用相当于 CI），由 y 个 Cj 组成的一个集合 $\neg$CI（这 y 个元素相互作用后，发挥的整体效用相当于 $\neg$CI）。如这两个集合的元素都包括在状态描述中，很可能会导致不一致问题的出现。

为了避免复杂情形的状态描述出现不一致，则需要作出进一步的限制：

(8) $Ci \in \{C_i\}$ 和 $Cj \in \{C_i\}$，$CI = \{Ci_1, Ci_2, \cdots, Ci_x\}$ 和 $\neg CI = \{Cj_1, Cj_2, \cdots, Cj_y\}$，如果 $CI \subset \{Ci\}$，则 $\neg CI \not\subset \{Ci\}$，或如果 $\neg CI \subset \{Ci\}$，则 $CI \not\subset \{Ci\}$

现在，我们将考察条件（4），这一条件面临的问题和受到的质疑是最多的，上文关于"Type-NPRC"问题的几种情形，其中 CC 原则之所以难以处理的负作用情形，是因为条件（4）的限制引起的。卡特赖特意图利用条件（4）去防止 C 到 E 的因果链条上的任何事件将 C 和 E 隔断，也就是说，如果 C 引起 Ci，Ci 引起 E，那么如果将 Ci 包括在状态描述，C 的发生对于增加 E 发生的概率将很有可能不会产生作用，因为 Ci 将 C 和 E 隔断开来。为了避免这个问题，卡特赖特从 {Ci} 中简单地彻底地排除 C 到 E 的因果链条上的任何事件。然而，这种解决方式既不能恰当处理"Type-NPRC"问题的负作用情形，也不能解决隔断的问题。

假设 Ci 是在 C 和 E 之间的因果链条上，依据条件（4），则 Ci 并不是 {Ci} 中的一个元素。进一步假设，$\neg$Ci 是 $\neg$E 的一个原因，那么通过条件（3）、条件（5）和条件（6）可得到 $\neg$Ci $\in$ {Ci}。这很可能导致这样两个方面的问题。第一个问题是，当状态描述包括 $\neg$Ci，由于 $\neg$Ci 晚于 C 发生，那么在这样的情形下，我们可以做出合理的推测，即 $\neg$Ci 将从 C 同 E 隔断。因此，这将会使得 $P(E/C \wedge K_j) > P(E/K_j)$ 难以成立，因为 $P(E/C \wedge K_j) = P(E/K_j)$。第二个问题是，当状态描述并没有包括 $\neg$Ci，在这样的情形下，这个状态描述将包括 Ci。这将会产生两方面的问题，一方面，如果 Ci 是由 C 所引起的，那么依据条件（4），Ci 应该排除在 {Ci} 中，这样，在一些情形下导致 C 降低 E 概率的情形出现，即上文详尽讨论的负作用情形出现。另一方面，这将与上文的条件（6）、条件（7）和条件（8）冲突。也就是说，当一个状态描述并没有包括 $\neg$Ci，在这样的情形下，依据上述三个条件，这个状态描述应该包括 Ci（如果 Ci 并不是 C 所引起的）。然而，Ci 可能将 C 从 E 中隔断，同样可以使得 $P(E/C \wedge K_j) > P(E/K_j)$ 难以成立，因为 $P(E/C \wedge K_j) = P(E/K_j)$。

从上述的讨论中，可以看到，关于从 C 到 E 的因果链条上的居间事件如何处理非常困难。如果对这个问题没有给出恰当的处理，那么对于 CC 原则的改进也将难以取得进展。鉴于此，为了避免上述诸多问题，我们将引入时间性的限制条件来处理上面的问题。CC 原则的建构并没有涉及任何时间的规定和限制，卡特赖特认为，CC 原则并不需要诉求任何时间因素的限制是可取的，她不诉求时间因素的限制并不是期望发展出时间的因果理论（这是赖兴巴赫力图去建构的理论），而是期望可以兼容逆向因果（backwards causation）的可能性。然而，从卡特赖特的方案和新改进的方案面临的诸多困难来看，尽管因果理论的建构不依赖时间限制将会更加完美，但是，有学者指出，卡特赖特方案及其他修正方案缺乏时间性限制将导致很多问题出现。因而，有必要恰当地引入时间性限制因素。

如果我们要求 {Ci} 中的每一个元素都早于 C 发生，将 C 到 E 的因果链条进行单独的处理，那么上述的诸多问题就变得更加容易处理，可以将条件（1）调整为条件（9）：

(9) $C_i \in \{C_i\} => C_i \to \pm E$ 且 $C_{iT} < C_T$

值得注意的是，对 {Ci} 中的元素进行时间限制，这也就排除了对条件（4）和条件（2）的需要。C 不会在 C 自身之前发生，因此，并不需要通过条件（2）将 C 从 {Ci} 中排除。C 的任何结果（Ci 或 ⌐Ci）发生要晚于 C，因此，并不需要通过条件（4）将 C 引起的任何结果从 {Ci} 中排除。增加了时间性的限制条件，就可以放弃条件（2）和条件（4）。但是，为了使条件（6）与新增加的时间限制保持一致，不得不将其修改成条件（10）：

(10) $\forall D [D \to \pm E => (D \in \{C_i\} \text{ or} (\neg D \in \{C_i\} \text{ and} \neg D \to \pm E))]$

综上所述，关于刻画状态描述的限制条件，将由条件（7）、条件（8）、条件（9）、条件（10）和其他的相关条件共同构成。

上文已对在原因（C）之前出现的状态描述进行了修正，增加了时间和其他相关限制。现在面临的问题是，如何处理 C 到 E 链条上的事件可能引起的隔断问题。在这里，将借鉴奥特关于因果链条的分析思路。从上文关于"Type-NPRC"问题情形的分析可以看到，CC 原则难以处理的传递负原因的链条主要有负作用和相互作用的情形，可以通过上文提及的初表因果相干性来初步刻画这样两种情形。

负作用情形一：

(1) $C \to +V_i$　　　　　　　（C 初表因果正相干于 Vi）

(2) $V_i \to \neg E$　　　　　　　（Vi 初表因果负相干于 E）

(3) $P(E/C) < P(E/\neg V_i)$　　（C 对于 E 的初表因果相干性小于 $\neg V_i$ 对 E 的初表因果相关性）

负作用情形二：
(1) $C \rightarrow \neg V_i$　　（C 初表因果正相干于 V_i）
(2) $V_i \rightarrow +E$　　（V_i 初表因果负相干于 E）
(3) $P(E/C) < P(E/V_i)$　　（C 对于 E 的初表因果相干性小于 V_i 对于 E 的初表因果相关性）

相互作用情形：
(1) $C \rightarrow +E$　　（C 初表因果正相干于 E）
(2) $V_i \rightarrow \pm E$　　（V_i 初表因果正或负相干于 E）
(3) $P(E/C \land V_i) < P(E/C)$　　（C 和 V_i 共同发生对于 E 的初表因果相干性要小于 C 对于 E 的初表因果相关性）

为了在 C 到 E 的正因果链条上更恰当地揭示 C 增加 E 的概率，将设法隔断 C 到 E 的更加强有效的负因果链条。一种可操作的方式是，将所有负因果链条上的 V_i 赋值为 $V_i = 0$，即 $\neg V_i$（表示不发生）。这样，便可以实现中断这种强有效的负因果链条。然后，将这些情形中的每一个负因果链条上的 $\neg V_i$ 组成一个集合 $\{\neg V_i\}$，如果将这三种情形中的 V_i 赋值为 $\neg V_i$，那么，暂时不考虑状态描述的情况下，可以相应地揭示 C 增加 E 的概率：

(1) $P(E/C) > P(E/\neg(\neg V_i))$　　（负作用情形一）
(2) $P(E/C) > P(E/\neg V_i)$　　（负作用情形二）
(3) $P(E/C \land \neg V_i) = P(E/C) > P(E/\neg C)$　　（相互作用情形）

关于相互作用的另外一种情形需要考虑，如果与 C 发生相互作用的 Vi 发生在 C 之前，且 Vi→±E，那么 Vi∈{Ci}。进一步设想，{Ci} 中有一个或多个 Vi 与 C 发生相互作用，导致 (E/C. Vi)<P(E/C)。如果这种情形发生，那么有可能使得新修正方案失败，由此，将这些与 C 发生作用的 Vi 组成一个集合 vi，即 {Vi}。

{Vi}⊂{Ci}∧Vi∈{Vi}∧(C→E)∧(Vi→±E)∧P(E/C. vi)<P(E/C)

为了在这种相互作用情形下更恰当地揭示 C 增加 E 的概率，也需要将 {Vi} 中的每一个元素赋值为 0，则可以避免这种问题情形出现。将上式中的 Vi 赋值为 ¬Vi，则可以揭示 C 增加 E 的概率：

(4) P(E/C∧¬Vi) = P(E/C) > P(E/¬C)

综合上述的讨论，我们将给出关于 CC 原则的改进方案，力图更加合理地刻画类型因果关系与概率关系之间的关联性，更合理地揭示在给定的条件下，如果 C 是 E 的正原因，C 增加其结果 E 的概率。

CC**：C→E，当且仅当，P(E/C∧K_j∧¬Vi) > P(E/¬C∧K_j∧¬Vi)，K_j=∧±C_i，C_i∈{Ci}，{Ci} 满足下列条件：

(1) C_i∈{C_i} => C_i→±E∧Ci_T<C_T；
(2) ∀D [D→±E => (D∈{C_i} or (¬D∈{C_i}∧¬D→±E)]；
(3) Ci∈{C_i} => ¬Ci∉{C_i}；
(4) Ci∈{C_i}∧Cj∈{C_i}；CI={Ci_1, Ci_2, …Ci_x}∧¬CI={Cj_1, Cj_2, …Cj_y}；

如果 CI⊂{Ci}，则 ¬CI⊄{Ci}，或如果 ¬CI⊂{Ci}，则 CI⊄{Ci}。

如果 C 到 E 之间存在着更加强有效的负因果链条，那么，需要将

第五章 "Type-NPRC"问题解决的一种新修正方案

这种链条中断。首先，在所有负因果链条上发现 Vi（中断事件），然后，考察 Vi 满足下列其中一种情形

(5) $(C \rightarrow +Vi) \wedge (Vi \rightarrow \neg E) \wedge P(E/C) < P(E/\neg Vi)$ （负作用情形一）

(6) $(C \rightarrow \neg Vi) \wedge (Vi \rightarrow +E) \wedge P(E/C) < P(E/Vi)$ （负作用情形二）

(7) $(C \rightarrow E) \wedge (Vi \rightarrow \pm E) \wedge P(E/C \cdot Vi) < P(E/C)$ or （相互作用情形）

$\{Vi\} \subset \{Ci\} \wedge Vi \in \{Vi\} \wedge (C \rightarrow E) \wedge (Vi \rightarrow \pm E) \wedge P(E/C \cdot Vi) < P(E/C)$

在确定是哪一种具体作用情形之后，将该情形的刻画形式中的 Vi 赋值为 ¬Vi（Vi 不发生），相应地得到：

(8) $P(E/C) > P(E/\neg(\neg Vi))$ （负作用情形一）

(9) $P(E/C) > P(E/\neg Vi)$ （负作用情形二）

(10) $P(E/C \wedge \neg Vi) = P(E/C) > P(E/\neg C)$ （相互作用情形）

最后，为了描述关于 CC 原则的新修正方案。将所有 ¬Vi 组成一个集合 $\{\neg Vi\}$，这样，可以实现隔断 C 到 E 的所有负因果链条，更合理地揭示，$C \rightarrow E$，当且仅当，$P(E/C \wedge Kj \wedge \neg Vi) > P(E/\neg C \wedge Kj \wedge \neg Vi)$。

第三节 新方案的合理性辩护

上文给出了关于 CC 原则的新修正方案（CC**）。现在，摆在我们面前的问题是，这种 CC** 新方案是否合理？与卡特赖特 CC 原则相比较，它的优势和合理性体现在哪些方面？鉴于此，有必要为这种新的

修正方案做进一步的辩护。首先，依据CC**新方案对于卡特赖特方案不能处理的问题情形给出恰当的处理；其次，对奥特提出的充分原因和必要原因所引起的问题情形给出相应的限定，详细论证这两种情形是可以被消解的；最后，对奥特关于负作用情形的处理，以及他提出的原因具有双重性质的观点进行批判性考察。之所以要详细考察这种观点，是因为原因双重性质的这种主张很可能对因果概率理论的直观基础（原因增加结果的概率）构成质疑，因而，有必要对这种观点进行澄清和批判。

一 关于负作用和相互作用情形的处理

卡特赖特的CC原则对"Type-NPRC"问题的居间变量作用和共因作用情形能给出恰当的处理。然而，关于负作用和相互作用的情形却难以恰当地处理。接下来，我们将通过新修正的CC**方案对上述的问题情形给出恰当的处理。

首先，考察"Type-NPRC"问题的负作用情形。这种情形可以通过血栓案例来展开讨论。医学研究表明服用避孕药（C）可能引起血栓（E）。然而，相比较服用避孕药引起血栓，怀孕本身有更大的可能引起血栓。因而，没有怀上孕（V）更加有效地防止血栓。服用避孕药（C）是未怀孕（V）的一个初表原因，而未怀孕（V）是患上血栓（E）的一个负初表原因，这种情形的结构可以通过有向结构图来描述，参见图5-2。

从该案例的结构图来看，在这种情形下，服用避孕药（C）有助于患上血栓（E）的发生，C引起E。然而，C却不能引起怀孕，未怀孕（V）又防止血栓发生（E）。在这种情形下，服用避孕药降低患上血栓的概率，由于服用避孕药引起患上血栓的负初表原因（V）的发生，而且未怀孕防止患上血栓发生的概率比服用避孕药引起血栓的概率要大，即 $P(E/V) > P(E/C)$，因此出现服用避孕药很可能降低血栓发生的概率，即"Type-NPRC"问题出现。上文已指出，CC原则对于这种情形并没有给出恰当的处理，由于 V→¬E，V（未怀孕）∈{C$_i$}，然而，C（服用避孕药）导致 V（未怀孕），即 C→V，依据 CC 原则的条件（4），即 C$_i$ ∈ {C$_i$} =>¬(C→C$_i$)，C 引起的结果不能包括在 {Ci} 里。现在，在 CC∗∗方案中，引入时间的限制，{Ci} 中的每一个元素，都早于 C 发生。因而比 C 晚发生的事件都不可能包括在 {Ci} 里。CC∗∗方案中的条件（1）就明确给出界定，即(1) C$_i$ ∈ {C$_i$} => C$_i$→±E 且 Ci$_T$<C$_T$，因此，CC 原则所面临的问题在 CC∗∗方案中被克服。从 C 到 E 的负因果链条上找到 Vi。然后，考察它是否满足新方案条件（5）：

[C（服用避孕药）→+Vi（未怀孕）]∧[Vi（未怀孕）→¬E（血栓）]∧

P（E（血栓)/C（服用避孕药))<P（E（血栓)/¬Vi（未怀孕));

结合案例分析来看，Vi 满足 CC∗∗新方案的条件（5）。为了将 C 到 E 的更加强有效的负因果链条中断，将条件（5）中的 Vi 赋值为¬Vi。然后，考察它是否相应地满足条件（8）：

P（E（血栓)/C（服用避孕药))>P（E（血栓) /¬¬Vi（未怀孕))

从案例分析来看，不难发现，¬Vi 也满足 CC∗∗方案的条件（8）。因此，C（服用避孕药）→E（血栓）当且仅当，P(E/C∧Kj∧¬Vi)>P(E/¬C∧Kj∧¬Vi)。负作用的另外一种情形也同样可以得到论证。

现在考察 CC 原则难以处理的相互作用情形。在这种情形中，原因具有某种否定因子，这种否定因子与考察的原因发生相互作用，将很可能防止原因增加它的结果的概率。卡特赖特为了解决这种否定因子带来的问题，特设性地要求原因（C）的所有否定因子不发生。很显然，正如奥特所批判的，这样一种解决方案很牵强。接下来，我们通过毒酸案例来展开对相互作用情形的探讨。单独摄取毒酸引起死亡；单独摄取毒碱也会引起死亡；而差不多同时摄取毒碱和毒酸，则不会引起死亡。V（摄取毒碱）是 E（死亡）的初表原因；C（摄取毒酸）与 V（摄取毒碱）相互作用将会否定 C（摄取毒酸）作为 E（死亡）的原因，因此 V 被称 C 的否定因子。可以通过有向结构图来描述这种案例结构，参见图5-4。

从该案例的结构图来看，在这种情形下，摄取的毒酸和毒碱发生相互作用，导致死亡没有发生，几乎同时摄取毒酸和毒碱引起死亡的概率肯定要小于单独摄取毒酸引起死亡的概率，即P(E/C∧V)<P(E/C)，因此摄取毒酸很可能降低死亡发生的概率，即"Type-NPRC"问题出现。

关于"Type-NPRC"问题的这种相互作用情形，CC 原则的条件（1）—条件（4）都能够被满足，似乎可以通过 CC 原则能够得到恰当的处理。然而，依据案例可知，当 V（摄取毒碱）包括在状态描述 K_j 中，$P(E/C∧K_j) > P(E/¬C∧K_j)$ 有可能难以成立。换句话说，有可能出现 $P(E/C∧K_j) < P(E/¬C∧K_j)$，因为在其中一些状态描述 K_j 中包括 V（摄取毒碱），V 与 C（摄取毒酸）发生相互作用，分解了毒酸的毒性，很大可能地降低死亡的概率。然而，在没有摄取毒酸（¬C）的情况下，摄取毒碱有更大的可能引起死亡。因此，CC 原则关于这种情形的处理是失败的。

相互作用的情形将分两种情形进行讨论，与 C 发生相关作用的 Vi，在 C 之前发生和在 C 之后发生的两种情形。首先，考察 Vi 在 C 之后发生，从 C 到 E 的因果链条上找到 C 的否定因子 Vi。然后，考察它是否满足新方案条件（7）中的其中一个分支：

[C（摄取毒酸）→E（死亡）]∧[Vi（摄取毒碱）→+E（死亡）]∧[C（摄取毒酸）.Vi（摄取毒碱）→¬E（死亡）]∧[PE（死亡）/C（摄取毒酸）.Vi（摄取毒碱）]<P[E（死亡）/C（摄取毒酸）]

第五章 "Type-NPRC"问题解决的一种新修正方案

结合案例来看，Vi 满足 CC∗∗ 方案的条件（7）。然后，将 Vi 赋值为 ¬Vi，考察是否相应地满足条件（10）：

P [E（死亡）/C（摄取毒酸）.¬Vi（摄取毒碱）] = P [E（死亡）/C（摄取毒酸）] > P [E（死亡）/¬C（摄取毒酸）]

从案例分析来看，不难发现，¬Vi 也满足 CC∗∗ 方案的条件（10）。因此，

C（服用避孕药）→E（血栓），当且仅当，P (E/C∧Kj∧¬Vi) > P (E/¬C∧Kj∧¬Vi)

现在，将考察相互作用的另一种情形，即 Vi 在 C 之前发生的情形。依据 CC∗∗ 方案的时间性限制，Vi→±E，$t_{Vi} < t_C$，且 Vi ∈ {C_i}。从 {Ci} 发现 C 的否定因子 Vi（或者多个 Vi），然后，考察它是否满足新方案条件（7）的另一个分支：

{Vi（摄取毒碱）} ⊂ {Ci} ∧ Vi(摄取毒碱) ∈ {Vi} ∧ [C(摄取毒酸) →E（死亡）] ∧ [Vi（摄取毒碱）→+E（死亡）] ∧ [C（摄取毒酸）∧Vi（摄取毒碱）→¬E（死亡））] ∧ P[E（死亡）/C（摄取毒酸）.Vi（摄取毒碱）] < P[E（死亡）/C（摄取毒酸）]

结合案例分析来看，否定因子 Vi 满足 CC∗∗ 方案的条件（7）其中一个相应的分支。然后，将 Vi 赋值为 ¬Vi，考察它是否相应地满足条件（10）：

P [E（死亡）/C（摄取毒酸）∧¬Vi（摄取毒碱）] = P [E（死亡）/C（摄取毒酸）] > P [E（死亡）/¬C（摄取毒酸）]

· 175 ·

从案例分析来看，$\neg Vi$ 也满足 CC ** 方案的条件（10）。因此，C（摄取毒酸）→E（死亡），当且仅当，$P(E/C \land K_j \land \neg Vi) > P(E/\neg C \land K_j \land \neg Vi)$。

二 回应概率充分原因和必要原因的问题

奥特指出，卡特赖特 CC 原则中给出的条件，在处理概率充分原因时也会出现，原因并没有增加其结果概率的情形。假设 Cj 是 E 的一个概率充分原因，然而，当这种充分原因 Cj 包括在状态描述 Kj 中，则很有可能出现 $P(E/C \land Kj) = P(E/Kj)$，因为只要充分原因 Cj 在 Kj 中出现，不管我们考察的原因 C 是否发生，E 发生的概率都为 1，即 $P(E/C \land Kj) = P(E/Kj) = 1$。我们将对于这种充分原因引起的"Type-NPRC"问题给出相应的方案，依据 CC ** 新方案，可将充分原因的出现分为四种可能性：在 {Ci} 中和 C 到 E 的链条上没有任何一个事件是充分原因；在 {Ci} 中有充分原因事件；在 C 到 E 的链条上存在充分原因事件；在 {Ci} 中和 C 到 E 的链条上都有充分原因事件：

C→E，当且仅当，$P(E/C \land K_j \land \neg Vi) > P(E/\neg C \land K_j \land \neg Vi)$，或 $\neg \exists_j [P(E/Kj) = 1] \land [P(E/C \land K_j \land \neg Vi) > P(E/\neg C \land K_j \land \neg Vi)]$，或 $\neg \exists_{Vi}[P(E/Vi) = 1] \land [P(E/C \land K_j \land \neg Vi) > P(E/\neg C \land K_j \land \neg Vi)]$，或 $\neg \exists j[P(E/Kj) = 1] \land \neg \exists_{Vi}[P(E/Vi) = 1] \land [P(E/C \land K_j \land \neg Vi) > P(E/\neg C \land K_j \land \neg Vi)]$

接下来，我们将考察必要原因引起的"Type-NPRC"问题。假设 Cj 是 E 的一个必要原因。从这种情形出发得到，Cj 将包括在一部分状态描述中，$\neg Cj$ 将包括在另外一部分状态描述中。然而，对于那些包括 $\neg Cj$ 的状态描述 Kj，很有可能出现 $P(E/C \land Kj) = 0 = P(E/Kj)$，这样就导致"Type-NPRC"问题出现。与上述关于充分原因的情形类似，我们将对于这种必要原因引起的"Type-NPRC"问题给出相应的方案，依据 CC∗∗ 新方案,可将必要原因的出现分为四种可能性:在 {Ci} 中和 C 到 E 的链条上没有任何一个事件是必要原因;在 {Ci} 中有必要原因事件;在 C 到 E 的链条上有必要原因事件;在 {Ci} 中和 C 到 E 的链条上都有必要原因事件:

C→E,当且仅当,$P(E/C \wedge K_j \wedge \neg V_i) > P(E/\neg C \wedge K_j \wedge \neg V_i)$,或 $\neg \exists j [P(E/\neg K_j) = 0] \wedge [P(E/C \wedge K_j \wedge \neg V_i) > P(E/\neg C \wedge K_j \wedge \neg V_i)]$,或 $\neg \exists_{V_i} [P(E/\neg V_i) = 0] \wedge [P(E/C \wedge K_j \wedge \neg V_i) > P(E/\neg C \wedge K_j \wedge \neg V_i)]$,或 $\neg \exists j [P(E/\neg K_j) = 0] \wedge \neg \exists_{V_i} [P(E/\neg V_i) = 0] \wedge [P(E/C \wedge K_j \wedge \neg V_i) > P(E/\neg C \wedge K_j \wedge \neg V_i)]$

三 批判性地考察奥特方案和原因双重性质

根据卡特赖特的理论,在每一种情形中适当地保持"第三者"变量事件不变,真正的原因肯定增加它的结果的概率。然而,诸多学者提出疑问,原因真的总是增加它的真正结果的概率吗?原因难道肯定从来不会降低它真正的结果发生的概率吗?奥特详细地考察了几个案例,给出了否定的答案。就卡特赖特的毒酸案例来说,通常而言,摄取毒酸引起死亡,但是,它并没有总是增加死亡的概率。如果摄取毒碱(毒碱也会引起死亡,因而它必须包括在一种状态描述 Kj 中),然后,摄取毒酸将会降低死亡的概率。由此,依据卡特赖特的方案,我们能否得出结论,酸性毒药的摄取并不是死亡的一个正原因因素。

当然,奥特并不接受上述的结论,受到斯基尔姆的启发。他提出下面的方式来处理这个问题:对这个问题的回应是,人们对一般规律(卡特赖特关注的)不感兴趣,相反,感兴趣的是实际的因果链条。通过处理特殊的因果链条而不是一般规律,我们能够避免必然包括所有相关的原因因素。

如果人们仅仅关注,摄取毒酸在某种特殊情形下是否是死亡的正原因，那么就不需要考察这样两种可能性：毒碱被摄取和毒碱没有被摄取。仅仅考虑在特殊情形下发生的实际状态就可以。如果在这种特殊情形下毒碱实际上并没有被摄取，毒酸的摄取增加死亡的概率，也是死亡的一个正原因；如果在特殊的实际发生的情形下毒碱被摄取，那么毒酸的摄取降低死亡的概率，也是原因上防止死亡发生。奥特关于人们为什么对"类型因果"感兴趣的问题并没有给出详细解释，他只是给出了主观意见：人们实际上更关注实际发生的因果关系。正基于此，他对"Type-NPRC"问题的负作用情形给出了殊型因果层面的解决方案，即通过借鉴斯基尔姆解决思路，引入满足马尔科夫性质的特殊因果链条，提出关于殊型因果层面上的解决方案，而不是属性或类型层面的解决方案。

接下来，将进一步讨论奥特从殊型层面上提出的关于负作用情形的建议方案。他先对"简单因果关系"进行了定义：Ct 是 E 的一个简单原因，当且仅当，$P(E/At \wedge Ct) > P(E/At \wedge \neg Ct)$，At 是所有的与 E 相关联的原因因素的集合，除了 C 或 $\neg$C，它们是实际上在 t 时间发生出现的。就此而言，除了明确涉及时间的标示和考虑保持相关的"第三者"变量不变，基本上与卡特赖特的理论相类似。在他 OT** 方案中，C 作为 E 的一个正原因因素被定义其成立，当且仅当，要么 C 是 E 的一个简单原因，要么这里有个事件 D，这样，C 是 D 的一个简单原因和 D 是 E 的一个简单原因。[1]

奥特主张，这种 OT** 方案能够对负作用情形给出恰当的处理，在 C 到 E 的正链条上 C 是 E 的正原因，在 C 到 E 的负链条上 C 是 E 的负原因。这样，得到奥特主张的结论，即 C→E 和 C→$\neg$E。[2] 这种方案可以通过有向结构图得到清晰的描述，在 C 和 E 之间存在一个因素 D，C 是 D 的正简单原因，D 是 E 的正简单原因，C 是 V 的正简单原因，V 是 E 的负简单原因（如图 5-6 所示）：

---

[1] 参见 Richard Edward Otte, "Probabilistic Causality and Simpson's Paradox", *Philosophy of Science*, Vol. 52, 1985, p. 123。

[2] 参见 Richard Edward Otte, "Probabilistic Causality and Simpson's Paradox", *Philosophy of Science*, Vol. 52, 1985, p. 125。

第五章 "Type-NPRC"问题解决的一种新修正方案

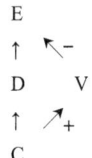

图 5-6　OT∗∗ 方案的有向结构图

首先，从卡特赖特的文献中，可以看到她讨论的主要论题是因果律问题，奥特也指出，卡特赖特的理论是构成因果律的一种理论。然而，从她所建构的 CC 原则来看，似乎更加恰当的说法是，这种理论清楚地阐明关于类型因果层面的因果事实总体。从卡特赖特的理论看来，因果的概率关系包含三个因素：原因 C，结果 E 和 {Ci}（与 C 和 E 相关的其他原因因素）。由于与总体殊型的其他原因因素相关联，或者说其他原因因素的限制。因而，将因果关系和概率关系连接起来的 CC 原则，难以被看作关于因果律的断言，而应该被看作关于受条件限制的类型因果与概率关系之间的关联方案（CC∗∗ 方案）。因为在这种情形下，并不要求这种方案普遍有效，而只需要在相对限制的条件下，这种方案的断言可以为真。

其次，在我们看来，奥特的 OT∗∗ 方案并不是关于类型因果层面上的一种方案，而是对于具体案例进行的一种可能性分析。奥特认为，它的建议方案处理"具体因果链条和非类型因果关系"。他通过借鉴斯基尔姆式的解决思路，来建构 OT∗∗ 方案。然而，值得注意的是，奥特的方案与上文所讨论的殊型因果的概率理论有很大差异，他感兴趣的并不是这样一种殊型因果，即事件 C 的实际发生在某地方在某时间引起事件 E 的实际发生。在我们看来，奥特的解决思路最主要的特征在于它的方法论意义，他的方案是通过一种关于具体案例的可能性分析方法而建构起来的。我们知道，就类型因果层面而言，C 成为 E 的一个原因并不意味着 E 或 C 实际发生，或 C 发生，E 也会发生；就殊型因果层面而言，C 引起 E 意味着 C 和 E 两者实际上发生，即在某具体时间事件具体空间中实际发生。然而，从奥特 OT∗∗ 方案中，无论 C 是不是 E 的一个原因，这与 E 是否实际发生不相关联，从他得到的结论更加清楚

· 179 ·

地看到这一点，一个事件 C 可以是另一个事件 E 发生和没有发生的原因（C→E 和 C→¬E）。因而，他的 OT∗∗ 方案建构起来主要是基于对一个具体案例的各种可能性分析。

最后，在我们看来，奥特的 OT∗∗ 方案之所以太强，是由于它产生非直观的结论。几乎在所有的情形中，如果 C 引起 E，那么 C 也防止 E（或引起-E），这使得因果之间的关联性变得令人困惑。也就是说，如果 C 是 E 的一个简单原因，那么将会有这样一个事件 D，这样 C 是 D 的一个简单原因，D 是¬E 的一个简单原因。接下来，我们将通过案例进一步来阐明他的 OT∗∗ 方案。从上文提及的吸烟案例来看，依据 OT∗∗ 方案，吸烟引起心脏病，吸烟是患上心脏病的一个简单原因，这是可以理解的。吸烟引起肺癌，吸烟是肺癌的一个简单原因，患上肺癌是没有患上心脏疾病的一个简单原因，奥特假定这样一种可能性，在吸烟患上心脏病之前，肺癌已经导致死亡。因此，通过 OT∗∗ 方案，吸烟也防止患上心脏病，显然，这与日常经验相悖。

为了更进一步理解这个方案是如何与直观相悖，下文将考察另外一个案例。假设这样一种情形出现，我们知道，从十层高楼摔下引起一个人死亡；因此，依据 OT∗∗ 方案可知，十楼摔下是某人死亡的简单原因。再设想，某人从十楼摔下过程中，他在第七楼抓住栏杆，爬进窗户和通过楼梯安全到达楼下。假定某人从十楼摔下，相比较于这种假定从十楼摔下没有发生而言，所有一系列情形（抓住七楼栏杆，爬进窗户和安全到达楼下等）发生的概率的确是更高的；这后面一系列情形是没有摔死的一个简单原因。因此，依据奥特 OT∗∗ 方案可得到，某人从十楼摔下也可能没有被摔死。如图 5-7 所示：

    E（摔死）
    ↑ ↖ -
    D V（抓住七楼栏杆等防止摔死）
    ↑ ↗ +
    C（十楼摔下）

图 5-7 OT∗∗ 方案的有向结构图

第五章 "Type-NPRC"问题解决的一种新修正方案

从上述案例的分析可以看到,依据奥特的 OT** 方案来分析这两个案例,得出的结论很显然与我们的日常经验直观严重相违背。

在奥特看来,我们的直觉是,一个原因能够有助于一个事件的发生和有助于同一个事件的不发生。然而,大多数概率因果的方案(像卡特赖特的)并不容许这种可能性;卡特赖特的理论本身也使得我们将最终否认很多原因的双重性质;从上面的关于 OT** 方案的案例分析中,我们也看到,依据她的方案对一些案例情形进行分析得到与经验直观严重相悖的令人困惑的结论。因此,作为"CC 原则"的辩护者,我们很明确地反对这种原因具有双重性质的观点。

结　语

　　因果概率理论的发展困难重重，很大程度上在于该理论的直观前提（原因增加结果的概率）的合理性备受质疑，正是对这一直观前提的质疑引出本研究探讨的"因果关系非概率增加"问题，即"NPRC"问题。本研究力图从殊型因果层面和类型因果层面对"NPRC"问题展开讨论，并提出恰当的解决方案。

　　关于"Token-NPRC"问题的解决方案，以格林解决该问题的方案为基础，引入时间因素对集合 S＊ 中的事件进行限制，使得他的方案在一定程度上能够处理"Token-NPRC"问题的负作用情形、居间变量作用情形和共因作用情形。然而，格林方案最大局限性是对"Token-NPRC"问题的相互作用情形和充分原因所引起的问题情形难以给出恰当的处理和解释。鉴于此，本研究将在格林方案的基础上，探讨和建构出一种新的修正方案，它能够对"Token-NPRC"问题的不同情形提供适当处理，这种新方案主要包括下面两个部分。

　　（1）负作用情形处理方案。我们主张通过 E-Zwl 来揭示因果和概率之间的依赖性，这是前人方案没有注意到的问题。首先通过 E-Zwl 来表示从 C 到 E 的直接的 E-lwl_z；其次将每一个 E-lwl_f 上的变量 Cx 组合一个集合 D；再次将这个集合 D 中每一个元素 Cx 固定在其实际赋值不变，即可用 Ci 来表示 Cx 的实际赋值（Cx＝1 或 0），将这些 Cx 的实际赋值 Ci 组成一个集合 H；最后，进一步对"第三者"Cx 实际发生的时间进行限制，即 $t_C<Ci<t_E$，由此，可以得到一般方案：

结　语

C 是在 E-Zwl 上 E 的原因，当且仅当，

$$P_{tE}\left(E \mid C^{E-Zwl} \wedge H_{t_C<t_{Ci}<t_E}^{(E-lwl)_f^{Ci}}\right) > P_{tE}\left(E \mid \neg C^{E-Zwl} \wedge H_{t_C<t_{Ci}<t_E}^{(E-lwl)_f^{Ci}}\right)$$

该式的直观解释是，将每一条 E-lwl$_f$ 上符合条件的变量事件，保持其实际赋值（Ci）不变，C（考察的原因）在 E-Zwl 上发生引起 E 发生的概率要大于在同一条 E-Zwl 上 C 没有发生时 E 发生的概率。

（2）相互作用情形和充分原因引起的问题情形的处理方案，以及与"Token-NPRC"问题相关的"概率增加非因果关系"问题的处理方案。为了对相互作用的情形给出一个恰当的处理，通过借鉴负作用情形的处理方案，我们同样主张，在直接的 E-lwl$_z$ 上来揭示，C 对于 E 所具有的生发正作用，只有在这种直接的 E-lwl$_z$ 上，才能更好地揭示，如果 C 是 E 的原因，那么 C 增加 E 的概率。从相互作用的实际案例情形来看，由于"喝下毒碱"事件的加入，使得毒酸与毒碱发生相互作用，使得毒酸的毒性失效，这样才导致喝下毒酸引起死亡的直接 E-lwl$_z$ 被中断。也就是说，喝下毒酸对汤姆死亡的生发正作用被阻止，这样的情形才导致原因降低结果概率的情形出现。我们需要详细考察将这种直接的 E-lwl$_z$ 断开的中断事件（用 Cy 来表示）。在一个实际发生案例情形中，如果 Cy 能够防止从 C 到 E 的直接 E-lwl$_z$ 上的生发正作用，那么 Cy 应该满足下面的条件：

条件一，Cy 是一个原子事件或原子事件的否定，不能是它们的复合事件，如果 Cy 是复合事件，那么有可能出现 Cy 的实际赋值与构成它的原子事件的实际赋值不一致，导致出现难以确定情形或虚假因果。关于这种情形的讨论，可以参见上文负相关情形的处理方案。

条件二，在一个实际发生的案例情形中，Cy 的实际赋值满足这样的情形：

(1) $P(E \mid C^{E-Zwl} \wedge \neg Cy) > P(E \mid \neg C^{E-Zwl} \wedge \neg Cy)$

(2) $P(E \mid C \wedge Cy) \leq P(E \mid C)$

从负作用情形的一般解决方案可知,从 C 到 E 的直接 E-lwl$_z$ 是揭示 C 增加 E 的概率的最佳方式。我们知道,相互作用的情形之所以出现,是因为 Cy 与 C 发生相互作用,将这个从 C 到 E 的直接 E-lwl$_z$ 中断。故此,我们将 Cy 称为中断事件。由此,可以进一步设想,与 C 发生作用的中断事件 Cy 是可以有多种情形的,有这样一种实际发生的情形,为了寻求解脱和减少痛苦,于是,汤姆喝下毒酸之后,他立刻喝下有毒 A 性碱和有毒 B 性碱。在这里,喝下有毒 A 性碱(Cy1)和有毒 B 性碱(Cy2)组成一个集合 Y,即 {Cy1, Cy2};将 Y 中的每一个元素 Cy(Cy∈Y)固定其实际赋值不变,再将每一个 Cy 的实际赋值 Ci 组成一个集合 U。由此,本研究将给出处理相互作用情形的一般方案:

$$P_{t_E}\left(E \mid C^{E-Zwl} \wedge U_{t_C<t_{Ci}<t_E}^{Ci \not\subset E-Zwl}\right) \leq P_{t_E}\left(E \mid \neg C^{E-Zwl} \wedge V_{t_C<t_{Ci}<t_E}^{Ci \not\subset E-Zwl}\right)$$

这里需要指出的是,中断事件 Ci,不容许包括在 E-Zwl 上,如果它可以是 E-Zwl 上的事件,那么它很可能是由 C 本身引起的。如果这种情形真的出现,那么这个中断事件 Ci 就会出现矛盾的情形,既可以引起 E 发生,也会防止 E 发生。还会产生另一个问题,这个中断事件 Ci 很可能将 C 和 E 隔断,也就说,Ci 很可能取消 C 作为 E 的原因,而它自身成为 E 的原因。因此,将通过 Ci⊄E-Zwl 表示 Ci 不是 E-Zwl 上的任何事件。

该式的直观解释是,C 到 E 的初表直接因果链条被 Cy 所中断,固定 Cy 的实际赋值不变,在 E-Zwl 上 C 发生引起 E 发生的概率要小于或等于 C 没有发生而 E 发生的概率。也就说 C 发生并没有增加 E 的概率,因此,在某一具体实际案例情形中,C 并不是 E 的原因。

关于"Type-NPRC"问题的解决方案,主要以卡特赖特的 CC 原则为基础,对 CC 原则进行批判性考察和分析后,指出 CC 原则能够处理关于"Type-NPRC"问题的居间变量作用和共因作用情形;然而,对于负作用和相互作用的情形,以及充分原因和必要原因所引起的问题难以给出恰当的处理。新方案中关于 CC 原则的改进方案:

CC^{**}：$C \to E$，当且仅当，$P(E/C \land K_j \land \neg Vi) > P(E/\neg C \land K_j \land \neg Vi)$，$K_j = \land \pm C_i$，$C_i \in \{Ci\}$，$\{Ci\}$ 满足下列条件：

(1) $C_i \in \{C_i\} => C_i \to \pm E \land Ci_T < C_T$

(2) $\forall D [D \to \pm E => (D \in \{C_i\}\ or\ (\neg D \in \{C_i\} \land \neg D \to \pm E)]$

(3) $Ci \in \{C_i\} => \neg Ci \notin \{C_i\}$

(4) $Ci \in \{C_i\} \land Cj \in \{C_i\}$；$CI = \{Ci_1, Ci_2, \cdots Ci_x\} \land \neg CI = \{Cj_1, Cj_2, \cdots Cj_y\}$

如果 $CI \subset \{Ci\}$，则 $\neg CI \not\subset \{Ci\}$，或如果 $\neg CI \subset \{Ci\}$，则 $CI \not\subset \{Ci\}$

如果 C 到 E 之间存在着更加强有效的负因果链条，那么，需要将这种链条中断。首先，在所有负因果链条上发现 Vi（中断事件），然后，考察 Vi 满足下列其中一种情形：

(5) $(C \to +Vi) \land (Vi \to \neg E) \land P(E/C) < P(E/\neg Vi)$　　（负作用情形一）

(6) $(C \to \neg Vi) \land (Vi \to +E) \land P(E/C) < P(E/Vi)$　　（负作用情形二）

(7) $(C \to E) \land (Vi \to \pm E) \land P(E/C.Vi) < P(E/C)$ or　　（相互作用情形）

$\{Vi\} \subset \{Ci\} \land Vi \in \{Vi\} \land (C \to E) \land (Vi \to \pm E) \land P(E/C.Vi) < P(E/C)$

在确定是哪一种具体作用情形之后。将该情形的刻画形式中的 Vi 赋值为 $\neg Vi$（Vi 不发生），相应地得到：

(8) $P(E/C) > P(E/\neg(\neg Vi))$　　　　（负作用情形一）

(9) $P(E/C) > P(E/\neg Vi)$　　　　（负作用情形二）

(10) $P(E/C \wedge \neg V_i) = P(E/C) > P(E/\neg C)$ （相互作用情形）

最后，为了描述关于 CC 原则的新修正方案。将所有 $\neg V_i$ 组成一个集合 $\{\neg V_i\}$，这样，可以实现隔断 C 到 E 的所有负因果链条，更合理地揭示，C→E，当且仅当，$P(E/C \wedge K_j \wedge \neg V_i) > P(E/\neg C \wedge K_j \wedge \neg V_i)$。

关于"Type-NPRC"和"Token-NPRC"问题的两种方案，能够适当地解决"NPRC"问题的诸多情形（居间变量作用、共因作用情形、负作用和相互作用的情形，以及充分原因和必要原因所引起的问题情形）。与其他学者的方案相比而言，它们具有更强的处理和解释能力，也为因果概率理论的直观前提提供了强有力的辩护，为因果概率理论的发展提供了可靠的基础。此外，上述研究结论也进一步澄清我们对概率因果的认识和理解。

本研究所采用的因果概念并不是自然科学意义上的那种严格因果概念，文章讨论的主要是日常的和社会科学的案例，是从一种宽泛的语境上来讨论因果关系的。因此，严格因果观与概率之间的关联有待进一步研究。

本研究的论题如何与休谟提出的因果难题结合起来研究？本研究探讨的问题与休谟提出的因果问题有何深入的关联？这是很难的问题，也是很有意义很有价值的问题，有待深入研究。本研究较少涉及关于概率因果与决定论因果观、干预或操作因果观、过程因果观和条件因果之间的关联性研究。本研究给出的新修正方案能否解决不在场因果和远距因果等情形，有待进一步研究。本研究对于因果关系概率分析的哲学依据的研究相对较少，也有待深入研究。

参考文献

中文著作

陈波:《悖论研究》,北京大学出版社 2014 年版。

陈晓平:《贝叶斯方法与科学合理性——对休谟问题的思考》,人民出版社 2010 年版。

洪谦主编:《逻辑经验主义》(上卷),商务印书馆 1982 年版。

何平:《因果作用和因果网络的统计推断》,北京大学,博士学位论文,2011 年。

江天骥主编:《科学哲学名著选读》,湖北人民出版社 1988 年版。

李小五编:《现代归纳逻辑与概率逻辑》,科学出版社 1992 年版。

张志林:《因果观念与休谟问题》,湖南教育出版社 1998 年版。

中文译著

[德] M. 玻恩:《关于因果和机遇的自然哲学》,侯德彭译,商务印书馆 1964 年版。

[美] D. 玻姆:《现代物理学中的因果性与机遇》,秦克诚、洪定国译,商务印书馆 1965 年版。

[美] 罗伯特·C. 孔斯:《重塑实在论:关于因果、目的和心智的精密理论》,顿新国、张建军译,南京大学出版社 2014 年版。

[美] 罗纳德·N. 吉尔等:《理解科学推理》,邱惠丽、张成岗译,科

学出版社 2010 年版。

［美］约瑟夫·Y. 哈珀恩：《事实因果》，卜先锦等译，国防工业出版社 2023 年版。

［美］朱迪亚·珀尔、［美］达纳·麦肯齐：《为什么》，江生、于华译，中信出版社 2019 年版。

［美］朱迪亚·珀尔：《因果论：模型、推理和推断》，刘礼、杨矫云、廖军、李廉译，机械工业出版社 2022 年版。

［英］罗素：《人类的知识——其范围与限度》，张金言译，商务印书馆 2011 年版。

［英］尼古拉斯·布宁、余纪元编著：《西方哲学英汉对照辞典》，人民出版社 2001 年版。

［英］吉利斯：《概率的哲学理论》，张健丰、陈晓平译，中山大学出版社 2012 年版。

［英］休谟：《人类理解研究》，关文运译，商务印书馆 1957 年版。

［英］休谟：《人性论》，关文运译，商务印书馆 1983 年版。

期刊类

顿新国：《因果理论的概率论进路及其问题》，《哲学研究》2012 年第 7 期。

郭贵春：《科学理性的进步——因果关系的实在论解释》，《河北学刊》1991 年第 2 期。

刘壮虎：《归纳支持逻辑的一个新系统》，《哲学研究》1989 年第 12 期。

李波：《原因可以增加其结果发生的概率？——概率刻画因果面临的问题及其思考》，《科学技术哲学研究》2016 年第 5 期。

李波：《因果关系概率分析的一种新趋势》，《自然辩证法通讯》2018 年第 2 期。

杨武金、李波：《因果关系概率分析的一种新路径》，《自然辩证法研究》2016 年第 2 期。

外文著作

Brian Skyrms, *Causal Necessity: A Pragmatil Investigation of the Necessity of laws*, New Haven: Yale University Press, 1980.

David Lewis, *Philosophical Papers*: Volume II, Oxford: Oxford University Press, 1986.

Donald Gillies, *Philosophical Theories of Probability*, London: Routledge, 2000.

Dorothy Edgington, "Counterfactuals and the benefit of hindsight", In Phill Dowe Paul Noordhof Ed. *Cause and Chance*, London and NewYork: Routledge, 2004.

Ellery Eells, *Probabilistic Causality*, Cambridge: Cambridge University Press, 1991.

Elliott Sober, "The Principle of the Common Cause", in James H. Fetzer Ed. *Probability and Causality: Essays in Honor of Wesley C. Salmon*, Dordrecht: Reidel Publishing Company, 1987.

Hans Reichenbach, *The Direction of Time*, Berkeley and Los Angeles: University of California Press, 1956.

Igal Kvart, "Probabilistic cause, edge conditions, late preemption and discrete Cases", In Phil Dowe Paul Noordhof Ed. *Cause and chance*, London and New York: Routledge, 2004.

James Woodward, *Making things happen: A theory of causal explanation*, Oxford: Oxford University Press, 2005.

Jon Williamson, *Bayesian Nets and Causality: Philosophical and Computational foundations*, Oxford: Oxford University Press, 2005.

Judea Pearl, *Probabilistic Reasoning in Intelligent Systems: Networks of Plausible Inference*, San Mateo CA: Morgan Kaufmann, 1988.

Judea Pearl, *Causality: Models, Reasoning, and Inference*, Cambridge:

Cambridge University Press, 2000.

Kevin B. Korb. "Probabilistic Causal Structure", in Howard Sankey Ed. *Causation and Laws of Nature*, Dordrecht: Kluwer, 1999.

Patrick Suppes, *A Probabilistic Theory of Causality*, Amsterdam: North-Holland Publishing Company Amsterdam, 1970.

Paul Humphreys, *The Chances of Explanation: Causal Explanations in the Social, Medical, and Physical Sciences*, Princeton: Princeton University Press, 1989.

Paul Noordhof, "Prospects for a counterfactual theory of causation", in Phil Dowe and Paul Noordhof Ed. *Cause and chance*, London and New York: Routledge, 2004.

Phil Dowe, "Chance-lowering causes", In Phil Dowe and Paul Noordhof Ed. *Cause and chance*, London and New York: Routledge, 2004.

Phil Dowe, *Physical causation*, Cambridge: Cambridge University Press, 2000.

Ronald N. Giere, *Understanding Scientific Reasoning*, New York: Holt, Rinehart, and Winston, 1979.

Robert C. Koons, *Realism Regained: An Exact Theory Causation, Teleology, and the Mind*, Oxford: Oxford University Press, 2000.

Peter Spirtes, Clark Glymour, Richard Scheines, *Causation, Prediction, and Search*, Cambridge, MA: MIT Press, 2000.

Wesley C. Salmonm, *Scientific Explanation and the Causal Structure of the World*, Princeton: Princeton University Press, 1984.

Wesley C. Salmonm, *Statistical Explanation and Statistical Relevance*, Pittsburgh: University of Pittsburgh Press, 1974.

Wesley C. Salmonm, "Statistical Explanation", in Robert G. Colodny Ed. *The Nature and Function of Scientific Theories*, Pittsburgh: University of Pittsburgh Press, Reprinted in Salmon et al, 1971.

外文论文

Christopher Hitchcock, "The Mishap at Reichenbach Fall: Singular vs. General Causation", *Philosophical Studies*, Vol. 78, 1995.

Christopher Hitchcock, "Causal Generalizations and Good Advice", *The Monist*, Vol. 84, 2001.

Christopher Hitchcock, "Probabilistic Causation", *The Stanford Encyclopedia of Philosophy*, 2012. Edward N. Zalta Ed. URL=http://plato.stanford.edu/archives/win2012/entries/causation-probabilistic/.

Christopher Hitchcock, "Prevention, Preemption, and the Principle of Sufficient Reason", *Philosophical Review*, Vol. 116, 2007.

Christopher Hitchcock, "Do All and Only Causes Raise the Probabilities of Effects?" in John Collins, Ned Hall, and L. A. Paul Ed., Cambridge MA: MIT Press, 2004.

Christopher Hitchcock, "A Tale of Two Effects", *Philosophical Review*, Vol. 110, 2001.

Christopher Hitchcock, "Farewell to Binary Causation", *Canadian Journal of Philosophy*, Vol. 26, 1996.

Christopher Hitchcock, "A Generalized Probabilistic Theory of Causal Relevance", *Synthese*, Vol. 97, 1993.

David Papineau, "Correlations and Causes", *The British Journal for the Philosophy of Science*, Vol. 42, 1991.

Deborah Rosen, "In Defence of a Probabilistic Theory of Causality", *Philosophy of Science*, Vol. 45, 1978.

Dorothy Edgington, "Mellor on Chance and Causation", *The British Journal for the Philosophy of Science*, Vol. 48, 1997.

Ellery Eells, "Cartwright and Otte on Simpson's Paradox", *Philosophy of Science*, Vol. 54, 1987.

Ellery Eells and Elliott Sober, "Probabilistic causality and the question of transitivity", *Philosophy of Science*, Vol. 50, 1983.

Ellery Eells, "Probabilistic Causality: Reply to John Dupré", *Philosophy of Science*, Vol. 54, 1987.

Ellery Eells, "Probabilistic Causal Interaction", *Philosophy of Science*, Vol. 53, 1986.

Elliott Sober, "Frequency Dependent Causation", *Journal of Philosophy*, Vol. 79, 1982.

Elliott Sober, "Venetian sea levels, British bread prices, and the principle of the common cause". *The British Journal for the Philosophy of Science*, Vol. 52, 2001.

Germund Hesslow, "Discussion: Two Notes on the Probabilistic Approach to Causality", *Philosophy of Science*, Vol. 43, 1976.

I. J. Good, "A causal calculus (Ⅰ)", *The British Journal for the Philosophy of Science*, Vol. 11, 1961.

I. J. Good, "A causal calculus (Ⅱ)". *The British Journal for the Philosophy of Science*, Vol. 12, 1961.

Igal Kvart, "Causal Independence", *Philosophy of Science*, Vol. 61, 1994.

Igal Kvart, "Transitivity and Preemption of Causal Relevance", *Philosophical Studies: An International Journal for Philosophy in the Anabytil*, Vol. 64, 1991.

IgalKvart, "Overall Positive Causal Impact", *Canadian Journal of Philosophy*, Vol. 24, 1994.

John Dupré and Nancy Cartwright, "Probability and Causality: Why Hume and Indeterminism Don't Mix", *Noûs*, Vol. 22, 1988.

Jonathan Schaffer, "Causation by Disconnection," *Philosophy of Science*, Vol. 67, 2000.

Jonathan Schaffer, "Causes as Probability-Raisers of Processes", *The Journal of Philosophy, Vol. 98, 2001.

Jonathan Schaffer, "Counterfactuals causal independence and conceptual circularity", *Analysis*, Vol. 64, 2004.

Jonathan Schaffer, "Contrastive causation", *Philosophical Review*, Vol. 114, 2005.

Judea Pearl, "Causal Diagrams for Empirical Research," *Biometrika*, Vol. 82, 1995.

Luke Glynn, "A Probabilistic Analysis of causation", *The British Journal for the Philosophy of Science*, Vol. 62, 2011.

Luke Glynn, "Deterministic Chance", *The British Journal for the Philosophy of Science*, Vol. 61, 2010.

Michael McDermott, "Redundant Causation", *The British Journal for the Philosophy of Science*, Vol. 46, 1995.

Nancy Cartwright, "Causal laws and effective strategies", *Noûs*, Vol. 13, 1979.

Ned Hall, "Causation and the Price of Transitivity", *The Journal of Philosophy*, Vol. 97, 2000.

Ned Hall, "Structural Equations and Causation", *Philosophical Studies: An International Jouranl for Philosophy in the Analytil Tradition*, Vol. 132, 2007.

Peter Menzies, "Probabilistic Causation and the Pre-emption Problem", *Mind*, Vol. 105, 1996.

Peter Menzies, "Probabilistic Causation and Causal Processes: A Critique of Lewis", *Philosophy of Science*, Vol. 56, 1989.

Phil Dowe, "Causality and conserved quantities: a reply to Salmon", in *Philosophy of Science*, Vol. 62, 1995.

Phil Dowe, "Causality and Explanation", *The British Journal for Philosophy of Science*, Vol. 51, 2000.

Phil Dowe, "The Conserved Quantity Theory of Causation and Chance Raising", *Philosophy of Science*, Vol. 66, 1999.

Richard Edward Otte, "Critique of Suppes' Theory of Probabilistic Causality", *Synthese*, Vol. 48, 1981.

Richard Edward Otte, *Probability and Causalty*, The University of Arizona, PH. D. , 1982.

Richard Edward Otte, "Probabilistic Causality and Simpson's Paradox", *Philosophy of Science*, Vol. 52, 1985.

Richard Edward Otte, "Indeterminism, Counterfactuals, and Causation", *Philosophy of Science*, Vol. 54, 1987.

Robert Northcott, "Causation and contrast classes", *Philosophical Studies*, Vol. 139, 2008.

Schaffer Jonathan, "Overlappings: Probability-Raising without Causation", *Australasian Journal of Philosophy*, Vol. 78, 2000.

Schaffer Jonathan, "Causes as probability Raisers of processes", *The Journal of Philosophy*, Vol. 98, 2001.

Stuart Glennan, "Contextual Unanimity and the Units of Selection Problem", *Philosophy of Science*, Vol. 69, 2002.

Tracy Lupher, "A Physical Critique of Physical Causation", *Synthese*, Vol. 167, 2009.

Charles R. Twardy Kevin B. Korb, "A Criterion of Probabilistic Causation", *Philosophy of Science*, Vol. 71, 2004.

Valerie Gray Hardcastle, "Partitions, Probabilistic Causal Laws, and Simpson's Paradox", *Synthese*, Vol. 86, 1991.

Wesley Charles Salmon, "Probabilistic Causality", *Pacific Philosophical Quarterly*, Vol. 61, 1980.

附　　录

因果关系概率分析的一种新路径[*]

杨武金　李　波[**]

(1. 中国人民大学 哲学院，北京，100872；
2. 中国人民大学 哲学院，北京，100872)

摘　要：概率与因果的相互渗透与结合是现代归纳逻辑应用发展的一种新趋势。朴素概率因果理论的兴起基于这样一种直观，即原因增加其结果发生的概率，但这种直观面临诸多反例与质疑。近来不少学者从过程连接和概率增加以及将这两种视角综合起来回应这些质疑，然而，这些新方案本身也面临问题，且不同程度地忽略因果远距作用和不在场因果等情形。我们通过剖析典型案例，比较研究现有的解决路径，建构出一种新概念"构成正生发"作为断定因果的本质要素，并利用"E-lwl"来刻画因果路径的结构特征，进而提出一种新的刻画方式。这种新方式不仅能处理朴素直观面临的问题，而且能为那些被忽视的因果情

---

[*] 收稿日期：2015 年 9 月 16 日。
本文是中国人民大学科学研究基金（中央高校基本科研业务费专项资金资助）项目"逻辑哲学若干重要问题研究"（10XNJ022）的研究成果，曾发表于《自然辩证法研究》2016 年第 2 期。

[**] 作者简介：杨武金，1964 年生，男，贵州天柱人，教授，博士生导师，逻辑哲学和逻辑史；李波，1984 年生，男，江西鄱阳人，博士研究生，归纳逻辑和科学哲学。

形提供一种合理解释。

关键词：概率增加；因果关系；构成正生发

一　引言

在休谟看来，原因恒常地被它们的结果所伴随，根据这种恒常连接的模式来解释因果，一般称为因果的"恒常性理论"。萨尔蒙和希契科克等指出这种理论遭遇众多困难，如不完整的恒常性、不相干性、非对称性和虚假规律性等。由于该理论面临诸多困境，以及随着量子力学的广泛影响，激发学者们从概率视角来分析因果。古德主张利用物理概率来分析因果；萨普斯和莱欣巴赫等主张因果的概率分析要基于这样一种直观，即就相关的意义而言，原因增加其结果发生的概率，根据条件概率的不等式将其刻画为 $P(E|C)>P(E|\neg C)$，即可解释为：C 发生引起 E 发生的概率要大于 C 未发生的情形。然而，这种朴素直观遭遇众多反例，如非概率增加因果的案例有赫斯洛夫的血栓症案例、格林的桥垮塌案例等；如概率增加非因果的案例有谢弗的原子衰变案例、格林的板球案例等。埃金顿和希契科克等进一步指出这种直观遭遇上述两方面的反例，使得概率增加分析因果陷入既非必要也非充分的困境。[1] 进一步研究发现，在这种直观基础上发展出的朴素概率因果理论也同样面临反例，如莱兴巴赫对居间因果的刻画遭遇罗森（Rosen）的小鸟球反例，共因的刻画也遭遇克拉斯诺的布朗上班反例；萨普斯对虚假原因的概率刻画遭遇奥特提出的窗户破碎反例；顿新国也对莱欣巴赫和萨普斯的概率因果理论易遭遇反例提出了自己的看法。[2]

为了克服朴素直观所面临的问题，科瓦特等主张以不同形式设定结果的其他原因背景条件，即 $P(E|C,V)>P(E|\neg C,V)$（V 表示与 E 相关的其他原因背景条件的集合），该式可解释为：C 是 E 的原因当且

---

[1] 参见 Edgington, "Dorothy. Mellor on Chance and Causation", *The British Journal for the Philosophy of Science*, Vol. 48, No. 3, 1997。

[2] 参见顿新国《因果理论的概率论进路及其问题》，《哲学研究》2012 年第 7 期。

仅当，一旦与 E 相关的其他原因背景条件的赋值被确定，C 发生增加 E 发生的概率。刘易斯和孟席斯（Menzies）等主张，如果存在这样一种序列<c, d₁, …, e>，该序列中的每一个事件都与其最接近的后继者存在反事实概率依存关系，那么 c 是 e 的原因，即通过事件之间的反事实概率依存关系来分析因果。① 然而，萨尔蒙、费尔、艾琳等拒斥概率因果的还原路径，主张原因与结果之间存在着不可还原的连续过程。② 赫雷、邦格、张志林等也同样不认可因果的概率解释，主张将因果关系界定为原因与结果事件所涉及的客体对象之间的相互作用。③ 由此可以看到，一直以来对因果进行概率分析面临不少质疑，那么这种朴素直观遭遇众多反例的原因究竟何在？近期为这种朴素直观进行辩护的解决方案为何困难重重？以及那些拒斥对因果进行概率分析的过程理论为何也备受质疑？究竟该如何来回应这些争论和质疑，我们认为谢弗和道尔等将过程和概率的视角创造性地综合起来分析因果，以及格林的概率因果分析具有启发意义。我们在剖析这些思路和相关典型案例的基础上，提供一种新的刻画方式，并以此来回应上述诸多问题。

二 两种综合路径及其问题分析

关于因果断言，一般可分为殊型因果和类型因果，前者是指"实际发生的、具体的两个殊型事件之间的关系，而类型因果与那些抽象的属性实体相关"④。也就是说，前者的关系项涉及特定的个体、时间和地点，如：张三教授在大学任教期间抽烟频繁，引起他患上肺癌；而后者是关系项不涉及特定个体、时间和地点的一般断言，如：吸烟引起肺癌。我们主要讨论的是殊型因果断言，对于这种因果断言的解释一直以

---

① 参见 Menzies, Peter, "Probabilistic Causation and Causal Processes: A Critique of Lewis", *Philosophy of Science*, Vol. 56, No. 4, 1989。
② 参见 [美] 罗伯特·C. 孔斯《重塑实在论：关于因果、目的和心智的精密理论》，顿新国、张建军译，南京大学出版社 2014 年版。
③ 参见张志林《因果观念与休谟问题》，湖南教育出版社 1998 年版。
④ Eells, Ellery, *Probabilistic causality*, Cambridge: Cambridge University Press, 1991, p. 278.

来争论不休。一般认为"关于因果性质的解释主要有概率增加和过程连接的视角,就前者而言,因果性被解释为有原因导致结果与无原因导致结果的概率比较;后者是指因果性被解释为从原因到结果之间存在着过程连接链条"[①]。

为了更加直观地理解这两种视角的综合,我们考察两个案例。帕皮诺的案例,一个肥胖的小孩经过十几年的成长,成为一个消瘦的成年人,尽管这两事件之间存在着一系列的因果作用和连续的过程,但它们并没有因果关系,然而,这种困难利用概率增加理论可以解释:孩童时期的肥胖并没有增加他成为一个消瘦成年人的概率。罗森的案例,高尔夫球正朝洞口行进,突然一只松鼠将球踢开,球改变了方向与树枝碰撞,反弹回来不可思议地进洞了,通常认为松鼠踢开球降低球进洞的概率,然而,事实上松鼠踢开球是球进洞的原因,这种困难通过过程连接理论能够给予恰当的解释:从松鼠踢开球到球进洞,是由一系列相互作用构成的连续过程,因此,前者是后者的原因。综上所述,我们发现,概率增加能够处理过程连接所面临的问题;过程连接可处理概率增加所面临的困难。由此,不少学者都主张"因果关系仅仅通过概率增加或过程连接不太可能被理解,相反,应该将这两种解释视角综合起来理解因果关系"[②]。近年来,学者们尝试将这两种视角综合起来,孟席斯力图在刘易斯的反事实概率依存链条的基础上将两者结合起来;索伯尔等学者利用非对称性的解释为基础,将概率增加和过程连接的观点结合起来,道尔对这些综合思路进行比较分析和讨论,并指出它们在不同程度上存在着难以克服的困难。[③] 我们很认可道尔对其他综合

---

① Schaffer, Jonathan, "Causes as probability Raisers of processes", *Journal of Philosophy*, Vol. 98, No. 2, 2001, p. 75.
② Schaffer, Jonathan, "Causes as probability Raisers of processes", *Journal of Philosophy*, Vol. 98, No. 2, 2001, p. 78.
③ Glynn, Luke, "A Probabilistic Analysis of causation", *The British Journal for the Philosophy of Science*, Vlo. 62, No. 2, 2011.

路径的分析与批判,有鉴于此,我们主要对道尔和谢弗的综合思路进行分析和讨论。

1. 道尔的综合路径

道尔主张,假设 C 到 E 之间存在两种因果线路,即 ρ 过程线路和 σ 过程线路,如果 C 在 ρ 路径上是 E 的原因,那么需要满足的条件:σ 过程线路没有发生,ρ 是 C 和 E 之间的唯一路径,且 C 将增加 E 发生的概率。道尔通过可能世界理论为其主张提供一种解释:假设离我们现实世界最近的世界为 W1,离 W1 最近的世界为 W2,在 W1 世界中 ρ 是 C 和 E 之间的唯一过程,则有 $ch_C ρ(E) = P1$,即 C 在 ρ 路径上引起 E 的概率为 P1;然而,在 W2 世界中,C 没有发生,则有 $ch_{\sim C} ρ(E) = P2 = 0$,即在 ρ 路径上,C 没有发生,E 发生的概率为 0,由此可得 P1>P2,C 在 ρ 过程上是 E 的原因。总之,

C 引起 E 当且仅当,
(1) 在 C 和 E 之间存在因果线路;
(2) $ch_C ρ(E) > ch_{\sim C} ρ(E)$,ρ 是一个将 C 和 E 连接的因果过程。[①]

道尔的这种综合思路能否合理解决朴素直观面临的问题?我们认为,概率增加非因果的问题一般是由于因果过程的中断引起的,如格林的板球案例,汤姆朝窗户击打球,迈克抓住了该球,窗户破碎(因为杰姆用一块石头击中窗户),击打球增加窗户破碎的概率,但两者并没有因果关系。道尔强调 ρ 是一个连续的因果过程,且在不同世界中保持 ρ 过程的同一性。因此,由于击打球与窗户破碎不在同一个连续过程中,所以断定这两者并没有因果关系。

然而,对于非概率增加因果问题的处理却有待商榷。一般认为,由

---

① 参见 Dowe, Phil, "The Conserved Quantity Theory of Causation and Chance Raising", *Philosophy of Science*, 66 (Proceedings), 1999。

于原因所具有的负作用抵消甚至强于其正作用导致这类问题产生，如血栓案例，服用避孕药（B）可能引发血栓（X），相比之下，怀孕引发血栓的可能性更大，按照道尔的思路，B 与 X 有因果关系，且两者间的唯一路径为 ρ，则有：$ch_B ρ(X) > ch\sim_B ρ(X)$。然而，对于一个已经发生性关系的女性来说，她服用避孕药则很有可能出现矛盾的情形：$ch_B ρ(X) < ch\sim_B ρ(X)$，因为，如果她没有服用避孕药，那么她很有可能怀孕，研究表明怀孕比服用避孕药更有可能引发血栓。此外，由于道尔强调 ρ 是个连续的因果过程，这也就难以对因果远距作用和疏忽因果等情形给出一个合理的解释，因为这些因果情形很难说具有完整的因果连续过程。

2. 谢弗的综合方案

谢弗从过程论出发，将因果关系的确立依存于因果链条的连续过程。基于此思路，他提出解决概率增加非因果的问题。

C 引起 E 当且仅当，C 是 E 过程的概率增加因子，而后者能够成立，当且仅当，

（1）存在事件延续的 E-链条，其包含有差别的事件<C, D_1, …, D_n, E>两两事件之间有前提关系；

（2）在 t_C 中存在实际事件 C，其区别于 D_1, …, D_n 和 E，但 C 与 C' 可相同，也可不同；

（3）ch（E-链条）-at-t_C = p；

（4）⌐C □→ch（E-链条）-at-$t_{\neg C}$ < p（□→表示必然推出）。[①]

该方案的直观解释是：如果 C 发生导致 E-链条发生的概率为 p，C 未发生必然推出 E-链条发生的概率小于 p；那么可以推出 C 是 E-链条

[①] Schaffer, Jonathan, "Causes as probability Raisers of processes", *Journal of Philosophy*, Vol. 98, No. 2, 2001, p.75.

的概率增加因子,由此进一步推出,C 是 E 的原因。谢弗的这种综合思路是将结果看作 E-链条的必要部分;将原因看作增加 E-链条完整运行的因子,将事件之间的因果关系的确定依存于事件之间的因果过程。这种新颖的综合思路能够合理解决概率增加非因果的问题,由于因果链条的中断导致这类问题产生。谢弗强调因果关系的确立依赖于因果的连续过程,这样可以避免因果链条的中断而产生的概率增加非因果的问题。它也能在一定程度上解决非概率增加因果的问题,由上述的血栓案例分析可知,C 发生(服用避孕药),E-链条(避孕药在人体内发生生物化学作用形成某种中介物,该中介物可能引发血栓)发生概率为 p,且 C 未发生,E-链条发生概率小于 p,那么可以推断 C 是 E-链条的概率增加因子,也可进一步推出,C 引起 E(患上血栓),然而,对于一个已发生性关系的女性来说,没有服用避孕药($\neg$C)却患上血栓,但它是在另外一个 E_1-链条(怀孕引发血栓)中发生的。

然而,谢弗的综合思路会面临抢先难题,接到命令要将某大桥炸毁,于是,在桥底下放置 C 和 C1 两种炸药包,C 比 C1 爆炸威力大很多,该方案的(1)和(2)都满足;假定 ch(桥炸毁过程)-at-t_C=p,(3)也满足;(4)$\neg$C$\Box\to$ch(桥炸毁过程)-at-$t_{\neg C}$<p,然而,事实上由于某种原因 C 炸药包没有发生爆炸,C1 却发生爆炸并将桥炸毁,则有:C1$\Box\to$ch(桥炸毁过程)-at-t_{C1}=q,由于 C 比 C1 爆炸威力大很多,则有 q<p,(4)满足。因此,与谢弗的方案得到不一样的结论:C1 是 E-链条的概率增加因子,而不是 C。再者,谢弗强调 E-链条是连续事件组成的过程,这将与道尔面临同样的因果远距作用和疏忽因果等问题。

三 探析概率增加刻画因果的一种新路径

上述两种综合思路不同程度地解决朴素直观所面临的问题,然而,它们自身不仅面临着不同的问题,也忽略了这样一些因果情形:远距作用因果和疏忽因果情形等。我们将对血栓案例的结构进行分析,吸取现有方案的合理因素,在格林的因果概率分析的基础之上①,提出我们自己的一种分析方式,并以此来回应上述的问题。

研究表明服用避孕药(b)可能引起血栓(x),相比之下,怀孕(h)引起血栓的可能性更大,杰姆发生性关系之后,服用避孕药以防止怀孕。b发生没有增加x发生的概率,然而研究表明b引发x,问题的关键在于服用避孕药防止了更大可能引起血栓的怀孕,这正是非概率增加因果的典型案例。由此分析可知,b到达x有两条因果路径:第一条是b到达x的正路径;第二条是b经过怀孕(h)到达x的负路径。考察b与x之间是否有因果关系,关键在于b对x是否有正作用,由此,我们需要将b对x的负作用隔断,也就是将负路径上的居间变量的值保持在某一固定赋值不变,即H=0(怀孕没有发生),这样就抽取出b对x的正作用:

$$P(X=1 | B=1, H=0) > P(X=1 | B=0, H=0) \quad (1)$$

进一步从案例结构分析可知,第一条正路径,b有"部分正力量"概率影响x的值(0或1);第二条负路径,b有"部分负力量"概率影响x的值,这两股力量的"合力"并不是判定b是x的原因的依据,关键在于b的发生对x的发生是否具有"构成正力量",即b"构成正生发"x,用→⁺来表示,它是指强调事件之间的生成、产生和引发。在我们看来,这种"构成正生发"是判定因果的本质要素,为了更加直观把握这一本质要素,我们需要进一步探讨它具有哪些必要的结构特征。第一,如果c是e的唯一原因,e是c的唯一结果,那么可以推出c发生与e发生正相关,且c发生增加e发生的概率。第二,由于构成正生发是判定因果的本质要素,因此,依据第一条可进一步推论:如果c构成正生发e,那么c发生与e发生正相关,且c发生增加e发生的概率。

上述界定了判定因果的本质要素及其必要特征,接下来,我们进一

---

① Glynn, Luke, "A Probabilistic Analysis of causation", *The British Journal for the Philosophy of Science*, Vlo. 62, No. 2, 2011.

步探讨"因果路径"具有什么样的结构特征以及如何进行刻画。借用谢弗的"E-链条"概念和萨尔蒙的"世界线"概念,根据刻画的需要对这些概念进行适当调整,建构出一个新概念,即 E-lwl(E-因果路径世界线)。就上述案例分析可知,从 c 到达 e 有多条因果路径,将这些路径共同构成一个集合 E-line。该集合中的每个元素(E-l)代表某一具体因果路径,E-l 是指在某一特定时间段 $[t_C, t_E]$ 发生的,包含有差别的事件序列<c,…,e>所构成的某一因果路径。值得注意的是,这种因果路径与刘易斯和孟席斯等不同,它并不预设 c 到达 e 的路径上总是存在着居间事件,可容许仅包括原因与结果事件<c, e>;与谢弗主张不同,这里作为备选原因 c 必须包含在 E-l 内;与萨尔蒙、道尔、费尔和艾琳等不同,这里的 E-l 并不是连续的过程,而是由有差别的事件构成的 c 到达 e 的因果路径,这种路径包括可识别的传递构成正生发的正路径和传递构成负生发的负路径。由此,在 E-l 的基础上建构出一个新概念 E-lwl,即表示在某一因果路径上,在特定时间发生的事件都有特定的空间与之相应。E-lwl 可分为正路径和负路径,就血栓案例分析可知,b 经过 h 到达 x 是一条传递构成负生发的负路径,即用 E_f-lwl 表示,用 E^F-lwl 来表示 b 到 x 的所有负路径;b 直接到达 x 是一条传递构成正生发的正路径,即用 E_z-lwl 表示,可用 E^Z-lwl 来表示所有正路径。

综上所述,我们提出了构成正生发的新概念及其必要的结构特征,也清晰界定了因果路径的基本特征。在这些新概念的基础上,我们提出一种新的刻画方式。首先,将 c 到达 e 的所有负路径都隔断,那么就只剩下所有的正路径,则可以揭示出 c 到达 e 的某一正路径上传递的构成正生发。其次,进一步确认它的必要特征:在 c 到达 e 的正路径上,c 发生与 e 发生是否正相关;c 发生引起 e 发生的概率是否大于 c 未发生的情形;由此,可断定 c 是不是 e 的原因。现在需要进一步讨论的问题是,如何将所有负路径都隔断。就血栓案例分析可知,在某一负路径上,存在这样一个事件变量 d_x(怀孕),该事件变量 d_x 必须满足以下两个条件。一是 d_x 必须是原子事件或原子事件的否定,因为,如果 d_x 是原子事件的析取与合取可能会导致变量取值与事件赋值不一致。二是 d_x 满足下面两种情形之一:要么 c 防止 d_x 且 d_x 构成正生发 e,要么 c 构成正生发 d_x 且 d_x 防止 e。在满足这两方面条件之后,设定 d_x 未发生($d_x=0$),并保持该实际赋值不变,这样,这条负路径就被隔断了。以同样的方式将所有的负路径 E^F-lwl 都隔断,也就是说,将每一条负路径上的变量 d_x 都抽取出来,构成一个集合 D(可能是空集);将每一个变量 d_x($d_x \in D$)进行赋值,即用 di($d_x=0$)来表示,并保持该实际赋值 di 不变;再将所有这些赋值 di 构成一个新集合(H),可得到:

$$P^{C_{E_z-lwl}}_{t_E}\left(E=1\mid C=1, H^{E^F-lwl^{di}}\right) > P^{C_{E_z-lwl}}_{t_E}\left(E=1\mid C=0, H^{E^F-lwl^{di}}\right) \quad (2)$$

(2)式可解释为:由于 c 到达 e 的所有负路径都被隔断,所以,在某正路径 E_z-lwl 上 c 发生导致 e 发生的概率要大于 c 没有发生的情况。此外,基于因果秩序与时间秩序的一致性直观,我们需要进一步探讨 di($di \in H$)的时间限制。如果 di 代表的事件发生晚于 t_E,显然容易导致虚假因果关系或因果倒置;如果 di 代表的事件发生早于 t_C,可能导致虚假因果或正路径被隔断。因此有:

$$P^{C_{E_z-lwl}}_{t_E}\left(E=1\mid C=1, H^{E^F-lwl^{di}}_{t_C<di<t_E}\right) > P^{C_{E_z-lwl}}_{t_E}\left(E=1\mid C=0, H^{E^F-lwl^{di}}_{t_C<di<t_E}\right) \quad (3)$$

四 回应概率增加刻画因果所面临的诸多问题

血栓案例是非概率增加因果的典型案例,格林通过对该案例的结构进行分析,得到(1)式,我们在其基础上得到(3)式,它合理地解决了非概率增加因果的问题。为了更好地对朴素直观的基本合理性进行辩护,我们力图对其所面临的其他诸多问题做出有效的回应。

1. 概率增加非因果问题

汤姆朝窗户击打球(c),迈克抓住了球,球未击中窗户(α_x),随后,杰姆用一块石头击中窗户,窗户破碎(e)。由于某个环节失败导致 c 到达 e 的因果路径被隔断,现在的问题是该如何识别失败环节,从案例的分析可知，c 构成正生发 e 被 α_x 所隔断；c 并没有引起 α_x，α_x 可引起 e（球未击中窗户可作为杰姆用石头击碎窗户的原因之一）。由此，可得到失败环节必须满足下面两个条件：(1) 失败环节 α_x 将 c 到达 e 路径上的构成正生发隔断；(2) 要么 c 没有构成正生发 α_x，要么 α_x 没有构成正生发 e。从案例可知，c 增加 e 的概率，但 c 并没有引起 e，因为 α_x 发生了，这是由因果路径断连的情形所导致的概率增加非因果的典型案例。

可根据（1）-（3）式类似的思路来解决这类案例，如果将所有的正路径 E^Z-lwl 上的失败环节变量 α_x 都抽取出来构成一个集合 A（可能是空集），这样，所有的正路径都已被隔断，只剩下负路径；接下来，将每一条正路径上的每一个失败环节变量 $\alpha_x(\alpha_x \in A)$ 赋值 $\alpha i(\alpha_x = 1)$，保持该实际赋值 αi 不变；再将所有这些赋值 αi 构成一个新集合 R，可得到：

$$P_{t_E}^{C_{E_Z\text{-}lwl}}\left(E=1 \mid C=1, H_{t_C<ai<t_E}^{E^Z\text{-}lwl^{ai}}\right) > P_{t_E}^{C_{E_f\text{-}lwl}}\left(E=1 \mid C=0, R_{t_C<ai<t_E}^{E^Z\text{-}lwl^{ai}}\right) \quad (4)$$

（4）式可解释为：由于 c 到达 e 的所有正路径都被隔断，在某负路径上，c 发生阻止 e 发生或 c 发生降低 e 发生的概率；所以，c 发生导致 e 发生的概率要小于 c 没有发生的情形，由此，断定 c 并不是 e 的原因。

2. 疏忽因果或不在场因果等问题

现有的综合路径由于强调因果过程的连续性，导致很难处理由疏忽或不在场以及防止构成的这类因果情形。以疏忽因果的情形为例，由于小明期末考试期间疏忽给花儿浇水（s）导致花儿枯萎（w），从 s 到 w 并没有时空上连续的作用过程，现有的解决路径通常不考虑此类情形。但我们给出的新方式可以合理地解释这类因果情形。在我们看来，s 到达 w 的路径是包含有差别的事件序列所构成的因果路径，它要求的只是事件序列中的某一事件发生有其特定的时间和空间，并没有严格要求该事件与紧接着的后继事件必须保持时空上的连续。就案例分析可知，事件 s 对应一定的时间段（期末考试期间）和空间域（小明生活学习的场所），我们将这一因果路径进行适当的展开分析：疏忽浇水（s）$\rightarrowtail^+$ 土壤水分缺乏（d_1），$d_1 \rightarrowtail^+$花儿不能维持新陈代谢（d_2），$d_2 \rightarrowtail^+$花枯萎（w），这条正路径的构成正生发并没有被隔断。由上述分析可知，s到达w的正路径上s$\rightarrowtail^+$w没有被中断，但是，如果天下雨了，或小明的妈妈给花儿浇水了等情形出现，将导致花枯萎（w）不发生。面对这类情形出现，我们需要进一步分析：（1）天下雨了导致w没有发生，这并不是我们要断定的情形，因为小明疏忽给花儿浇水并不能引发天下雨；（2）小明疏忽给花儿浇水可能引起他妈妈给花儿浇水，他妈妈给花儿浇水防止花儿枯萎发生，即产生负作用，然而，根据新方式的要求，将c到达e的所有负路径上的产生负作用的事件变量设定为不发生，即赋值为0（小明妈妈给花儿浇水没有发生），这样只剩下s到达w的正路径，s发生与w发生呈现正相关，且s发生导致w发生的概率要大于s没有发生的情形，故断定s是w的原因。

3. 因果远距作用的问题

道尔和谢弗的综合思路以不同方式要求原因到结果之间存在着时空上连续的实在过程，以及现有的因果过程理论也持有类似的主张，当这样的主张遭遇远距作用等特殊因果情形时，难以给出合理的解释。然而，因果事件之间的概率解释，并没有要求两个事件之间存在着时空上连续的过程，它可以合理地避免排除因果远距作用的可能性，如量子纠缠，科学实验确证了这种现象的存在，如果两个关系极其密切的粒子被遥远分开或长久分开，它们之间的密切关系会维持不变，在人们观察之前，它们处于自由状态（双缝实验证明），但如果其中一粒子被观察，并呈现出某种确定状态（c），那么另外一个粒子也会作出调整以相应的确定状态呈现（e）。根据新方式，将c到达e的所有可能的负路径隔断，剩下c到达e的正路径，c$\rightarrowtail^+$e没有被隔断；c发生与e发生呈现正相关；c发生导致e发生的概率要大于c没有发生的情形；故此，可以断定c是e的原因。

附 录

原因可以增加其结果发生的概率?*
——概率刻画因果面临的问题及其思考

李 波**

(中国人民大学 哲学院,北京 100872)

摘 要:概率与因果的相互渗透与结合是现代归纳逻辑应用发展的一种新趋势。早期朴素概率因果理论的发展面临诸多困难与挑战,学者们指出,这些困难的产生在于该理论的直观依据的合理性遭受质疑。近来,诸多学者从不同的理论视角或分析方式出发提出新的解决方案,为这种直观依据的合理性进行辩护。尽管这些新的方案能够在不同程度上处理直观依据面临的问题和反例,然而,它们自身同样也面临问题与挑战,由此,有必要深入探讨这些问题与挑战产生的原因,并提出一些新的见解。

关键词:朴素概率因果;朴素直观;因果;概率

以休谟和密尔为主要代表的因果恒常性理论,主要原因恒常地被它们的结果所伴随,根据这种恒常连接的模式来解释因果,刘易斯(D. Lewis)、萨尔蒙(Wesley C. Salmon)和希契科克(Christopher Hitchcock)等指出这种理论遭遇诸多问题,如不完整的恒常性、不相干性、非对称性和虚假规律性等[1];20 世纪中叶以后,由于量子力学逐步

---

* 收稿日期:2015 年 12 月 16 日。
本文是国家社科基金重大项目"现代归纳逻辑的新发展、理论前沿与应用研究"(15ZDB018)的研究成果,发表于《科学技术哲学研究》2016 年第 5 期。
** 作者简介:李波,1984 年生,男,江西鄱阳人,中国人民大学哲学院博士研究生,研究方向为归纳逻辑和科学哲学。
[1] HITCHCOCK C., "Probabilistic causation. Substantive revision, Mar 21, 2010, *The Stanford Encyclopedia of Philosophy*, http://plato.stanford.edu/archives/win2012/entries/causation-probabilistic/.pdf.

取得成功，产生了广泛而又深远的影响，人们通常持有的因果决定论或机械观逐步转向接受非决定论因果观，这些关于因果理论的发展情形都激发学者们从概率视角来解释和分析因果。古德主张利用物理概率来刻画因果、萨普斯和赖兴巴赫等也对因果关系进行不同形式的概率分析，逐渐发展出多种朴素概率因果理论。在这些理论遭遇诸多问题之后，刘易斯和孟席斯等主张通过事件之间的反事实概率依存关系来分析因果；格林、埃尔斯和科瓦特等对概率刻画因果进行不同形式的辩护。然而，萨尔蒙和费尔（David Fair）等拒斥概率分析因果的还原路径，主张原因与结果之间存在着不可还原的连续过程，在他们看来，因果性本质上是连续过程的一种属性[1]；邦格、张华夏和张志林等也同样不认可因果的概率解释，主张从原因与结果事件所涉及的客体对象之间的相互作用来界定因果[2]；近来，谢弗和道尔等主张将因果的过程与概率视角进行综合，强调因果的过程属性也应该在因果的概率分析理论中得到刻画，这样才能更加恰当地处理朴素概率因果理论面临的反例与质疑。

  由此可以看到，朴素概率因果理论的进展遭遇诸多困难与挑战，这激发学者们从不同的理论视角或分析方式来回应它们，然而，他们各自提出的解决思路也面临反例和遭遇不同程度的质疑。为了澄清和把握这些问题，我们需要回溯追问因果关系还原为概率分析何以可能。事实上，这种分析之所以可能，关键在于预设这两者之间具有某种相关性，由此，引出值得进一步深入探讨的问题，即这种相关性的直观依据是什么？这种直观依据本身会遭遇什么样的困难？学者们为这种直观依据进行辩护的方案是否合理？这些新的辩护方案为何也困难重重？本研究将围绕这些问题展开讨论。

---

[1] ［美］罗伯特·C.孔斯：《重塑实在论：关于因果、目的和心智的精密理论》，南京大学出版社 2014 年版。

[2] 张志林：《因果观念与休谟问题》，湖南教育出版社 1998 年版。

一 概率刻画因果的朴素直观面临的困难

"C 引起 E"是日常惯用的因果表达形式,众所周知,对于这一形式的解释一直以来争论不休。随着量子力学理论逐步取得成功并产生广泛而深远的影响,激发古德、赖兴巴赫和萨普斯等学者对这一因果表达式进行不同形式的概率分析,逐渐发展出朴素概率因果理论。这种理论之所以可能的直观依据是什么?先考察这样两种因果断言:吸烟引起肺癌和小明吸烟引起他患上肺癌。前者是与那些抽象的属性或类型的实体相关;后者是指实际发生的、具体的两个特殊事件之间的关系,一般将前者称为类型因果,后者称为殊型因果。本研究将讨论殊型因果的概率分析问题,这种因果的概率分析之所以可能,通常是基于这样一种朴素直观,即就相关的意义而言,原因增加其结果发生的概率。早期基于这种朴素直观的因果概率分析,一般称之为朴素概率因果理论。可利用条件概率的不等式对这种朴素直观进行刻画:假定任意两个有差别的实际事件 c 和 e,c 在 t_C 发生,e 在 t_E 发生,C 和 E 为二元变量(发生赋值为1,未发生赋值为0)。根据这种朴素直观的要求,c 是 e 的原因,当且仅当,

$$Pt_E(E=1 \mid C=1) > Pt_E(E=1 \mid C=0) \quad (t_C < t_E) \qquad (1)$$

(1)式可解释为:c 发生引起 e 发生的概率要大于 c 未发生的情形。

在这种直观的基础上,古德对因果性进行物理主义的概率分析;赖兴巴赫对居间因果(causal betweenness)和共因等进行频率主义的概率分析;萨普斯对虚假原因、直接原因和互助原因等进行统计主义的概率分析。学者们从不同的概率解释视角出发,发展出不同的朴素概率因果理论。然而,赖兴巴赫对居间因果的概率定义遭遇罗森的小鸟球反例[1],共因的刻画也遭遇克拉斯诺的布朗上班反例[2];萨普斯对虚假原

---

[1] SUPPES P. A., *probabilistic theory of causality*, Amsterdam:North-Holland Publishing Company Amsterdam, 1970, pp. 41-42.

[2] 顿新国:《因果理论的概率论进路及其问题》,《哲学研究》2012 年第 7 期。

因的概率刻画遭遇奥特提出的窗户破碎反例。① 朴素概率因果理论纷纷遭遇反例,其深层原因何在?赫斯洛夫、萨尔蒙、埃金顿和希契科克等都不同程度地指出,它们之所以不断遭遇反例,很大程度上在于这种朴素直观的合理性遭受质疑。② 赫斯洛夫提出一个非概率增加因果(non-probability-raising causation)的典型案例,研究表明服用避孕药可能引起使用者患上血栓(x),相比而言,怀孕本身引起血栓的可能性更大。假设杰姆发生性行为之后服用了避孕药(b),以防止怀孕。由于避孕药对于怀孕来说起防止作用,这样可得到:

$$Pt_X(X=1\mid B=1) < Pt_X(X=1\mid B=0) \tag{2}$$

(2)式表明:杰姆服用避孕药并没有增加她患上血栓的概率,然而,服用避孕药确实有可能引发血栓,出现问题的关键在于杰姆服用避孕药很可能防止她怀孕,而怀孕本身比服用避孕药更有可能引发血栓。

格林提出一个概率增加非因果(probability-raising non-causation)的典型案例,汤姆和迈克正在打板球,汤姆朝窗户的方向击打球(c),迈克抓住了球,球未击中窗户(b),与此同时,杰姆抛出的石头击中窗户,窗户破碎(e)。

$$Pt_E(E=1\mid C=1) > Pt_E(E=1\mid C=0) \tag{3}$$

(3)式可解释为:汤姆朝窗户击打球引起窗户破碎的概率比击打球没有发生的情形要大,但事实上击打球并不是窗户破碎的原因,问题的关键在于从击打球到窗户破碎的因果链条被"球未击中窗户(b)"所隔断。

从上述反例分析来看,第一个反例表明:服用避孕药与患上血栓有因果关系,但是前者发生并没有增加后者发生的概率,这揭示出概率增加对于刻画因果来说并不是必要的。第二个反例表明:击打球发生将增加窗户破碎的概率,但击打球和窗户破碎并没有因果关系,这揭示出概率增加对于刻画因果来说并不是充分的。综上所述,这些反例对朴素直

---

① OTTE R. E., *Probability and causality*, The University of Arizona, PH. D., 1982.
② 参见 EDGINGTON D., "Mellor on chance and causation", *British journal for the philosophy of science*, Vol. 48, No. 3, 1997。

观提出严重挑战，使得概率增加刻画因果遭遇既非必要也非充分的困境。

二　概率刻画因果的反事实分析思路

尽管这种朴素直观面临质疑，但刘易斯对因果概率分析的还原路径持肯定态度。现在，他需要思考的问题是，选择什么样的路径来为其合理性进行辩护？首先，还得从休谟对原因的相关定义说起，"原因是一种有另一种对象随之而来的对象，并且在所有类似于第一个对象的地方，都有类似于第二种的对象随之而来。换句话说，如果第一个对象不存在，第二对象也一定不存在"[1]。可以看到，休谟对因果的相继性、接近性和恒常性的解释，某种程度上与反事实条件关系有相通之处，这也启发刘易斯认识到，"原因是这样一种事情，它的发生会导致某种变化，它导致的变化（结果）不同于它不发生时会发生的事情。如果它不发生，它的结果也将不会发生"[2]。也就是说，他敏锐地洞察到因果关系中蕴含着反事实依存关系。于是，他依据其可能世界理论和反事实条件句理论，将命题之间的反事实依存对应到事件之间的反事实因果依存，在此基础上，他进一步通过这种事件之间的反事实因果依存关系来界定因果关系，即"如果 c 和 e 是两个实际事件，如果 c 没有发生，e 就不会发生，那么 c 是 e 的原因"[3]。然而，正如孟席斯所指出的，这种利用反事实依存来界定因果，同样面临既非必要也非充分的困难。刘易斯为了合理解决这种困难，对朴素直观进行重新建构，其中关键的做法是通过反事实概率依存关系替换条件概率关系，再利用反事实概率依存的概念去定义那种概率依存链条，然后，根据这种链条来分析因果关系，可将其表述如下：

---

[1] [英]休谟：《人类理智研究》，商务印书馆1999年版，第68页。
[2] LEWIS D. K., *Philosophical papers*, *Volume II*, Oxford: Oxford University Press, 1986, p.161.
[3] LEWIS D. K., *Philosophical papers*, *Volume II*, Oxford: Oxford University Press, 1986, p.167.

实际事件 c 是事件 e 的原因当且仅当，对于任何有限 n（n≥0）时间<t_1, t_2, …, t_n>的序列，该时间是在 c 发生的时间与 e 发生的时间之间，存在与该时间序列相对应的实际事件序列<x_1, x_2, …, x_n>，如此以至于，<c, x_1, x_2, …, x_n, e>构成一个概率依存链条。换句话说，如果 c 是 e 的原因，那么这种事件序列构成一个将 c 与 e 连接起来的概率依存的链条。[1]

现在，我们来考察刘易斯提出的这种反事实概率依存链条能否合理解决朴素直观面临的问题。就上述的血栓案例来看，从服用避孕药到患上血栓之间，存在这样一种居间事件序列<b, x_1, x_2, …, x>，该序列中的每一个事件都增加与其最接近的后继事件的概率，但并没要求 b 最终增加 x 的概率。避孕药在人体内发生生物化学作用，通过这种居间事件引发血栓，在刘易斯看来，患上血栓概率依存于居间事件，居间事件概率依存于服用避孕药。由此，他通过这种反事实概率依存的"祖传性"（ancestral）方案，就容许服用避孕药没有增加患上血栓的概率，但却有因果关系的情形出现。

但是，刘易斯的这种方案也存在困难。首先，对于概率增加非因果的问题的处理有待商榷，如存在这样一个事件序列<击打球，球朝窗户飞去，…，窗户破碎>，每一个事件都增加其最接近的后继者的概率，然而，事实上击打球并不是窗户破碎的原因。其次，原因到结果之间总存在这样一种序列的要求过强，萨尔蒙提出一种直接因果的原子能阶跃迁案例，他说，"我们不可能'追踪'从一个能量阶到另一个能量阶跃迁过程中的原子，甚至原则上，没有任何办法在这一因果过程中插入居间'环节'"[2]。再者，从原因到结果之间总存在这样一种事件序列，每一个事件都增加与其最近的后继事件的概率，最终将原因的影响力传

---

[1] P. ETER M., "Probabilistic causation and causal processes: a critique of Lewis", *Philosophy of science*, Vol. 56, No. 4, 1989.

[2] SALMON W. C., "Probabilistic causality", *Pacific philosophical quarterly*, Vol. 61, No. 1, 1980.

递给结果,这种影响力的"祖传性"诉之于反事实因果依存的传递性,柯瓦特指出,刘易斯对因果关系的反事实分析遭遇"工人手指被截"反例,并指出这种反事实因果依存的传递性困难重重。① 最后,刘易斯的反事实路径遭遇抢先难题(pre-emption),正如拉玛钱德朗(M Ramachandran)指出的,尽管刘易斯对抢先问题提出自己的解决方案,但不尽如人意。②

孟席斯对刘易斯的因果理论进行分析和批评,指出他的理论之所以遭遇诸多困难,关键在于从原因到结果的依存链条是非连续的,孟席斯主张"实际事件 c 是事件 e 的原因,当且仅当,从 c 运行到 e 之间存在一种没有断开的因果过程链条"③。孟席斯的这种改进,尽管也会面临因果远距作用和不在场因果等新问题,但它却能合理地解决刘易斯没能解决的概率增加非因果问题。如板球案例,由于迈克抓住了球导致球没有击中窗户,使得从击打球到窗户破碎的连续因果链条中断,因而,击打球并不是窗户破碎的原因。

三 概率刻画因果的曲线图分析思路

刘易斯力图通过反事实依存的路径来解决朴素直观面临的问题,然而其结果不尽如人意。现在,摆在格林面前的问题是如何提出自己的解决思路。他通过对现有的因果概率分析的多种思路进行详细讨论和批判,得出的结论指出,反事实的解释路径、确定其他原因背景条件的分析路径和因果过程的实在路径等都能不同程度地处理朴素直观所遭遇的反例,但是它们都以忽略这样一些因果情形为代价:因果远距作用和由疏忽或不在场情形所构成的因果等。④ 于是,他通过对众

---

① 参见 KVART I., "The counterfactual analysis of cause", *Synthese*, Vol. 127, No. 3, 2001。
② RAMACHANDRAN M. A., "counterfactual analysis of causation", *Mind*, new series, Vol. 106, No. 422.
③ P. ETER M., "Probabilistic causation and causal processes: a critique of Lewis", *Philosophy of science*, Vol. 56, No. 4, 1989.
④ 参见 GLYNN L. A., "probabilistic analysis of causation", *The british journal for the philosophy of science*, Vol. 62, No. 2, 2011。

多反例的结构进行曲线图分析,提出自己的概率分析路径,一方面能解决朴素直观所遭遇的反例,另一方面也能为被忽视的因果情形提供一种合理的解释。现在,我们利用格林的曲线图来考察上述血栓案例的结构特征:

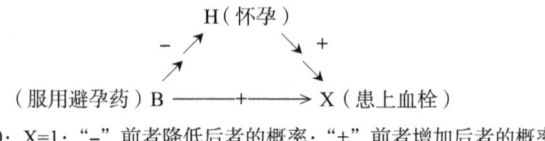

B=1; H=0; X=1;"−"前者降低后者的概率;"+"前者增加后者的概率

图1 血栓案例的曲线图结构

如图1所示,患上血栓(x)概率上依存服用避孕药(b)有两条路径:第一条是b到达x的正路径,第二条是b经过居间的怀孕(h)到达x的负路径。在他看来,b沿着正路径行进对x有一种正构成作用(positive component effect),沿着负路径行进对x有一种负构成作用,判定b与x之间是否有因果关系的关键在于:b对x是否具有正构成作用。既然如此,只需将负路径上产生负作用的居间变量的赋值保持不变,即H=0(怀孕没有发生)。由此,我们就将b对x的负构成作用隔离开来,抽取出b对x的正构成作用:

$$P(X=1 | B=1, H=0) > P(X=1 | B=0, H=0) \qquad (4)$$

(4)式能够适当处理朴素直观所面临的非概率增加因果的血栓反例。不难发现,这种反例之所以出现是由于沿着负路径上的负构成作用抵消甚至强于正路径上的正构成作用。

格林的这种方案是否合理,需要进一步考察,它能否适当处理概率增加非因果的问题。依据格林的上述分析思路:击打球(c)经过球撞击窗户(z)再到窗户破碎(e),这是一条具有正构成作用的路径,然而,由于迈克抓住了球,导致球没有撞击窗户(Z=0),从而使得这种正构成作用被中断,z没有发生就构成一个中断事件(它需满足这样两条要求:一是该事件将c对e的正构成作用中断;二是要么c对该中断事件没有正构成作用,要么中断事件对e没有正构成作用)。由此可以看到，击打球并不是窗户破碎的原因，它也没有增加窗户破碎的概率，在击打球没有发生的情形下，还有很多种方式导致窗户破碎，可表示如下：

$$P(E=1 \mid C=1, Z=0) \leqslant P(E=1 \mid C=0, Z=0) \qquad (5)$$

综上所述，格林的方案一定程度上能处理上述所提及的反例，在此方案的基础上对因果远距作用、不在场因果和因果传递性似乎也可以提供一个适当的解释。但是，对于道尔提出的概率降低的原子衰变案例（原因发生反而降低结果的发生概率），格林的方案难以给出合理的解释。首先，因为这个案例中原子衰变的因果路径是互斥的，与血栓案例的正负路径的结构特征不一样（下文有进一步的讨论）。其次，从原因到结果的路径上的事件之间的关系，以及路径的结构特征都没有详细的讨论和界定。再次，这些负路径上或正路径上抽取的变量问题有待进一步界定，如果变量所代表的事件发生时间比结果还要晚，将会出现虚假因果关系或因果倒置；如果它代表的事件早于原因发生的事件，也可能导致虚假因果。最后，变量应该是一个原子事件或原子事件否定，如果变量是由两个事件的析取构成，如假定赋值变量 $s=1$，$s=(p=1 \vee q=0)=(p=1 \vee q=1)=(p=0 \vee q=1)=1$，这样会导致变量赋值与其中的事件的赋值不一致，也就是说，变量中的事件的赋值是不确定的，这样很可能导致负路径上的负构成作用没有被隔断或无法确定中断事件。

四 概率与过程相结合的解决思路

上述的反事实路径和曲线图分析思路都在不同层面上面临问题，道尔深究其原因发现，对因果的基本解释必须基于这样两种直观，即"过程"和"概率"。一般认为就概率直观而言，因果被解释为有原因导致结果与无原因导致结果的概率比较；就过程直观而言，因果被解释为从原因到结果之间存在着过程连续的链条。为了更加清晰地把握道尔的综合思路，我们先考察两个案例：一种健康的植物被喷射除草剂，杀死90%的植物，但是一些顽强的植物仍然存活下来。我们能够提供喷射除草剂和植物存活之间的因果连接过程和一系列因果作用，然而，前者并不是后者的原因，但这种困难利用"概率"直观可以解释：喷射除草剂并没有增加植物存活的概率。另一个案例：一个高尔夫球正朝洞口行进，突然一只松鼠将球踢开了，球改变了方向与树枝碰撞之后，反弹回来不可思议地进洞了。通常认为松鼠踢开球降低球进洞的概率，然而，事实上松鼠踢开球是球进洞的原因，这种困境"过程"直观能够给予恰当的解释：从松鼠踢开球到球进洞，是由一系列因果作用构成的连续过程，因此，前者是后者的原因。综上所述，我们发现，概率直观能够处理过程直观所遭遇的困难；过程直观容易处理概率直观所面临的困难。正如谢弗所言，"因果关系仅仅通过概率增加或过程连接不太可能被理解，相反，应该将这两种解释视角综合起来理解因果关系"[1]。这也启发道尔寻求一种能兼容这两种直观的综合思路。

道尔为了清晰地展开他的综合思路，对原子衰变案例进行深入考察。一个不稳定的原子 Pb^{210} 可通过不同的路径发生衰变，如图2所示，Pb^{210} 衰变至要么 Po^{210}，要么 Tl^{206}，在每一种情形中都有两个步骤过程，当 Pb^{210} 发生衰变，它将会产生 Hg^{206} 的概率是 1.8×10^{-8}，Hg^{206} 将产生 Tl^{206} 的概率是1；当 Bi^{210} 发生衰变，将产生 Tl^{206} 的概率是 5.0×10^{-7}。假定每一个不稳定的原子有一个非常短的半衰期。

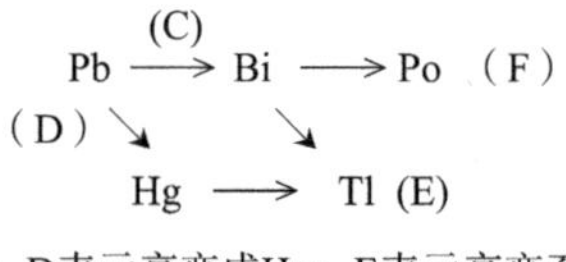

$$\begin{array}{c} (C) \\ Pb \longrightarrow Bi \longrightarrow Po \quad (F) \\ (D) \searrow \qquad \searrow \\ Hg \longrightarrow Tl \quad (E) \end{array}$$

假设C表示Pb衰变成Bi；D表示衰变成Hg；E表示衰变至Tl；F表示衰变至Po；C→E为ρ过程；D→E为σ过程。

图2 概率降低因果的 Pb^{210} 衰变案例图示

根据上述已知条件可得到：

---

[1] SCHAFFER J., "Causes as probability raisers of processes", *Journal of philosophy*, Vol. 98, No. 2, 2001.

$$P(E) = P(C)P(E|C) + P(D)P(E|D)$$
$$= [(1-1.8\times10^{-8})\times 5.0\times10^{-7}] + (1.8\times10^{-8}\times 1) = 5.18\times10^{-7}$$
$$P(E|C) = 5.0\times10^{-7}$$

显然，$P(E|C) = 5.0\times10^{-7} < P(E) = 5.18\times10^{-7}$。由此可以看到，尽管 C 是 E 的原因，但 C 的发生引起 E 发生的概率反而比 C 没有发生的情形要小。在道尔看来，C 在 ρ 路径上是 E 的原因，需要满足这种情况：ρ 是 C 和 E 之间的唯一过程，且 C 将增加 E 发生的概率。他从可能世界理论进一步为其主张提供解释：假设离我们现实世界最近的世界为 W^1，离 W^1 最近的世界为 W^2，在 W^1 世界中，ρ 是 C 和 E 之间的唯一过程，C 在 ρ 过程中引起 E 的概率为 5.0×10^{-7}；然而，在 W^2 世界中，C 没有发生，则有 $ch_{\sim C}\rho(E) = 0$。因此，在 W^1 和 W^2 世界中，ρ 过程保持同一性和唯一性，且 $ch_C\rho(E) = 5.0\times10^{-7} > ch_{\sim C}\rho(E) = 0$，则有 C 是 E 的原因。由此，道尔提出自己的综合思路：

C 引起 E，当且仅当，
(1) 在 C 和 E 之间存在因果线路（C 和 E 之间有一种或多种潜在因果线路）；
(2) $ch_C\rho(E) > ch_{\sim C}\rho(E)$，（ρ 是将 C 和 E 连接起来的实际因果过程）。①

道尔通过可能世界理论来为其主张提供解释，将 C 发生与不发生导致 E 发生的概率大小是在同一个因果过程中进行比较，保持 ρ 过程的唯一性和同一性。这种综合思路能够较为合理解决概率增加非因果的问题，就板球案例分析可知，由于因果过程的链条被隔断，导致这类问题

---

① DOWE P., "The conserved quantity theory of causation and chance raising", *Philosophy of science*, Vol. 66, No. 3, 1999.

产生。现在，道尔强调 ρ 是一个连续的一个因果过程，而且在不同世界中保持同一性，这样就可以明确断定击打球（c）不是窗户破碎（e）的原因，因为，尽管 c 增加 e 的概率，但 c 与 e 并不在同一个连续的过程链条中。然而，这种思路也会面临新的问题，由于道尔强调 ρ 是个连续的因果过程，那么它如何解释因果远距作用和疏忽因果等情形？这些因果情形很难说具有完整的因果连续过程。

这种综合思路尽管较合理地解决概率增加非因果问题，但对于非概率增加因果问题的处理有待商榷。就血栓案例分析可知，原因到结果之间存在多种路径，既包括传递负构成作用的负路径也有传递正构成作用的正路径，但当负构成作用抵消甚至强于正构成作用，将会导致非概率增加因果问题的产生。为了阐明道尔的综合思路能否合理解决这个问题，我们有必要将血栓案例与原子衰变案例的结构进行比较，从服用避孕药到患上血栓有正负两条路径同时起作用；而原子 Pb^{210} 衰变至 Tl^{206} 也有两条路径，不仅是潜在的，而且是互斥的，即一条发生另一条则不发生。道尔的综合方案能够很好地处理这个原子衰变案例，但对于血栓案例的处理有待澄清，按照道尔的思路，确定服用避孕药（B）到患上血栓（X）的唯一路径为 ρ，则有 $ch_B\rho(X)>ch_{\sim B}\rho(X)$，但是，对于已经发生性行为的女性来说，她服用避孕药则很有可能出现相反的情形：$ch_B\rho(X)\leq ch_{\sim B}\rho(X)$，因为，如果她没有服用避孕药，那么她很有可能怀孕，然而研究表明怀孕比服用避孕药要更有可能引发血栓。问题的症结在于如何判定和确定唯一的路径，道尔没有展开讨论，也没有给出适当的可还原的分析方式。

五 结论

综上所述，上述三种方案从不同的分析视角出发，力图合理解决朴素直观面临的问题。我们对这些方案进行分析和讨论，指出了这些方案不同程度上能够解决朴素直观面临的部分问题，也指出它们同样面临不同的问题和反例。由此，我们可以设想，将来还会有睿智的学者提出新的解决方案，然而，也同样难以避免遭遇反例和质疑，究其深层原因大概有以下几点。

第一，因果关系与概率关系确实具有某种相关性，这使得一些学者自觉或不自觉地进一步认为这两种关系具有"等价性"。由此，他们极力主张概率关系可以充分刻画因果关系，其结果往往困难重重，究其原因在于这两者之间具有某种相关性，但并不具有等价性或并非充要关系。概率关系与因果关系的内涵和外延明显不一致；概率关系仅刻画因果事件之间的抽象的量化关系，并不能描述因果事件所涉及的客观实在对象；概率关系刻画的是事件之间的条件或依存关系，无法充分刻画因果事件之间的引起和被引起的关系；因果关系具有方向性、非自反性和非对称性，以及受时空限制等基本特征，力图通过概率关系来刻画这些特征将极其复杂，并难以避免遭遇反例。由此，可以看到这两种关系在多个层面都是"非等价"的，这也是现有的解决方案在不同程度上遇到困难的深层原因。但我们是不是因此就可以得出结论：不可能也没有必要用概率关系来分析因果关系。当然不是，就直观而言，原因与结果之间一定存在着某种程度上的依存性，而这种依存性为概率关系刻画因果关系提供了描述和分析的基础，我们可以从不同的理论视角、形式工具或分析方法出发，发展出多样化的概率因果理论，进一步丰富和拓展对因果关系的概率认知，推进当代因果理论的发展。

第二，殊型因果关系本身所具有的普遍性和复杂性，以及其所涉及对象的"异质性"，势必要求因果解释的多元论立场。存在有差别的事件 C 和 E，"C 引起 E"（C→E）因果关系的表达式，学者们依据因果关系的不同属性特征将这一因果形式发展出多种语义解释。萨普斯和赖兴巴赫等主张将这一因果形式解释为 C 发生增加 E 发生的概率，即概率因果关系，是本研究讨论的因果理论；霍布斯（T. Hobbes）、密尔（J. Mill）和马奇（J. L. Mackie）等学者主张将其解释为条件因果关系；刘易斯和梅洛（D. H. Mellor）等主张将其解释为反事实因果依存关系，也就是说，如果事件 E 发生反事实依存于事件 C 发生，C 不发生，E 也就不会发生，那么 C 是 E 的原因。近期，影响较大的因果形式理论，即珀尔（Judea Pearl）所提出的结构方程模型的因果理论，也是继承反事实解释传统[①]；萨尔蒙和费尔等主张将其解释为一种不可还原的连续的实在过程；洛克（J. Locke）、邦格、张华夏和张志林等都从不同层面上将其解释为原因事件与结果事件所涉及的客体对象之间的相互作用。由此，我们发现，因果关系就像一种不断涌现的存在，可以从不同的层面来描述或解释它，但这种描述或解释视角本身会限制对它的描述或解释，都不能完全把握它。在不同的领域中，尽管因果关系的解释、界定和形态各不一样，甚至模糊不清，但却都发挥着解释、说明、推理和预测等重要作用，这也就要求因果关系的解释需要多元化。

第三，概率解释的多样化也是概率因果理论面临诸多问题的重要原因。顿新国教授敏锐地洞察到，概率论路径上的各种因果理论面临共同的缺陷，即各理论对"概率"的用法或解释不同。[②] 一般认为，因果关系是世界的一种客观特征，这也就需要客观主义解释的概率来分析这种因果关系，如古德从性向（propensity）概率来分析因果，赖兴巴赫从频率概率来分析因果；刘易斯主张，定义概率依存的概率反事实涉及结果发生的客观的单例概率；[③] 道尔主张对概率进行性向解释，即指那种客观的非决定的因果过程和作用的操作倾向[④]；然而，萨普斯将概率视为一种科学理论的模型特征，基尔姆（Brian Skyrms）将相对概率理解为某理性主体所具有的主观概率[⑤]，可以看到，学者们从不同的概率解

[①] BAUMGARTNER M., GLYNN L., "Introduction to special issue on 'actual causation'", *Erkenntnis*, Vol. 78 (S1), 2003.

[②] 顿新国：《因果理论的概率论进路及其问题》，《哲学研究》2012 年第 7 期。

[③] P. ETER M., "Probabilistic causation and causal processes: a critique of Lewis", *Philosophy of science*, Vol. 56, No. 4, 1989.

[④] DOWE P., "Wesley Samon's process theory of causality and the conserved quantity", *Philosophy of science*, Vol. 59, No. 2, 1992.

[⑤] HUMPHREYS P., The *chances of explanation: causal explanation in the social, medical, and physical science*, Princeton: Princeton University Press, 2014, pp. 27-28.

释出发，发展出不同的概率因果分析。由于概率解释的多元化，从某一种概率解释出发所发展出的概率因果分析，势必出现这种概率解释难以处理的情形，然而，另外一种概率解释的概率因果分析却能很好地处理这类情形，由此，可以看到，在概率解释多元化的基础上发展出的概率因果理论，自然难以避免遭遇不同的问题。

第四，从科学实在论视角来考察概率因果关系，一般而言概率因果理论持有实在论解释立场，不同的因果概率分析会通过不同的方式来揭示因果关系的实在性。著名学者郭贵春指出，刘易斯的因果模型试图通过对因果关系和概率依存关系的区分，来保证因果关系的客观性和概率依存关系的可描述性，从而达到用概率依存关系去分析和解释因果关系的相关性和合理性，即通过概率依存链条来解释因果关系的实在论立场[1]；格林的方案试图通过确立因果关系的直观判定依据，即原因事件对结果事件有一种没有被中断的正构成作用，来揭示因果关系与概率增加关系之间的相关性，这样通过这种正构成作用来实现因果关系的实在性；道尔的综合思路试图通过对因果关系的过程性的强调，来解释因果关系与概率增加关系之间的相关性，这样通过过程的实在性来揭示因果关系的实在性。由此，可以看到它们通过不同的方式来实现因果关系的实在性，而正是这种不同的方式导致现有的解决思路遭遇不同的问题。

---

[1] 参见郭贵春《科学理性的进步——因果关系的实在论解释》，《河北学刊》1991年第2期。

因果关系概率分析的一种新趋势*

李 波**

(湖南师范大学人工智能道德决策研究所、公管院哲学系，湖南长沙，410081)

摘 要：自休谟以来，因果问题一直是哲学界感兴趣的话题。学者们对于"C 引起 E"这种惯用的因果表达式的解释长期以来争论不休。随着量子力学产生广泛影响，使得学者们从因果决定论逐步转向对因果进行概率分析，然而，罗素从科学定律的陈述形式来解释因果，引发学者们拒斥概率分析因果的还原路径，他们主张原因与结果之间存在着不可还原的连续过程。这两种解释进路都在不同程度上面临其自身难以克服的困难，诸多学者主张，将这两种进路综合起来，为各自面临的问题提供新的解决思路。由此，通过剖析相关的典型案例，深入讨论这两种路径各自遭遇的问题和挑战，进而考察道尔的综合方案，指出其面临的反例和问题，并提出解决思路。

关键词：因果的概率分析；因果的过程解释；因果

一 引言

"C 引起 E"是日常惯用的因果表达形式，众所周知，对于这一形式的解释一直以来争论不休。在休谟看来，可根据恒常连接的模式来解

---

* 收稿日期：2016 年 7 月 23 日。

本文为国家社科基金重大项目"应用逻辑与逻辑应用研究"（14ZDB014）、国家社科基金重大项目"现代归纳逻辑的新发展、理论前沿与应用研究"（15ZDB018）、中国人民大学科学研究基金（中央高校基本科研业务费专项资金资助）项目"逻辑哲学若干重要问题研究"（10XNJ022）的研究成果，发表于《自然辩证法通讯》2018 年第 2 期。

** 作者简介：李波，1984 年生，男，中国人民大学哲学院博士研究生，研究方向：归纳逻辑和科学哲学。

释它,即原因恒常地被它们的结果所伴随,萨尔蒙和希契科克等指出这种理论遭遇众多困难,如不完整的恒常性、不相干性、非对称性和虚假规律性等。20世纪50年代以来,随着量子力学的广泛影响,人们通常持有的因果决定论或机械观逐步转向接受非决定论因果观,激发学者们从概率视角来分析因果。古德、萨普斯和莱欣巴赫等对因果进行不同形式的概率分析,它们遭遇问题之后,刘易斯和孟席斯等主张通过事件之间的反事实概率依存关系来分析因果;格林、埃尔斯和科瓦特等以不同的形式为概率分析因果进行辩护,这些新的解决方式也都在不同程度上遭受质疑。①

然而,萨尔蒙和费尔等拒斥概率分析因果的还原路径,主张原因与结果之间存在着不可还原的连续过程。罗素从科学定律的陈述形式来解释"C引起E",提出了因果链的概念,即指一系列在性质上结构上都类似的连续的因果事件②,这激发学者们从科学上来探讨因果的过程解释。学者们从不同的因果理论和科学背景知识出发,提出各自的因果过程理论,阿朗森等将因果还原为能量转移,提出因果的转移理论;萨尔蒙利用罗素和赖兴巴赫的理论成果,提出标记传递理论;道尔综合费尔和萨尔蒙的理论优势,提出因果守恒量理论;艾琳提出性质趋向理论来辨别真假因果过程;萨尔蒙吸取道尔的理论优势,进一步改进他的标记传递理论,提出自己的因果守恒量理论。由此,不难发现关于因果的过程解释本身也存在不少争论。

综上所述,不管是因果的概率解释还是过程解释,其各自关于理论内核的解释都存在不少争论,由此引发本研究将讨论的问题,就这两种解释进路而言,它们会遭遇什么样的反例及其原因何在,以及为它们进行辩护的解决方案为何也困难重重。笔者主张,将这两种解释进路综合起来分析因果,能够为上述问题提供一种合理的解决思路。由此,本研

---

① 杨武金、李波:《因果关系概率分析的一种新路径》,《自然辩证法研究》2016年第2期。
② [英]罗素:《罗素文集第9卷:人类的知识——其范围与限度》,张金言译,商务印书馆2012年版,第548—549页。

究通过剖析相关的典型案例，深入讨论这两种进路各自遭遇的问题和挑战，进而考察道尔的综合方案，指出其面临的反例和问题，并提出解决思路。

二 因果关系的概率分析进路及其问题

1. 朴素概率因果刻画的进展及其问题

首先，考虑这样两种因果断言：吸烟引起肺癌；小明吸烟引起他患上肺癌。前者是与那些抽象的属性或类型的实体相关；后者是指实际发生的、具体的两个特殊事件之间的关系，一般将前者称为类型因果，后者称为殊型因果。本研究将讨论殊型因果的概率分析问题，这种因果的概率分析之所以可能，通常是基于这样一种朴素直观，即就相关的意义而言，原因增加其结果发生的概率。早期基于这种朴素直观的因果概率分析，一般称为朴素概率因果理论。可利用条件概率的不等式对这种朴素直观进行刻画：假定任意两个有差别的实际事件 c 和 e，c 在 t_C 时刻发生，e 在 t_E 时刻发生，C 和 E 为二元变量（c 发生赋值为1，否则为0）。根据这种朴素直观的要求，c 是 e 的原因，当且仅当，c 发生引起 e 发生的概率要大于 c 未发生的情形，即

$$P_{t_E}(E=1 \mid C=1) > P_{t_E}(E=1 \mid C=0) \ (t_C < t_E)$$

在朴素概率因果理论的发展进程中，赫斯洛夫（G. Hesslow）、萨尔蒙、埃金顿（D. Edgington）和希契科克等都不同程度地指出，它们之所以不断遭遇反例，很大程度上在于这种朴素直观的合理性遭受质疑。[①] 赫斯洛夫提出了一个非概率增加因果的典型案例，研究表明服用避孕药可能引起血栓症，但相对而言怀孕本身引起血栓症可能性更大。假设杰姆发生性生活之后服用了避孕药（b），以防止怀孕，一段时间过后，她没有怀孕却患上了血栓症（x）。由于避孕药对于怀孕来说起防止作用，这样可以得到

[①] 参见 Edgington, "Dorothy. Mellor on Chance and Causation", *The British Journal for the Philosophy of Science*, Vol. 48, No. 3, 1997。

$$P(X=1 \mid B=1) \leqslant P(X=1 \mid B=0)$$

该式表明杰姆服用避孕药并没有增加她患上血栓症的概率,然而,科学研究表明,服用避孕药的确有可能引发血栓症,问题在于服用避孕药隔断了怀孕引起血栓症的更大可能性。

格林提出一个概率增加非因果的典型案例。汤姆和迈克正在打板球,汤姆朝窗户的方向击打球(c),迈克抓住了球,球未击中窗户(b),与此同时,杰姆抛出的石头击中窗户,窗户破碎(e)。

$$P(E=1 \mid C=1) > P(E=1 \mid C=0)$$

该式可解释为:汤姆朝窗户击打球引起窗户破碎的概率比击打球没有发生的情形要大,但事实上击打球并不是窗户破碎的原因,问题的关键在于从击打球到窗户破碎的因果链条被"球未击中窗户(b)"所隔断。

概而言之,学者们对朴素直观概率分析的质疑主要集中在这样两方面。一方面,两事件之间有因果关系,然而原因的发生并没有增加其结果发生的概率,这表明概率增加关系对于刻画因果来说并不是必要的;另一方面,两事件之间有概率增加的条件关系,但却没有因果关系,这表明概率增加对于刻画因果来说也并不是充分的。

2. 现有的主要解决思路及其问题

首先,鉴于上述所遭遇的种种质疑和反例,学者们力图进一步确定某些背景条件去估算 c 和 e 之间的概率关系。[①] 假设变量 $H_1 \cdots H_n$(二元或连续变量)代表与 e 相关的其他背景条件,H 是集合 $\{H_1 \cdots H_n\}$,将 H 中的每个元素赋值为 $v_1 \cdots v_n$;再将所有这些实际赋值的元素组成一个集合 V。这样,如果 c 是 e 的原因,当且仅当,一旦与 e 相关的其他原因背景条件的赋值被确定,c 发生增加 e 发生的概率,即

$$P_{tE}(E=1 \mid C=1, V) > P_{tE}(E=1 \mid C=0, V)$$

该式可解释为:c 是 e 的原因,当且仅当,它尽管有背景条件的明

[①] 参见 Glynn, Luke, "A Probabilistic Analysis of causation", *The British Journal for the Philosophy of Science*, Vol. 62, No. 2, 2011。

确限制，但仍有遭受质疑的模糊之处。第一，与 e 相关的其他原因背景条件本身是模糊难以界定的，哪些背景条件才能被纳入集合 H 中是不清楚的；该式难以处理与 c 和 e 都相关的背景条件，如闪电和打雷的共因问题，如果将该共因作为背景条件，那么就导致 c（闪电）和 e（打雷）之间的虚假因果。第二，该式也没有涉及那些防止 e 发生的背景条件（f_i）如何处理，如上述的血栓症案例，服用避孕药是患上血栓症的原因，然而，防止怀孕（f_i）将会使得服用避孕药（c）没有增加患上血栓症（e）发生的概率。第三，集合 H 中的变量 H_i 与 c 和 e 三者之间的时间关系，在该式中也没有得到刻画，如果 H_i 发生在 t_c 时刻之后，共因可作为背景条件将导致虚假因果；如果 H_i 发生在 t_E 时刻之后，可能出现因果倒置的虚假关系；如果 H_i 发生在 t_c 和 t_e 之间，也可能会出现非概率增加因果的情形出现（血栓症案例）。

其次，一些学者试图利用因果链条理论来消解此类反例。古德、刘易斯和孟席斯等学者提出事件之间的概率依赖关系来分析因果，而不是根据概率增加来分析。他们一般主张：如果存在这样一种序列<c, d_1, d_2…, e>，该序列中的每一个事件都增加与之最接近的后继者的概率，那么 c 是 e 的原因。这在某种程度上对于非概率增加因果的血栓症案例给出了一种恰当的处理，尽管服用避孕药（c）并没有直接地增加患上血栓症（e）的概率，但是，c 和 e 肯定是通过生物化学过程中的某种居间物连接起来的，这样 c 增加居间物发生的概率，居间物增加 e 发生的概率，从而得到 c 是 e 的原因，这就可以容许 c 发生没有增加 e 发生的概率。就概率增加非因果的问题而言，孟席斯等认为这类问题的出现都是由于因果链条的中断所引起的。就上述案例可知，朝窗户击打球增加其破碎的概率，但前者并不是后者的原因，因为由于"迈克抓住了球"使得从击打球到窗户破碎的因果链条中断；因此，孟席斯主张在时空上存在连续的链条将原因和结果连接起来，这样就成功地排除了那些由于链条中断所引起的概率增加非因果的案例情形。

这种解决思路尽管有合理之处，但也有其局限性。第一，预设原因和结果之间总存在某种序列是不合理的,谢弗指出原子衰变就没有涉及任何居间物,其衰变不受任何条件的影响,是物质本身特有的性质。第二,萨尔蒙给出了一个"直接的"非概率增加因果的能级跃迁案例,简单地说,占据第二能量级的原子和占据第一能量级的原子之间并没有居间过程,"也就是说,我们不可能'追踪'从一个能级跃迁到另一个能级过程中的原子",因此,"实际上,甚至原则上,就没有任何办法在因果过程中插入居间'环节'"。① 第三,它并不能帮助我们处理那些并没有涉及链条中断的类似原子衰变的案例情形。②

三 因果的过程解释进路及其问题

在萨尔蒙看来,"C 引起 E"所表达的并不是原因事件和结果事件之间的关系,而是将其所表达的因果性从根本上看作为一种连续过程的属性。萨尔蒙利用赖兴巴赫的标记准则和罗素的"在—在—理论",提出因果的标记传递理论,但索伯尔(E. Sober)、道尔和梅洛(D. Mellor)等学者指出该理论遭遇诸多困难③,为了克服它们,道尔和萨尔蒙发展出因果守恒量理论,他们对于因果作用的定义相同的,而对于因果过程的界定存在细微差异。希契科克和特蕾西(L. Tracy)等众多学者指出,当前关于因果过程理论影响最大的是因果守恒量理论,且道尔的守恒量理论发展最为成熟④,鉴于此,我们以道尔的理论为例,集中考察其理论面临的反例和问题,以及质疑道尔为其进行辩护的合理性。他主要通过因果过程和因果作用这两个核心概念来把握因果,其定义如下:

---

① Salmon, Wesley C., "Probabilistic Causality", *Pacific Philosophical Quarterly*, Vol. 60, No. 1, 1980.

② 参见 Schaffer, Jonathan, "Overlappings: Probability-Raising without Causation", *Australasian Journal of Philosophy*, Vol. 78, No. 1, 2000。

③ 参见 Phil Dowe, "Wesley Salmon's Process Theory of Causality and the Conserved Quantity Theory", *Philosophy of Science*, Vol. 59, No. 2, 1992。

④ 参见 Christopher Hitchcock, "Problem for the Conserved Quantity Theory: Counterexamples, Circularity, and Redundancy", *The Monist*, Vol. 92, No. 1, 2009。

（D1）因果过程是具有守恒量的物体的世界线；

（D2）因果作用是某物体世界线的交叉，这种交叉涉及守恒量的交换。

道尔主张，物体可以是"科学实体中发现的任何物（粒子、波和场等）或常识"[①]，它们具有守恒量，如能量、线动量、角动量、电荷等；世界线是指该物体在任何时刻只能处在一个特定的空间位置，它的全部"历史"在这个四维空间中是一条连续的曲线，由此，因果过程是该物体的世界线，因果作用是涉及守恒量交换的物体世界线的交叉。

然而，希奇科克提出一个带电荷阴影的案例。假设 A（a_1、a_2）、b 和 B 是长方形的物体。A 是由两个独立的部分（a_1，a_2）组成的整体。最初，b 是处于静止的，A 正朝向 b 移动。A 与 b 碰撞，使得 a_2 从 A 整体中分离出来，导致 a_2 与 b 组成一个整体 B。来自 A 的动量被转移到新整体 B 上，a1 变为静止状态，远离 B。现在，想一想，这些物体的影子投射在具有相同电荷密度的金属板上，移动的影子似乎具有守恒量电荷，在它们碰撞之前和之后的期间，它们具有不变量的电荷（由于它们的区域面积保持不变，电荷的密度是一致的）。再者，在这两个影子碰撞期间，电荷在两个物体间进行交换：影子 A 的电荷降低和影子 b 的电荷增加相同的数量。因此，两个影子似乎满足道尔关于因果作用的定义。但是，直观上我们就能知道，这些影子显然是虚假过程，它们的"碰撞"并不是一个真正的因果作用。将这个案例情形进行适度调整，运动的长方形物体将其影子投射在金属板块上，由这种金属板上的一块块阴影组成的我们称之为暗影区"物体"，它带有电荷，然而，却是个虚假过程。道尔主张，暗影区并不是因果过程，理由是这种影区并不是物体，科学理论并没有普遍认可它是一种物体，因此不满足条件 D2。

道尔对上述问题的回应是否合理？他主张物体是科学实体中发现的

[①] Phil Dowe, *Physical Causality*, Cambridge: Cambridge University Press, 2000, p. 91.

任何物或常识，这样物体定义会导致严重依赖科学理论的本体承诺，"物体"变得语境化（以前的化学理论承诺了"燃素"的存在，而氧化说否定它的存在），使因果过程定义丧失客观性和普遍性。他进一步辩护指出，随着时间变化，物体可具有一致性关系的特征，即始基一致性关系。[1] 他试图通过这种关系特征使得物体概念排除"TWG（time-wise gerrymanders）物体"，即被假定存在的依据时间跨度来定义的物体，这种定义随着时间变化而变化。假设 x 为一个"物体"，其被定义为：

在 $t1 \leq t < t2$ 期间，x 是在书桌上的电脑

在 $t2 \leq t < t3$ 期间，x 是在书桌上的鼠标

在 $t3 \leq t < t4$ 期间，x 是在书桌上的键盘

很显然，这个"x 物体"的世界线是非连续的，在道尔看来，这个 x 就是 TWG，并不是始基一致性的物体。同理，暗影区也是 TWG，因为它们由金属板块的不同阴影部分在不同时间组合成。然而，将这种 TWG 排除在物体的概念之外，很可能导致排除真正的因果过程，如声波案例，声波是能穿越媒介物（空气）的压缩声波，假定在 t1 时刻空气分子 a 从左边运行到右边；在 t2 时刻，它与空气分子 b 相撞，a 停下来，空气分子 b 运行到右边；在 t3 时刻与空气分子 c 相撞，以此类推。最终的结果是压缩声波从左边运行到右边，

在 $t1 \leq t < t2$ 期间，声波是分子 a

在 $t2 \leq t < t3$ 期间，声波是分子 b

在 $t3 \leq t < t4$ 期间，声波是分子 c，如此等等

直观上，声波可看作一种物体，但对于它们的描述符合 TWG 的特征，

---

[1] 参见 Phil Dowe, *Physical Causality*, Cambridge: Cambridge University Press, 2000, p.99。

因此，道尔对物体的界定值得怀疑。再者，正如特蕾西所指出的，哪些情形视为守恒量的值的变化和守恒量的交换，当进一步具体化哪些守恒量能够将真假因果作用辨别开来，这些都是不明确的。[①] 当这种理论试图去描述涉及经典物理学领域的因果作用，比如说引力场和电磁场，也显得困难重重。此外，由于他的理论更多地限制在关注因果关系的动态方面，排除了静力平衡系统中所发生的因果作用，如在一个系统中，多种力相互作用，使彼此之间的纯合力为0，直观上，并没有发生动态的变化，但事实上这并不意味着没有力与力之间的因果作用。

四 因果关系概率分析的新趋势：概率与过程的综合思路

上述因果的概率和过程解释都在不同层面上面临问题，诸多学者深究其原因发现，对因果的基本解释必须基于这样两种直观，即"过程"和"概率"，这激发他们试图寻求一种能兼容这两种解释的综合分析思路。正如谢弗所言，"因果关系仅仅通过概率增加或过程连接不太可能被理解，相反，应该将这两种解释视角综合起来理解因果关系"[②]；同样，金（S. Kim）对这两种进路进行深入分析，指出它们俩都具有自身难以克服困难，主张这两种解释是互补的，将其结合在一起能够合理避免各自所遭遇的困难。[③] 道尔对这两种解释进行充分讨论，指出各自存在其自身难以克服的困难，给出一种全新的综合思路，即 C 引起 E 当且仅当，

①在 C 和 E 之间存在因果线路；
②$ch_C \rho(E) > ch_{\neg C} \rho(E)$（$\rho$ 表示将 C 和 E 连接起来的实际因

---

① 参见 Tracy Lupher, "A Physical Critique of Physical Causation", *Synthese*, Vol. 167, No. 1, 2009。
② Schaffer, Jonathan, "Causes as probability Raisers of processes", *Journal of Philosophy*, Vol. 98, No. 2, 2001.
③ 参见 S. Kim, "Physical Process Theories and Token-Probabilistic Causation", *Erkenntnis*, Vol. 54, No. 2, 2001。

果过程，$ch_{C\rho}(E)$表示经过 ρ 过程，C 发生引起 E 发生的概率）。[1]

②式解释为：经过 ρ 过程，C 的发生引起 E 发生的概率比 C 没有发生的情形要大。在道尔看来，C 在 ρ 路径上是 E 的原因，需要满足这种情况：ρ 是 C 和 E 之间的唯一路径，且 C 发生将增加 E 发生的概率。他从可能世界理论为其主张提供解释：假设离我们现实世界最近的世界为 W_1，离 W_1 最近的世界为 W_2，在 W_1 中，ρ 是 C 和 E 之间的唯一过程，C 在 ρ 过程中引起 E 的概率为 $v(v>0)$；然而，在 W2 世界中，C 没有发生，则有 $ch_{\neg C\rho}(E)=0$。因此，在 W_1 和 W_2 中，ρ 过程保持唯一性，且 $ch_{C\rho}(E)=v>ch_{\neg C\rho}(E)=0$，则有 C 是 E 的原因。

道尔通过可能世界的理论来为其主张提供解释，将 C 发生与不发生导致 E 发生的概率大小是在同一个因果过程中进行比较，保持 ρ 过程的唯一性。这种综合思路能够较为合理解决概率增加非因果的问题，如前文板球案例，尽管朝向窗户击打球增加窗户破碎的概率，但前者并不是后者的原因，由于因果过程的链条被隔断（迈克接住了该球），导致概率增加非因果的问题产生。现在，道尔强调 ρ 是一个连续的一个因果过程，而且在不同的可能世界中保持唯一性，这样就可以明确断定击打球不是窗户破碎的原因，因为，尽管前者增加后者的概率，但前者与后者并不在同一个连续的链条中。

但是，对于非概率增加因果问题的处理有待商榷，血栓案例的结果表明，从服用避孕药到患上血栓有正负两条路径同时起作用。依据道尔的规则，确定服用避孕药（B）到患上血栓（X）的唯一过程为 ρ，则有 $ch_{B\rho}(X)>ch_{\neg B\rho}(X)$，即表示经过 ρ 过程，服用避孕药引起血栓发生的概率比没有服用避孕药发生的情形要大。但是，对于已经发生性行为的女性来说，她服用避孕药则很有可能出现这种情况：$ch_{B\rho}(X)<ch_{\neg B\rho}(X)$，因为，如果她没有服用避孕药，那么她很有可能怀孕，然而研究

---

[1] Phil Dowe, "The Conserved Quantity Theory of Causation and Chance Raising", *Philosophy of Science*, Vol. 66, No. 3, 1999.

表明怀孕比服用避孕药更有可能引发血栓，所以才出现这种矛盾的情形。

再者，道尔的这种综合方式能否恰当处理过程理论所面临的问题？在我们看来，通过引入概率增加条件，确实能合理解释植物喷射等反例，[①] 但是对于因果过程和因果作用的判定过多依赖概率条件关系，有些情形往往难以给出明确的判定。一事件发生确实增加了另一事件发生的概率，但两个事件所涉及的物体之间的作用仅仅是一种作用，而非因果作用，如两辆汽车的影子"相撞"与没有"相撞"的情形相比，前者发生交通事故的可能性要大，但这里的"相撞"作用仅仅是一种影子的交叉或重叠，而非因果作用；物体的过程仅仅是一种过程而非因果过程，如带电荷暗影区运动过程、时间过程和影子运动过程等。

综上所述，道尔的综合方案面临诸多困难，为了更进一步发展该综合方案，我们需要深入探讨道尔的方案所遭遇的困难，力图提出合理的解决思路。

首先，道尔设定 ρ 是 C 和 E 之间的唯一过程，他通过引入可能世界的"同一性"来解释这种"唯一性"，显然，这两个概念的区别有待澄清。在我们看来，道尔的综合方案使用"唯一性"要求过强，也与大部分实际因果情形不符，而使用"同一性"更为恰当，引入"时间性"作为补充，进一步界定原因与结果事件及其"同一性"的过程。

其次，道尔对 C 到 E 之间有正负原因共同发生作用的情形缺乏充分的讨论，导致出现很多难以解释的反例，从血栓案例可知，原因到结果之间有多种因果线路，因此，C 和 E 之间的 ρ 过程需要标示正过程或负过程（ρ+或 ρ-），如 $ch_C\rho+(E)$，即可解释为：经过正 ρ 过程，C 发生引起 E 发生的概率。

最后，关于因果过程的概率分析问题是重点也是难点。道尔主张因果过程是具有守恒量的物体的世界线，在其中涉及两个难以明确界定的概念，即物体和守恒量。这样，很可能导致难以通过概率关系来准确分

[①] 参见 Phil Dowe, "The Conserved Quantity Theory of Causation and Chance Raising" *Philosophy of Science*, Vol. 66, No. 3, 1999。

析因果过程,举例来说,1号球撞击2号球,引起2号球从A点运动到B(B≠A)点,这样,前者增加后者发生的概率,这两者都是因果过程,然而,对上述带电荷暗影区的案例却难以给出合理的解释。道尔进一步辩护,可根据当前的科学理论范式去界定物体概念及其所适用的范围,以及在此基础上进一步明确框定哪些是当前科学范式普遍认可的守恒量。上文已经指出,这将导致对于因果过程的判定严重依赖科学理论的本体承诺,"物体"的存在变得语境化,使因果过程丧失客观性和普遍性。因此,综上所述,通过守恒量理论本身难以解决这些关键概念的界定所面临的问题,这启发我们可以借鉴因果的概率分析的方式,集中考察如何分析和判定"C是否引起E"。由此,依据道尔的综合方案,再综合上述的分析和结论,可得到,C引起E当且仅当,

(1) $\exists_{\rho+}[Btw(C, E)]$（在C和E之间存在正过程$\rho$）;

(2) $ch\ C^{\rho+}(E) > ch\ \neg C^{\rho+}(E)$;

（经过正过程$\rho+$,C发生引起E发生的概率大于C未发生的情形）

(3) 如果 $ch\ C_{tc}^{\rho+}(E)_{te} = \beta$,则 $\neg C\square \rightarrow ch\ \neg C_{tc}^{\rho+}(E)_{te} < \beta$

（C_{tc}表示C在tc时刻发生,且tc<te）。

(3) 式可解释为:如果在tc时刻,C发生,经过正过程$\rho+$,引起E发生的概率为β,则有,C没有发生必然得到,在正过程$\rho+$中,C没有发生E发生的概率小于β。

后　　记

  本书是在博士学位论文基础之上完成的，断断续续近十年。首先，需要感谢的是我的授业恩师杨武金教授，一来感谢杨老师敢于冒风险接纳我，跟随他求学问道，感谢杨老师对我的"沉甸甸"的信任！二来感谢杨老师对我学业的精心教导！在杨老师的鼓励和引导下，我逐步探寻自己感兴趣的领域和问题，慢慢体会学术研究和问题思考的乐趣。

  攻读博士学位的第二年，我逐步确定以因果概率理论为博士论文的研究方向。在杨老师的指导下，我开始梳理和分析该领域的主要理论及其问题，相关研究《概率因果理论的新进展及其问题分析》《概率刻画因果面临的问题及其思考》分别发表在《内蒙古社会科学》2016 年第 5 期和《科学技术哲学研究》2016 年第 5 期。随后，在杨老师指导下，开始研究和探索解决该领域相关问题，相关研究和探索《因果关系概率分析的一种新路径》《因果关系概率分析的一种新趋势》分别发表在《自然辩证法研究》2016 年第 2 期和《自然辩证法通讯》2018 年第 2 期。上述关于因果概率理论问题的研究和探索，为我的博士论文撰写打下了良好基础。

  博士学位论文从选题，开题，到预答辩环节，杨老师都会认真严格把关。关于论文的导言、文献综述、论文主体和结语的写作规范与方法，杨老师要求我一条一条记录下来，然后，严格按照相应的规范和方法来展开论文写作。就论文的整体结构而言，不管字数多少，也不管耗时长短，与核心问题不相关的章节必须删掉。我至今记忆犹新，论文初稿中有一个三万多字的章节与核心问题的探讨关系不够紧密，他要求直

后　记

接删除。杨老师反复强调，每一个章节都要紧扣核心问题，有理有据，合乎逻辑结构地展开论证；论文的翻译问题必须合乎中文表达习惯，尤其是一些复合从句、长句和插入语等；很多地方的标点符号他都帮我一一修改。论文预答辩前，杨老师的宝贝儿子出生，已是知天命年纪的杨导，一边照顾小孩，一边抽空帮我修改论文。至今清晰记得，杨老师白天不得空，只能约我晚上到他家附近的咖啡店指导我修改论文，由于论文问题繁多，指导交谈至深夜，他还得匆忙赶回去照顾刚出生的孩子，甚是感动！再次感谢杨老师对我的论文写作的鼓励和指导！

博士学位论文得以完成还得感谢另一位学业启蒙恩师李伦教授，他是我的硕士导师，没有他的鼓励和教导，我不会走上学术研究的道路。在硕士期间，他要求我对学术经典反复研读，他一再强调多研读、多思考，紧跟学术前沿，等我作博士学位论文的时候才体会到李老师的用心良苦。在作博士学位论文期间，论文写作遇到的问题和困惑，他总能给出很有启发意义的见解，受益匪浅。

博士论文顺利成稿还得感谢赵总宽老师、刘晓力老师、陈慕泽老师、王伯鲁老师、刘永谋老师、余俊伟老师、刘劲杨老师、许涤菲老师和裘江杰老师，他们对我的论文写作提出了很多有价值的指导和修改建议。感谢南开大学任晓明教授、南京大学顿新国教授、浙江大学廖备水教授等对我论文提出的宝贵建议！感谢答辩委员中国社会科学院的张家龙研究员、杜国平研究员、北京师范大学熊立文教授对我的论文提出的宝贵修改意见。

湖南师范大学哲学系及同事们对本书的写作与出版给予极大的关心和支持，在此一并表示感谢！感谢朱冬红、章华、蔡振宇、齐振等亲朋好友在本书写作过程中给予的帮助和支持！本书的出版尤其感谢中国社会科学出版社郝玉明女士给予的很大帮助。感恩父母亲对我的宽容和理解！感谢我的爱人刘文静女士对我的理解和支持！

李　波

2024 年 3 月于湘江畔南外滩